CB141749

Conheça o
Saraiva Conecta

saraiva conecta

Uma plataforma que apoia o leitor em sua jornada de estudos e de atualização.

Estude *online* com conteúdos complementares ao livro e que ampliam a sua compreensão dos temas abordados nesta obra.

Tudo isso com a **qualidade Saraiva Educação** que você já conhece!

Veja como acessar

No seu computador

Acesse o *link*

https://somos.in/PA22

No seu celular ou tablet

Abra a câmera do seu celular ou aplicativo específico e aponte para o *QR Code* disponível no livro.

Faça seu cadastro

1. Clique em **"Novo por aqui? Criar conta"**.

2. Preencha as informações – insira um *e-mail* que você costuma usar, ok?

3. Crie sua senha e clique no botão **"CRIAR CONTA"**.

Pronto!
Agora é só aproveitar o conteúdo desta obra!*

Qualquer dúvida, entre em contato pelo *e-mail* **suportedigital@saraivaconecta.com.br**

Confira o material do professor
Marcelo Hugo da Rocha
para você:

https://somos.in/PA22

* Sempre que quiser, acesse todos os conteúdos exclusivos pelo *link* ou pelo *QR Code* indicados. O seu acesso tem validade de 24 meses.

Marcelo Hugo da Rocha

PODER da Aprovação 2.0

2ª edição
2022

saraiva jur

saraiva EDUCAÇÃO | saraiva jur

Av. Paulista, 901, Edifício CYK, 3º andar
Bela Vista – São Paulo – SP – CEP 01310-100

SAC | sac.sets@saraivaeducacao.com.br

Diretoria executiva Flávia Alves Bravin
Diretoria editorial Ana Paula Santos Matos
Gerência editorial e de projetos Fernando Penteado

Novos projetos Aline Darcy Flôr de Souza
Dalila Costa de Oliveira

Gerência editorial Isabella Sánchez de Souza
Edição Liana Ganiko Brito

Produção editorial Daniele Debora de Souza (coord.)
Cintia Aparecida dos Santos
Rosana Peroni Fazolari

Arte e digital Mônica Landi (coord.)
Camilla Felix Cianelli Chaves
Claudirene de Moura Santos Silva
Deborah Mattos
Guilherme H. M. Salvador
Tiago Dela Rosa

Projetos e serviços editoriais Daniela Maria Chaves Carvalho
Emily Larissa Ferreira da Silva
Kelli Priscila Pinto
Klariene Andrielly Giraldi

Diagramação NSM Soluções Gráficas
Revisão Cecilia Devus
Capa Tiago Dela Rosa
Produção gráfica Marli Rampim
Sergio Luiz Pereira Lopes

Impressão e acabamento

DADOS INTERNACIONAIS DE CATALOGAÇÃO NA PUBLICAÇÃO (CIP)
VAGNER RODOLFO DA SILVA - CRB-8/9410

R672p Rocha, Marcelo Hugo da

Poder da Aprovação 2.0: Passe na OAB e em Concursos com Inteligência Emocional / Marcelo Hugo da Rocha. – 2. ed. – São Paulo : SaraivaJur, 2022.
256 p.

ISBN 978-65-5362-095-7 (Impresso)

1. Direito. 2. Concursos. 3. OAB. 4. Aprovação. 5. Inteligência emocional. I. Título.

2022-787 CDD 340
CDU 34

Índices para catálogo sistemático:

1. Direito 340
2. Direito 34

Data de fechamento da edição: 10-5-2022

Dúvidas? Acesse www.editorasaraiva.com.br/direito

CL 607731 CAE 792080

Meus livros sempre são dedicados à minha família, aos meus alunos e leitores, pois sem o apoio deles a minha carreira de escritor seria apenas uma promessa ou um sonho não realizado.

AGRADECIMENTOS

A minha viagem até aqui não poderia ter sido realizada sozinho. A começar pelos meus pais, Vera e Alfredo, que sempre deram o suporte necessário para que eu pudesse aprender a sair do ninho e voar com as minhas próprias asas. Mesmo que muitas vezes ausentes em razão do serviço público, permitiram que hoje, como pai, eu posso estar mais próximo do meu filho e ver o crescimento dele.

Ao meu filho, Luigi, pelo amor incondicional e por ser a razão dos meus estudos e dedicação. Quero deixar exemplos como lembranças, além dos momentos em que ele pode contar comigo. À minha esposa e mãe, Tatiana, a paixão e o meu orgulho de seu papel em nosso triângulo familiar.

Às pessoas que tiveram uma participação especial na minha trajetória como escritor, os editores Vauledir Ribeiro Santos, Roberto Navarro, William Douglas, Henderson Fürst e Gustavo Abreu. Sem eles, muitos dos meus projetos literários nunca teriam se transformado em livros.

Aos professores colaboradores e coautores dos meus livros que coordenei para OAB e concursos públicos, que se dedicaram a dividir o tempo deles comigo para que juntos pudéssemos levar conteúdo e esperança para os nossos alunos e leitores. O sucesso desses livros só existe em razão da participação deles.

Aos meus alunos e leitores, que acreditaram na minha missão de ajudá-los a conquistar os sonhos deles (e os meus) e espero que de algum modo possamos nos encontrar além das aulas e palavras para celebrarmos o sucesso (deles e de vocês). Gratidão!

"O que é mais importante?", pergunta o Grande Panda. **"A jornada ou o destino?"**. **"A companhia"**, diz o Pequeno Dragão.[1]

1 NORBURY, James. **O Grande Panda e o Pequeno Dragão**. Editora Fontanar.

Prefácio

O Direito é uma ciência e, junto com os demais ramos do conhecimento científico, um lugar de pesquisa e desenvolvimento, de crescimento e evolução da pessoa, individualizadamente falando, e da raça humana e da sociedade em geral. Nossa ciência pode e deve buscar nas demais aquilo que ajude a encontrar o melhor caminho em cada decisão ou realização a ser concretizada.

A escolha de um livro tem muito a ver com a chance de sucesso. Daí, é decisão inteligente ouvir a genética, a biologia, a matemática e a física para escolher um livro, mesmo que a escolha seja a de um livro jurídico voltado para concursos. Explico. Todas essas ciências têm provas fartamente catalogadas demonstrando que a criação sempre guarda a genética e a alma do seu criador. O estudo do DNA e o da teoria dos fractais, por exemplo, confirmam que o livro será, no final das contas, uma projeção do seu autor. Logo, em termos puramente científicos aplicados ao Direito, posso afirmar que, se a pessoa conhecer um pouco do escritor, saberá o que irá encontrar nos livros de sua lavra.

Essa ciência aplicada me leva a apresentar o livro falando primeiramente do seu autor: Marcelo Hugo da Rocha. Conheço-o há vários anos, dividindo com ele as alegrias e angústias, os dilemas e as certezas do Direito, do ensino, do magistério, da carreira. A amizade que nos une, ao contrário de me tornar suspeito, revela em mim a autoridade para falar dele: é um bom homem, um empreendedor, um jurista e, mais que tudo, um professor com alma de mestre, sempre interessado no melhor para seus alunos, e fazendo isso sem tergiversações ou floreios, que só prejudicariam a objetividade da transmissão do conhecimento.

Enfim, conhecendo a alma e a mente do homem, aquilo que ele é, saberemos como será aquilo que ele produz. Daí, adiciono à minha alegria pelo convite para escrever este prefácio a tranquilidade e a certeza da recomendação: se você quer passar na OAB e em concursos públicos, leia este livro.

O Exame da OAB e os concursos têm sido um desafio para muitos, e, dependendo do aluno, pode ser desde uma leve preocupação até, às vezes, um considerável martírio. Seja como for, esse Exame, em particular, é um requisito essencial para a obtenção da almejada carteira de Advogado e, a meu ver, algo útil, pois força o estudo e, com seus resultados, revela as melhores escolas e protege a sociedade, fazendo um dos vários filtros que precisamos ter para aperfeiçoar a aplicação da Justiça. O Exame da OAB é, fora isso, uma realidade a ser enfrentada. Mas não precisa ser enfrentada sem ferramentas que forneçam todas as chances de sucesso.

Estar preparado para vencer o Exame da OAB é um validador importante e que serve não só para o acadêmico se transformar em membro da honrosa Ordem dos Advogados, mas também para aumentar sua confiança e autoestima para seguir em carreiras públicas por meio de concursos. É apenas um primeiro passo, mas um passo indispensável e relevante.

O Direito, como sempre digo, é a melhor de todas as carreiras. Nenhuma carreira oferece tantas oportunidades e perfis, nenhuma outra abrange tantas temáticas e permite, ao mesmo tempo, tantas especializações. Uma carreira que tem espaço para todos os que querem se dedicar a tão nobre ofício, mas que têm sofrido com a baixa qualidade de seus profissionais. Desde petições incompreensíveis até sustentações orais sem qualquer confiança, quem lida diretamente com o Direito já passou por uma situação desconfortável diante da inabilidade de um profissional. Graças ao Exame da OAB e aos concursos, essa realidade tem melhorado.

O *Poder da aprovação*, nesse aspecto, se destaca. Além do histórico do autor, que conta com muitos anos no mercado, esta obra discute 100 tópicos da preparação para o certame, abrangendo toda a jornada, desde o que vem antes de iniciar a preparação, por assim dizer, como as incertezas, a utilização da faculdade a seu favor, até o "pós-prova", analisando como lidar com seus resultados, como agir diante de uma aprovação ou reprovação e como começar de novo.

Trata-se de um material completo e do qual me orgulho imensamente de poder fazer parte, não apenas como prefaciador – o que por si só já seria uma grande honra –, mas como contribuidor, mesmo que indireto, quando trata não só da OAB, como também de concursos públicos. Ao lançar o livro *Como passar em provas e concursos*, nos idos dos anos 1990, dei início também a uma nova disciplina, homônima, que vem auxiliando milhares de pessoas a alcançar êxito nos concursos que desejam prestar. Das provas escolares até os mais exigentes concursos, as técnicas são as mesmas, a disciplina é a mesma, o que muda é o escopo, as matérias e o que está em jogo. A obra de Marcelo Hugo da Rocha se insere, com destaque e merecimento, nesse viés de preparação tanto técnica quanto metodológica. Estamos irmanados no objetivo de ajudar nossos alunos e leitores!

Marcelo, além de advogado, é reconhecido professor e escritor especialista em OAB e concursos, o que confere ao material seriedade e conhecimento fundamentais a quem está se preparando para o notório certame, utilizando as técnicas que, mesmo criticadas por alguns professores mais vetustos, trazem o que as ciências do cérebro e do ensino vêm confirmando como eficiente, segundo os melhores estudos científicos internacionais. E, repito, nós sabemos que são eficientes. Nossos alunos passam, são aprovados, comemoram a vitória.

Além dessas virtudes colacionadas *supra*, anoto que Marcelo está ladeado por ilustre e igualmente talentosa professora, Tatiana Marcello, o que confere ao casal o privilégio de ter, em casa, outro luminar com quem evoluir cada vez mais o conhecimento e as técnicas. Não bastasse isso, e pratico aqui inconfidência, ainda são eméritos artistas, capazes de levar música da melhor qualidade para quem sabe onde pontificam seus acordes.

E se você quer comemorar sua vitória, desde que esteja disposto a fazer por merecer, participe, venha, leia, estude. Saiba que nós confiamos em você e sabemos que você é capaz, desde que faça sua parte. É o que o Marcelo e eu, e outros tantos professores, sabemos e dizemos: você pode, se acreditar que pode e se fizer sua parte, pelo tempo necessário, corrigindo os erros e perseguindo perseverantemente seu sonho. Semeie, cuide da plantação e colha. É assim que funciona.

Uma das características mais marcantes desta obra, e com a qual me identifiquei imensamente, é o vocabulário leve e a linguagem acessível que o autor utiliza para comunicar suas informações, das mais simples às mais complexas. O livro se apresenta como um bate-papo entre estudante e professor, aluno e mestre, garantindo que as informações nele contidas sejam compreendidas de forma didática, permanente.

É sabido que o mais importante de uma caminhada é a jornada e não o destino, e este livro justamente guia o leitor durante a trajetória, eliminando algumas das pedras do caminho, tornando-o mais reto, direto e, principalmente, ensinando a superar os obstáculos maiores que fatalmente surgirão.

Que o leitor aproveite a trajetória e que conquiste seu objetivo com a certeza de que esteve, e está, muito bem acompanhado em todo o percurso. É o livro que todo estudante de Direito deveria consultar.

William Douglas
Desembargador Federal/TRF 2ª Região, professor e escritor.

Introdução

O poder democrático que todos têm

Quem não gostaria de ter um superpoder? Não é para menos que o mundo ficcional dos super-heróis é tão admirado, fazendo parte da nossa cultura desde o culto dos poderes dos deuses nas mitologias antigas. Mas nós, meros mortais, também temos inúmeros poderes que não precisam de uma capa, cinturões, martelos, escudos, laços etc. O poder da empatia, do amor, da compaixão e da superação são alguns deles.

Em 2021 completei 15 anos de magistério. Comecei em preparatórios para o Exame da OAB e concursos públicos. Depois passei pelas salas de aula na graduação e pós-graduação. Também virei escritor para complementar minhas aulas e compartilhar o que tinha para dizer a um público bem maior. Percebi nessa caminhada que tanto alunos como leitores tinham muitas forças que nem eles sabiam que existiam, mas que motivavam de algum modo a alcançar os próprios sonhos.

Filtrei essas forças e reuni todas elas no que chamei de **poder da aprovação**. Em 2017, lancei o primeiro livro **Poder da Aprovação**, cujo principal objetivo era despertá-lo em meus leitores. Desde então, viajei pelo país de forma presencial e virtual para os mais diversos eventos jurídicos e faculdades para revelar o que todos nós tínhamos, mas ignorávamos diante das dificuldades mais triviais até as mais complexas. **Afinal, a vida não é recheada de grandes provações?**

Muitos enxergaram o poder como um modo figurativo para autoestima, autoconfiança, autoconhecimento, autodeterminação e o equilíbrio entre a razão e as emoções. Nada pode deixar mais feliz um escritor, professor e palestrante que seu público entenda a mensagem que você deseja transmitir de forma didática. Sem dúvida alguma, é disso que trata esse poder. A vida é repleta de provas e testes. Logo quando nascemos, passamos pelo teste do pezinho e assim será durante toda a nossa existência, entre desafios, seleções e exames. Portanto, faz total sentido estarmos preparados para todos eles, estimulando o **poder da aprova-**

ção, e que não se limita a fórmulas, metodologias nem a atalhos para alcançar o destino que se deseja.

A aprovação e o sucesso representam o destino que a sociedade ensina e nossos pais desejam para nós. Mas até chegar lá, como aproveitar a viagem? Em outras palavras, o que vem antes, a felicidade ou o sucesso? Se você, como muitos, espera ser feliz só depois de alcançar o sucesso, e ele passa pela aprovação no exame da OAB, na conquista de um diploma ou de um cargo público, é melhor repensar essa direção, pois a felicidade poderá ser um destino inalcançável.

Despertar o **poder da aprovação** é saber que o trajeto até onde se deseja alcançar é tão importante quanto a conquista. É saber que toda preparação precisa observar não só os estudos e análises de conteúdo, mas também as emoções envolvidas, pois elas interferem muito mais do que você possa imaginar. Basta pensar na matéria que você mais detesta. Agora, na que mais gosta. A leitura delas será igual? Então, seus sentimentos não podem ser desprezados, porque eles podem enterrar ou realizar os seus sonhos. Aprender a identificá-los é o que se espera no processo de autoconhecimento.

Nesse processo, há dois lados que têm o mesmo valor como se encontra numa moeda: o lado **"funcional"** e o **"emocional"**[1]. Já dando *spoiler*, o primeiro é aquele que diz sobre o conteúdo, o racional, as crenças, a parte cognitiva dos pensamentos, os gatilhos mentais. O segundo trata das emoções e sentimentos, como medo, ansiedade, estresse, culpa e autoestima, todos importantes para quem se prepara para uma prova e está envolvido no poder da aprovação.

Desse modo, não basta mais "focar nos estudos" e acreditar que somente isso e força de vontade sejam suficientes para superar um desafio. Há a ansiedade para lidar, os medos, as pressões, as distrações, a preguiça, a procrastinação, a falta de confiança, as decepções, a autoestima baixa, os demônios internos, enfim, a lista de obstáculos emocionais e sentimentais é grande. Quem primeiro percebeu isso, a título de publicações, foi **William Douglas** com o seu pioneiro *best-seller* **Como passar em provas e concursos**.

1 Na primeira edição, denominávamos os lados "pedagógico" e "psicológico". As novas denominações são mais adequadas com a proposta, mas não invalidam as anteriores.

Até então, o fracasso de uma reprovação era a falta de estudos ou o nervosismo de véspera e de dia de prova. As emoções só, recentemente, tomaram o lugar que mereciam dentro da Psicologia, e tornaram-se populares com o livro **Inteligência emocional**, do psicólogo Daniel Goleman. Portanto, mais do que nunca, a dimensão emocional precisa ser levada em conta na preparação, em equilíbrio com a dimensão funcional, onde se encaixam os métodos de estudos, as técnicas, o aprendizado e o conteúdo considerado por si, sintetizados no verbo "estudar".

Esta nova edição, definida como **Poder da Aprovação 2.0**, resgata as ideias originais sob um olhar mais psicológico, em razão do meu envolvimento acadêmico e dos meus estudos na área da Psicologia, e expande para o caminho concurseiro, já que tem sido a meta que a maioria dos estudantes de Direito busca alcançar depois de conquistar o exame da OAB. Também servirá para concurseiros sem formação na área, pois tive essa preocupação ao adotar os temas sob um aspecto geral. Mantive a estrutura, dividindo em quatro momentos, alterando os nomes para ajustar melhor os textos dentro da perspectiva de uma longa viagem do conhecimento. Não embarcarão no trem para Hogwarts, mas para o destino mágico que vocês escolherem. Assim, este livro é dividido nesta sequência:

Apesar de o progresso seguir nessa direção, o despertar pode ocorrer em qualquer uma dessas fases ou de forma simultânea em mais de uma delas. A ordem da leitura deverá seguir as suas necessidades e não importa se ela transitar de trás para frente ou em zigue-zague: a numeração dos textos é apenas um jeito de organizá-los, nada mais. O que fará a diferença é sua atitude em relação às dicas, reflexões, lições e ao aprendizado, pois, como já disse o **Papa Francisco**, "não vegetem no sofá da vida". Em outras palavras, a leitura de um livro motivacional somente funcionará se levada à prática!

Para finalizar, como gosto de fazer nas minhas aulas e apresentações, eu acredito em você, mesmo não o conhecendo. Sério, mesmo que você se autossabote, que outros não acreditem no seu potencial, **eu acredito de verdade!** A minha experiência pessoal, dos meus alunos e leitores indicam que o **poder da aprovação** é democrático, pois todo mundo tem. A diferença entre quem aprovou e quem reprovou primeiro é quem despertou antes para ele. Caso se depare com a desesperança, lembre-se que alguém ainda continuará acreditando em você e essa pessoa sou eu!

Curta a viagem!

Marcelo Hugo da Rocha
http://www.marcelohugo.com.br
E-mail: mhdarocha@gmail.com
https://www.youtube.com/marcelohugodarocha
@profmarcelohugo

SUMÁRIO

III. "ESTAÇÃO EMOCIONAL" – Consciência das emoções e sentimentos

IV. "O DESTINO" – Hora de desembarcar

I. "A PASSAGEM" – ANTES DE EMBARCAR

"Saber é poder, e nossos cérebros insistem em simular o futuro, ainda que seja melhor viver o presente, sobretudo porque queremos controlar as experiências que nos aguardam."

[**O que nos faz felizes**, de Daniel Gilbert,
Editora Campus, 2006]

1 DÚVIDAS EXISTENCIAIS: SEGUIR O CORAÇÃO OU A RAZÃO?

De fato, **nem tudo** hoje significa ter dinheiro para ser feliz. Claro que ter dinheiro ajuda a sofrer em Paris, mas se tinha um destino que quase todo aluno da faculdade de Direito deslumbrava era o porto seguro dos concursos públicos. Inclusive este era o meu quando ingressei no longínquo 1992, pois reza a crença que "filho de peixe, peixinho é". Filho de pais concursados e bem-sucedidos, o que esperava eu ao final da graduação? Por isso, nunca cogitei me formar e abrir o próprio escritório de advocacia. Mas e o século XXI?

Atualmente, percebe-se que o futuro bacharel em Ciências Jurídicas e Sociais prefere prorrogar sua decisão profissional mais para o final do trajeto da graduação do que já iniciar com um destino em mente. Talvez não seja consciente e ele esteja mais com dúvidas do que certezas com o que o curso possa oferecer. Pode ser também uma característica das novas gerações que sucederam a minha: esperar o rumo dos estudos e do movimento do mercado de trabalho. Não podemos ignorar também que há outros valores em jogo, como a liberdade e a disposição do tempo para realizar as coisas que realmente importam.

Não acontece só em nossa área, mas em todas. Por exemplo, alunos egressos das faculdades de **medicina** não querem mais enfrentar plantões nos finais de semana, mesmo sendo eles muito rentáveis. Por quê? Querem aproveitar o seu período de descanso com os amigos e a família. Atividades repetitivas, não inspiradoras, com alta carga de estresse ou com o mínimo de realização pessoal estão desaparecendo do radar da juventude. Muitos diante da dúvida vocacional escolhem o Direito em razão da grande oferta de oportunidades profissionais e, mesmo assim, após a formatura decidem seguir outros rumos que dizem mais respeito ao que o coração manda. Inclusive quem curtiu o sucesso da carreira jurídica acaba largando para viver outros sonhos longe dela. Será que se arrependeram das escolhas? Duvido muito!

As carreiras públicas têm a vantagem da estabilidade financeira e emocional diante das incertezas de um emprego num escritório de advocacia, por exemplo. Por outro lado, a liberdade e a autonomia do profissional liberal ou de um empreendedor têm o seu valor recompensado fora de um ambiente muitas vezes burocrático e repetitivo. "Bater o cartão-ponto" todo dia no mesmo lugar e no horário predeterminado pode ser aterrorizador para muitos. Não quero influenciá-lo para largar tudo e sair "*a la* Amyr Klink"[2], mas para observar os sinais na sua vida que indicarão onde é o caminho que sua felicidade mais floresce.

Lembre-se, porém, que a felicidade não é um "mar de rosas" que banha o mundo de Pollyana, que vem dar nome ao título do clássico de Eleanor H. Porter, onde uma menina só enxergava o lado positivo de tudo. Em outras palavras, a felicidade não é uma conquista, como se fosse um objetivo, mas um estado de vivência onde há pequenos prazeres que a sustentam, como o dia a dia de um escritório de advocacia para quem corre nas veias o sangue "tipo OAB".

Dúvidas existenciais fazem parte do **jogo da vida** (ou seria da "prova da vida"?) e ninguém entrega o manual completo dele, porque há muitas diferenças entre os jogadores, a começar pelo DNA. Às vezes, a sensação é que estamos numa cabine à prova de som e enquanto isso lá fora o Silvio Santos pergunta: "– Você troca a tranquilidade do salário mensal de juiz para vender enciclopédias?". E respondemos: "Simmm!".

2 Amyr Klink é um navegador brasileiro que ficou 100 dias no Oceano Atlântico sozinho num barco a remo, aventura retratada no livro **Cem dias entre céu e mar** (Editora Companhia das Letras), além de outras proezas marítimas. Como dito por ele: "O pior naufrágio é não partir".

Para finalizar, uma última consideração a refletir. Nem toda decisão a ser tomada precisa ser "certa" ou "errada". Advogar ou ser concursado é uma delas. Arrepender-se da escolha é uma forma assertiva de estar consciente das opções mais coerentes e prováveis. Assim, há tantos advogados que desistem para buscar um concurso público, como tantos outros concursados que se desligam para iniciar na atividade privada. Não se trata de errar ou fracassar, mas de achar o equilíbrio entre a razão e o coração. O que importa é sair da zona de conforto!

2 Quando o destino passa pelo Exame de Ordem

Quem enxerga de fora, acredita que o Exame da OAB é uma prova obrigatória para todos aqueles que estão se formando em Direito. Inclusive para muitos graduandos do curso, pois não enxergam outra opção a não ser fazer a prova quando estiverem aptos para tanto. É quase como um "transe coletivo" ou uma horda de zumbis jurídicos que seguem juntos rumo à refeição prometida: os cérebros de quem criou as questões do exame. Se devorar a metade na primeira fase e 60% na segunda, satisfação garantida e "#chupaFGV"[3].

Quando entrei na faculdade de Direito, a prova não era obrigatória, mas, ao sair, tornou-se, para o meu desespero e dos meus colegas. Prestei a prova no último semestre do curso mesmo que o meu desejo fosse seguir para as carreiras jurídicas públicas. A minha decisão foi por instinto, pois poderia advogar caso fosse um concurseiro fracassado. Fui aprovado de primeira, porém admito que naquela época (1997) a prova era bem mais acessível do que hoje e tinha muito menos disciplinas para estudar. Recebi a minha carteira vermelha junto com o meu diploma na cerimônia de formatura, algo que era permitido e hoje não mais.

Mas será que a prova da OAB é para todos? Se você entrou na graduação para vivenciar os dias cinematográficos de "Suits", "Better Call Saul", "Boston Legal", "How to get away with murder" e "The Good Wife", todas séries famosas de advogados, então não há o que se pensar,

3 FGV ou Fundação Getulio Vargas sempre foi a banca do Exame da OAB e, portanto, alvo de protestos e memes dos oabeiros.

o seu destino está em letras garrafais no seu bilhete: EXAME DE ORDEM. É o que diz o Estatuto da OAB para inscrição como advogado, entre outros requisitos. Para quem está na dúvida em seguir na advocacia privada, ainda assim, é um destino a ser considerado, pois o que é melhor: ser um advogado ou advogada com dúvidas profissionais ou tê-las apenas com o diploma de bacharel?

Se você já tem a certeza do concurso público, ainda assim, pode ser que a prova da OAB seja necessária para sua futura nomeação. Para ilustrar a minha falta de convicção em que carreira seguir entre provas de concursos, preferi ser aprovado na Ordem para ter melhores opções de decisão. Nem toda **carreira pública** exige aprovação prévia na OAB, como muitos possam pensar, e esse erro pode custar mais tempo do que o necessário. Por exemplo, logo depois de formado, fiz prova para delegado de polícia civil. Não por desejo, mas por oportunidade. Eu não precisava ser advogado, requisito que não se faz exigível até hoje ou desconheço algum estado que possa vir a cobrar, o que não faz qualquer sentido prático.

Por outro lado, as advocacias públicas exigem a condição de aprovado na OAB, o que serviu para que eu ingressasse nessa carreira em 1999. A procuradores autárquicos, de empresas públicas e de sociedades de economia mista, de municípios e de estados, entre outras entidades, é exigida a carteira da OAB. Porém, é dispensável para juiz, promotor e para defensoria pública, como já decidiu o STF. O que não se pode confundir é o período de **atividade jurídica prévia** a ser comprovada com a advocacia por si só. É claro que para muitos é mais fácil certificar esse requisito com a advocacia, mas não são expressões sinônimas.

Então, se o destino não for tão claro para o Exame da OAB, por que insistir com todo o estresse que envolve a sua preparação? Estudar sem uma verdadeira motivação ou razão de ser torna tudo mais difícil e distante. Tive alunos com quem me identificava quando tentei ser aprovado em medicina antes de optar pelo Direito: estudar sem direção. Decidi ser médico porque meu pai queria ter sido, mas as dificuldades financeiras não lhe permitiram. Além de não ter médico na família, muitos amigos também foram fazer cursinho para tal e fui influenciado por todo esse contexto, além do desafio de ser o vestibular mais difícil entre os cursos. Estudei em vão e fracassei copiosamente depois de várias tentativas. Jamais poderia ser médico se até dificuldade tenho de lidar com sangue!

Aprendi a direcionar alunos e leitores para outros caminhos quando percebia que a prova da OAB era irrelevante para os sonhos deles. Muitos desejam ter a estabilidade do serviço público, não importando qual carreira seguir. Por exemplo, os tribunais oferecem diversos cargos para bacharéis em Direito com uma ótima remuneração e sem exigir a aprovação prévia na Ordem ou atividade jurídica anterior. São concursos que se destinam para quem procura tranquilidade. Só não podem desistir do exame, simplesmente, por achar que não têm "capacidade" ou por acreditar naqueles que assustam ou exageram a respeito.

3 Quando o destino passa pelos concursos públicos

Quando decidi pelos concursos públicos, ainda no início da faculdade, tinha como parâmetro os meus pais. Meu pai era servidor do Tribunal de Contas da União – TCU e minha mãe, da Receita Federal. Colegas meus que seguiram as carreiras públicas eram filhos ou sobrinhos de promotores, juízes, delegados, entre outros cargos em tribunais. Parece ser uma tendência trilhar o mesmo caminho de familiares. Há quem tenha seguido pela advocacia também por ter um escritório já garantido depois da faculdade. Não há dúvidas que somos influenciáveis por quem estimamos ou admiramos.

De fato, os concursos em geral são uma escolha bastante óbvia também para quem não tem qualquer parente na iniciativa pública, apesar de ser difícil essa situação, pois todo brasileiro é um **concurseiro em potencial**. Há concursos que reúnem mais de um milhão de inscritos e, para uma economia instável como a nossa, ninguém quer passar a vida toda vendendo o almoço para comprar a janta. Para o bacharel em Direito, os concursos parecem uma vocação natural, já que a advocacia tradicional é apenas uma das opções, sendo que a maioria das carreiras são públicas.

Considere ainda os benefícios que todas elas trazem e com as quais a iniciativa privada não consegue competir. A garantia de uma aposentadoria equiparada ou próxima aos ganhos da atividade é uma das maiores atrações, além da famosa "estabilidade", que muitos respondem sem nem pensar do que se trata mesmo. Em razão de tudo isso, a concorrência é alta e cada vez mais preparada, o que tem afastado muitos de iniciar inclusive os estudos para as seleções. Há quem desista depois de algumas reprovações, pela frustração de uma possível falta de capacidade ou pela simples sobrevivência, por não poder contar só com os estudos, mas ter que sair para trabalhar.

Reprovei muitas vezes antes de começar a ser aprovado e alcançar uma nomeação. Porém, errei muito como concurseiro ao desejar abraçar o mundo dos concursos sem foco nem destino certo. Quando decidi que não queria ser juiz, depois de frequentar uma escolha preparatória para magistratura, entendi que defender uma das partes era minha vocação. Nesse momento, ficou mais claro quais concursos eu deveria enfrentar. Quem quer tudo acaba ficando sem nada. Por isso, afinar o foco é essencial para direcionar os estudos e despertar o **poder da aprovação**.

Portanto, fuja da tentação de estudar todos os conteúdos programáticos ou de prestar todas as provas que surgirem, como eu fiz erroneamente. Quem tem um destino mais apurado dentro das opções que os concursos oferecem não vai se preocupar com as "oportunidades perdidas". Para que se inscrever no concurso para juiz se a meta é passar para delegado? Nem mesmo a desculpa de "fazer por experiência" é cabível, quando o preço da inscrição dá para comprar mais do que um livro de questões comentadas com todas as provas que se pode imaginar.

E quem não tem um destino claro, que serve qualquer concurso público? Nesse caso, reúna aqueles que mais se assemelham quanto ao conteúdo de provas para ampliar a oferta de tentativas. É o que venho sugerindo com os cargos de analistas jurídicos para tribunais, por exemplo. Não deixe de considerar as atividades do dia a dia desses cargos, mesmo que a remuneração seja muito atrativa e sua urgência financeira exige a aprovação sob qualquer hipótese.

Para concluir, se a dúvida persistir para qual direção apontar, por que não procurar ajuda de um profissional de carreiras e fazer um teste vocacional? Conheço muitos servidores arrependidos que protelam o pedido de exoneração com medo de perder uma "vida segura", mas que estão insatisfeitos com seus trabalhos. Outros tomaram coragem e foram estudar para outros concursos ou mesmo seguiram para a iniciativa privada. Gosto da seguinte lição atribuída a Confúcio, pensador chinês: "Escolha um trabalho que você ame e não terá que trabalhar um único dia em sua vida".

A pergunta no título deste capítulo parece uma pegadinha, não acha? Será que a aprovação, seja em concurso público, seja na prova da Ordem, deveria ser o objetivo de vida de alguém? De modo algum! Mesmo que seja a razão de você estar investindo seu tempo com este livro, ainda assim, deve ser considerada como uma ponte ou conexão a outros destinos que o esperam. Portanto, é meio, mas não o fim.

Passar pelo Exame de Ordem e/ou pelos concursos públicos, entre outros, é caminho possível para um bacharel em Direito. A vitória da conquista, da superação de um obstáculo ou desafio é algo que ninguém duvida como sendo a motivação para realização de coisas maiores. Não há como desprezar esse merecimento. Porém, mesmo para quem deseja alcançar o pico do **Monte Everest**, há outros objetivos envolvidos além da própria escalada. Você já sabe quais são os seus? Então não custa perguntar algo e ter uma resposta tão rápida quanto o piscar de olhos:

Qual é o seu objetivo de vida?

Imagine que a sua aprovação é apenas uma questão de tempo. Mas, além dela, o que o move para acordar todos os dias e seguir adiante? Como embarcar numa missão cuja aprovação é o seu destino mais imediato se depois você vai paralisar diante das opções que a vida lhe oferece? É bem provável, como a maioria responde, que a sua resposta à "grande pergunta" é "**ser feliz**". Quem não deseja, não é? Não é por outro motivo que as pessoas fogem das emoções ditas "negativas", para não sofrer nem conviver com a tristeza. E quando precisam enfrentar e aceitar as dificuldades da vida é para logo ali realizarem o sonho de viver felizes.

Preocupa-me que muitos oabeiros e concurseiros projetam a felicidade sob a condição de "quando" forem aprovados. Enquanto isso, sofrem diariamente, pois condicionam todos os esforços para algo alcançável no futuro, quando deveriam aproveitar a felicidade abundante no presente, o único momento que importa e controlam: o agora. Já li uma frase que diz muito a respeito: "só quem suporta o processo vive o propósito". Há tantas outras com esta significação, de que não adianta esperar uma situação para que tudo se resolva. A vida acontece agora, na leitura dessa frase, entre pensamentos reflexivos ou furtivos, cuja sua atenção possa estar no momento.

Quem prorroga a felicidade para "quando" acontecer alguma circunstância na sua vida tem a tendência de nunca estar satisfeito com as conquistas. Basta comparar a lista com o que desejam muitos deles.

- ✓ Serei feliz quando passar na OAB
- ✓ Serei feliz quando passar no concurso público
- ✓ Serei feliz quando comprar meu carro
- ✓ Serei feliz quando comprar minha casa
- ✓ Serei feliz quando casar
- ✓ Serei feliz quando tiver um filho
- ✓ Serei feliz quando comprar um novo carro
- ✓ Serei feliz quando comprar uma casa na praia
- ✓ Serei feliz quando viajar nas férias
- ✓ Serei feliz quando casar de novo
- ✓ Serei feliz quando tiver outro filho

Ao final da vida, provavelmente, essa pessoa dirá que deveria ter sido feliz todos os dias e não ter ficado esperando que a felicidade batesse na porta "quando" ela estivesse presente, pois quem vive assim está sempre com os pensamentos no futuro. Considere, assim, que a procura incansável da felicidade é uma utopia, pois ela está disponível para ser desfrutada desde o amanhecer com o cheiro do café fresquinho até o anoitecer nos braços de quem se ama. Já cantava Chico Buarque que "A felicidade morava tão vizinha, que, de tolo, até pensei que fosse minha".

5 Realizando sonhos: meus ou de outros?

Todo mundo tem algum familiar ou conhece alguém que adora opinar na vida alheia, não é? Inclusive na sua! Quem sabe se autodefender já sai com estes bordões, "Não aceito conselhos, aceito PIX" ou "Se pagar meus boletos, pode opinar". Não é fácil se esconder do que os outros pensam ou de quem julga suas escolhas ou decisões. Mas isso deve importar?

Ouvir o que tem a dizer aqueles que se importam com você e torcem pelo seu sucesso e bem-estar, como a família e os amigos, pode ser muito importante e proveitoso para pesar os prós e os contras. Muitas vezes estamos tão decididos por algo que ficamos cegos para caminhos alternativos ou perigos que possam estar a nossa espreita. Enxergar só o lado positivo distrai dos riscos da realidade. Porém, a **última palavra** precisa ser sua, já que as consequências de uma escolha profissional serão intransferíveis para terceiros. Esse fardo será só seu!

Comparações também são inevitáveis nesse processo de tirar os sonhos do papel e colocá-los na prática. Alguém poderá dizer que o fulano ficou rico com a advocacia e, por isso, é a melhor escolha a fazer. Outro dirá que tem um familiar que é juiz numa comarca e que leva uma vida tranquila, sem se desgastar correndo atrás de clientes ou processos. Há quem afirmará que passou na prova da OAB "sem estudar", e alguém que tem um amigo que "passou de primeira" no concurso para promotor. Porém, ninguém lembra que quem irá trilhar o caminho escolhido será você e não eles. A plateia no máximo só torce ou assiste, mas não joga nem entra em campo, não é?

Assim, coloque no papel quais as opções que a faculdade de Direito lhe dá como escolhas profissionais. Pontue os prós e os contras de cada uma delas. Considere conversar com integrantes delas para entender como é o dia a dia. Os estágios na graduação deveriam ajudar na ambientalização para auxiliar na decisão do futuro. Por exemplo, estagiei no jurídico do Banco Central para saber se o serviço público era o que eu queria. Veja que os meus pais, mesmo que concursados, jamais me impuseram um único caminho a seguir, apenas me mostravam quais eram os benefícios da jornada que escolheram para eles.

Viver os próprios sonhos parece tão óbvio, mas não é o que a experiência mostra. Alunos e leitores já relataram a frustração dos próprios familiares quando decidiram se aventurar para outras direções, longe do que gostariam eles. Confesso que a minha saída do serviço público e das opções que tomei a partir de então não era o que imaginavam meus pais, mas entenderam (assim acredito) que continuei sendo levado pelos meus próprios sonhos, mas com os pés bem no chão.

Não é feio mudar de rumo durante a sua jornada para atender seus anseios ou para se adaptar a outra realidade. A beleza dos sonhos é que eles mudam com o tempo e amadurecem com as necessidades, caso contrário, eu não teria passado de gandula, porque sou péssimo com a bola, ou estaria lavando espaçonaves da NASA, já que astronauta brasileiro que viajou para o espaço só teve um até agora, Marcos Pontes. Aquela história de que "se você pode sonhar, você pode fazer", atribuída a Walt Disney, não passa de uma frase bonita. É melhor considerar mais do que um plano A, já que o alfabeto possui 26 letras, para saber aonde ir caso o primeiro falhe e, assim, sucessivamente.

Por fim, se realmente é verdadeira a ideia de que "sonhar grande e sonhar pequeno dá o mesmo trabalho", colocá-los na prática são outros quinhentos. Por exemplo, entre sonhar com a magistratura e com o cargo para analista judiciário do Tribunal de Justiça pode dar o mesmo trabalho, mas e na hora da preparação para tais concursos? Na prática não dá o mesmo trabalho, não é? Então muito cuidado com os seus sonhos e desejos. É como digo, **"querer é poder adormecido, agir é poder acordado"**. A conta é simples: acorde e avalie para onde os seus sonhos podem levá-lo e o custo para tanto.

6 Por dentro das principais carreiras jurídicas

Você pode estar percebendo que insisto com a ideia de que estudar com propósito é muito melhor do que atirar para todas as direções. Sofri quando era concurseiro iniciante porque não tinha certeza do que eu queria de fato. Estudei num preparatório para magistratura, mas descobri que julgar não era a minha praia. Fiz concurso para delegado de polícia e acreditar que o crime não compensa não foi suficiente para manter o foco além da primeira prova em que fui aprovado. Somente quando me dei conta de que a advocacia pública falava a "minha língua", é que a minha preparação passou a ter sentido e lá tive a experiência que buscava. Até esse momento, colecionei não só momentos, como muitas reprovações.

Acredito muito na influência da força vocacional, pois meus colegas que entraram na faculdade sabendo o que queriam alcançaram mais rápido seus objetivos do que aqueles que estavam perdidos ou na expectativa de uma revelação até o final do curso. Percebi a mesma coisa com os meus alunos da graduação. Caso você já tenha se formado, não é tarde para mirar numa carreira e dela tirar a motivação necessária para que os estudos façam sentido. Estudar pela "força do ódio" como muitos gostam de dizer não é o caminho mais produtivo.

Então, mesmo que brevemente e de forma muito sintética, vamos revelar um pouco das principais carreiras jurídicas para que possa oferecer algum *insight* ou sugestão para uma pesquisa mais detalhada.

- **Advocacia privada**

Já dizia Sobral Pinto, famoso jurista brasileiro, que a "advocacia não é profissão de covardes". Essa lição continua sendo bastante atual diante das dificuldades que a profissão enfrenta. Para ilustrar, para quem pretende ingressar num escritório como empregado, o salário está longe de ser desejável e a concorrência, mesmo assim, é grande. "Saturação" talvez seja a causa que mais impacta quem desiste de seguir na área. Por outro lado, é o mesmo motivo que se levanta desde os primeiros anos da fundação das faculdades pioneiras de Direito no Brasil em 1827. É o que também dizem os profissionais de suas áreas, como na medicina e na odontologia, por exemplo.

O fato é que o Direito se reinventa a todo momento. Quem já defendia o direito digital há cinquenta anos atrás? Quem imaginaria que os processos físicos estariam em extinção? Novas demandas surgem conforme o mundo gira, basta pensar em *compliance*, na *fashion law* ou em *coaching jurídico*. Pesquise em sites de universidades cursos de pós-graduação, uma vitrine perfeita das tendências de mercado e das novidades que o Direito oferece. Quem está atento a isso, lendo e estudando o que vem sendo produzido por especialistas, certamente, poderá se encaixar num nicho rentável e desenvolver o seu próprio negócio jurídico.

Assim, escolher a prova da OAB faz todo sentido para alcançar os voos necessários, pois há espaço para todos, aliás, somente para os dedicados e quem vive pela advocacia uma paixão. Pode ser uma caminhada mais demorada, porém, com resultados mais significativos, tanto financeiros, como de satisfação profissional. É como um professor já dizia: "Não esqueçam, meus futuros colegas, o mais importante é saber que vocês ganharão muitos casos e perderão muitos outros, mas todos eles serão cobrados!".

- **Defensoria pública**

Atuar na defensoria pública, de algum modo, não deixa escapar o "espírito da advocacia", pois o defensor busca promover a justiça aos necessitados. É uma das carreiras jurídicas mais recentes e queridas pelos bacharéis. Em todos os Estados e DF deve ter uma defensoria pública estabelecida, o que exige seleções públicas de forma contínua. A União também tem a sua defensoria pública, a DPU, com unidades espalhadas pelo país. Seus concursos são muito concorridos. A título de ilustração, em 2010, eram 134 vagas para quase 12 mil inscritos. Um dos grandes atrativos da carreira é a remuneração, sem dúvida, uma das maiores entre as carreiras.

- **Advocacia pública**

O que foi dito antes sobre outras carreiras pode se aplicar à advocacia pública. O grande diferencial é que vamos encontrar oportunidades em todas as esferas, tanto no Poder Executivo como no Legislativo: União, Estados, Distrito Federal e Municípios. Lembre-se ainda que há um infindável número de autarquias, empresas públicas e sociedades de economia mista que mantêm quadro próprio de advogados e com seleção permanente. Atente-se que nem todos os cargos têm regime estatutário, ao contrário, muitos têm regime celetista, o que pode importar na hora da escolha.

- **Magistratura**

Se perguntar para os juízes quando decidiram pela magistratura, a maioria irá dizer que foi "desde sempre". Você encontrará ainda muitos que dirão que foram aprovados em concursos anteriores antes de ingressarem na realização do sonho deles. Parece que são predestinados ao cargo, não é? Claro que é muito bonito dizer que é "juiz", por ser uma carreira clássica e tão importante no Judiciário. Mas quem acredita que é fácil ser juiz está muito enganado. Recordo das minhas aulas com magistrados e diversos deles não incentivavam seguir por essa profissão. Pediam para aqueles que, assim como eu, estavam dispostos a seguir por ela para avaliar e reavaliar a decisão. Eu mesmo desisti.

É verdade que muitos deles acabam deixando a toga e tenho amigos que fizeram o mesmo. Além dos motivos pessoais, há quem não enxergue melhores perspectivas, como a exaustão de lidar com milhares de processos ou uma maior valorização da profissão. Você encontrará oportunidades na magistratura estadual, federal e no trabalho. São concursos difíceis, com diversas fases e muitos candidatos bem preparados para enfrentar.

- **Ministério Público**

Quem opta pelo "MP" não foge da regra de quem deseja seguir a carreira na magistratura. A maioria "nasceu" para o cargo e, por isso, luta com todas as armas possíveis para conquistá-lo. Suas funções institucionais estabelecidas no art. 129 da Constituição Federal são quase como poesia para os românticos jurídicos. É difícil não desejar atuar como promotor diante da importância da vocação do cargo. Você ainda pode escolher pelo MPU, MPF ou MPT. Em outras palavras, tem para todos os gostos e destinos.

- **Carreiras policiais**

Trata-se de uma das carreiras mais queridas pelos concurseiros. Para ser delegado não precisa ser aprovado na OAB, basta ser bacharel em Direito. Esse "detalhe", por si só, já é relevante. Dentro da Polícia Civil, que tem em todos os Estados, há outros cargos bastante disputados, como para escrivão e inspetor. Depois da aprovação em provas (incluídas as físicas), é necessária a realização de curso de formação profissional na Academia de Polícia. Sinteticamente, o escrivão acompanha o inquérito policial a partir da delegacia e o inspetor é quem realiza mais trabalhos "de campo" em operações policiais.

Na Polícia Federal – PF, além de delegado federal (que exige apenas diploma de Direito), há também os cargos de escrivão, cujo requisito é a conclusão de curso superior e tem como atribuições, em geral, dar cumprimento às formalidades processuais, e de agente, com o mesmo requisito, mas com a tarefa de executar investigações e operações policiais. Há ainda o cargo de papiloscopista, que também exige diploma de nível superior e tem como atividade trabalhos papiloscópicos de coleta, análise, classificação, subclassificação, pesquisa, arquivamento e perícias.

Os concursos para Polícia Civil são frequentes e atraem um grande público, que se desloca pelo país para prestá-los. Já para PF, como são mais difíceis de acontecer e trazem a abrangência nacional, além de uma ótima remuneração, são superconcorridos. Para ilustrar, o concurso da PF de 2021 ofereceu 1.500 vagas distribuídas entre os cargos e atraiu mais de 320 mil inscritos. Outra carreira bastante querida é de policial da Polícia Rodoviária Federal – PRF, cujo requisito é a conclusão de graduação em qualquer área e carteira de habilitação. Sua atividade básica é fazer patrulhamento e policiamento ostensivo em rodovias federais. Para ilustrar a sua concorrência, no concurso de 2021, foram mais de 300 mil inscritos para disputar 1.500 vagas.

Há também mais uma nova carreira, a Polícia Penal, que equiparou os agentes penitenciários aos policiais. Ela está subordinada aos governos estaduais e tem atraído os bacharéis (qualquer diploma nível superior) em razão do grande número de vagas disponibilizadas. O concurso para o DEPEN – Departamento Penitenciário Nacional, responsável pelas prisões federais, é outro que reúne muita gente interessada em razão da carreira e de não exigir ensino superior, apesar de a prova exigir conhecimentos do Direito. Além das especialidades, há o cargo para Agente Federal de Execução Penal, e que, entre outras atividades, exerce vigilância, custódia, guarda e escolta de presos. O concurso de 2020 teve mais de 170 mil inscritos para cerca de 300 vagas.

- **Carreiras fiscais**

São outras carreiras tradicionais entre os concurseiros e atraem uma legião para os cargos na Receita Federal (auditor fiscal e analista tributário, nível superior qualquer). Em geral, a função é cuidar de processos de fiscalização de tributos. No âmbito estadual e municipal, também há cargos para funções similares com requisitos próximos. Há a carreira para os tribunais de contas, tanto para o TCU – Tribunal de Contas da União, como para o TCE – Tribunal de Contas do Estado. Há dois tribunais de contas dos municípios, de São Paulo e do Rio de Janeiro.

- **Magistério**

Também há concursos para universidades públicas para professor em Direito. Requisitos como mestrado e doutorado são comuns a eles, inclusive nas seleções para vagas nas universidades privadas. Cursos preparatórios não deixam de ser menos exigentes, pois exigem não só experiência anterior como uma ótima didática e representatividade nas redes sociais. O magistério é muito procurado também por quem já tem uma profissão, como juiz ou advogado, pois oferece uma vitrine acadêmica para quem busca alguma forma de exposição ou, simplesmente, por paixão de ministrar aulas.

- **Carreira diplomática**

Considera-se, ainda, a carreira diplomática, cujo processo seletivo para ingresso tem ocorrido praticamente uma vez por ano. Entre os requisitos para o concurso público basta apresentar diploma de conclusão de curso de graduação de nível superior. O concurso tem uma prova objetiva bastante ampla e difícil, que vai além do Direito Internacional, incluindo português, história do Brasil e mundial, política internacional, geografia, inglês, noções de economia, etc. Também tem provas escritas sobre tais disciplinas, além de provas objetivas de espanhol e francês.

- **Cartórios**

Segundo o Colégio Notarial do Brasil, notário ou tabelião "é o profissional do Direito dotado de fé pública, a quem é delegado o exercício da atividade notarial. Formaliza atos jurídicos de interesse das partes, como uma compra e venda, e, ao mesmo tempo, auxilia o Estado no cumprimento das leis e fiscalização dos impostos"[4]. Exige-se a aprovação de concurso, que não é frequente. Tem, entre outros requisitos, o de diploma de bacharel em Direito ou que o candidato tenha completado, até a data da primeira publicação do edital do concurso, dez anos de exercício em serviço notarial e registral. Não há um valor fixo mensal estimado, pois a remuneração é o próprio rendimento do cartório. A sua localização e o tipo de serviço oferecido impactam na rentabilidade.

7 Como lidar com a sua prova irá fazer uma grande diferença nos seus estudos

Você já reparou que aqueles que têm medo de matemática, por exemplo, irão realmente se dar mal numa prova dessa matéria? Eu tinha esse problema com o português no colégio. Provavelmente, a minha primeira experiência deve ter sido péssima e, depois disso, considerei a matéria como um monstro a temer. E no que ela se transfor-

4 https://cnbba.org.br/2018/01/04/notario-ou-tabeliao/

mou? Um monstro alimentado com o meu medo e o desprazer de ter que engolir a gramática.

Assim, nossas profecias têm o poder de serem autorrealizáveis, por que as crenças que concluímos como verdadeiras poderão se tornar um obstáculo intransponível. Transformar uma pequena cerca de madeira numa muralha da China, quando se deseja superá-la, é um truque mental fácil de fazer para quem enxerga dificuldades em tudo. Mas não são apenas as emoções, como o medo, que constroem barreiras. Também a força do pensamento. Desse modo, como você vai encarar a sua prova também irá refletir no processo de preparação.

Há duas maneiras de lidar com uma prova, uma **ameaça** ou um **desafio**. Independentemente de como você irá escolher, uma prova é uma fonte de estresse. É senso comum que o estresse é algo muito ruim, pois causa males psicológicos e físicos. Mas já há pesquisas que apresentam o seu "lado bom", pois apontam que é a forma de encará-lo que será determinante para os efeitos que causam. Se você entender, no mínimo, que fazer uma prova é estressante, já é um começo para aceitá-lo e usar a sua força a seu favor, como focar melhor os estudos.

No entanto, este não é um texto sobre estresse. É sobre o seu **discurso interno**. O que você diz para si sobre a prova que irá enfrentar. É a **voz interior** que me refiro. Nós estamos sempre conversando em nossa mente, não é? Ela é inquieta porque os pensamentos não param de chegar e de sumir. Quem precisa focar sobre controle de constitucionalidade sabe que a atenção é interrompida diversas vezes, pois não param de chegar conversas furtivas. "Será que estou entendendo esta matéria?". "Bem que não precisava cair na prova". "Pedro Lenza, me socorre!". "Que cheiro bom de comida, maldito jejum intermitente!".

Essa mesma voz interna pode ser sua amiga ou inimiga. Você pode até acalmá-la com exercícios de *mindfulness* ou meditar um pouco, mas ela sempre estará à espreita para atrapalhar ou ajudar na sua concentração[5]. Em razão disso, você pode enviar mensagens por meio de pensamentos e reforçá-los toda vez que achar que a atenção está sendo desviada ou bombardeada com ideias pessimistas ou negativas. Então,

5 Sugestão de leitura para prática de *mindfulness*: **Atenção plena: mindfulness**, de Mark Williams e Danny Penman.

diante de um pensamento de "você não vai conseguir", pode combater com "você já venceu!" ou "você vai vencer!".

Uma das minhas músicas preferidas do **Cidade Negra** é "Pensamento" e nela eles, logo no início, cantam:

...

"Você precisa saber
O que passa aqui dentro
Eu vou falar pra você
Você vai entender
A força de um pensamento
Pra nunca mais esquecer
Pensamento é um momento
Que nos leva a emoção
Pensamento positivo
Que faz bem ao coração"

...

É claro que só a força do **pensamento positivo** não será suficiente para lhe trazer a aprovação que busca. É preciso agir de forma positiva e considerar a prova como "ameaça" ou "desafio" já influenciará os seus estudos e compromisso com eles. Caso Morpheus, personagem de Matrix, lhe oferecesse a pílula vermelha (ameaça) ou azul (desafio) diante de uma prova, qual você escolheria?

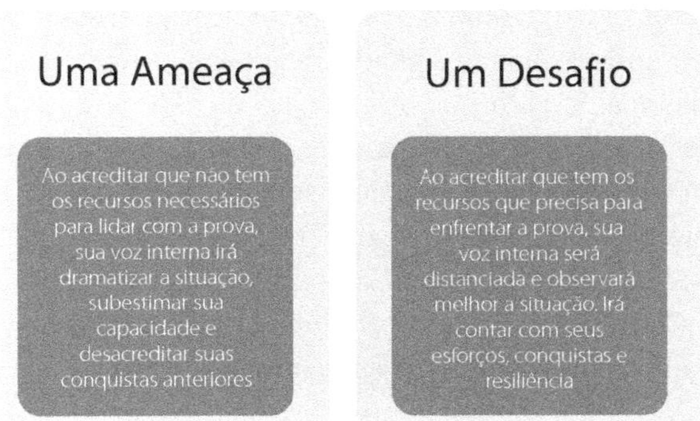

Portanto, a maneira que escolhemos para falar sobre uma situação para nós mesmos, como uma prova ou teste, faz uma grande diferença para a nossa voz interna. Quanto mais construtivo for o enquadramento do desafio, dizem os cientistas, mais positivos serão os resultados. Eles ainda afirmam que quando temos uma conversa interna distanciada, consideramos as situações estressantes mais orientadas para o desafio, encorajando-nos com um "você consegue", em vez de dramatizar numa ameaça[6].

Reitero que não basta apenas pensar na prova como um **desafio**, mas vivenciá-la como tal. Alimentar esse sentimento diariamente para que sua preparação seja nesse sentido, buscando recursos e dedicação para vencê-lo. Caso contrário, mesmo suas tentativas de mandar mensagens para que sua mente enxergue diferente, você ficará refém da ameaça de uma prova e seus estudos irão se comportar como vítimas da situação.

8 Exame de Ordem: é tudo isso que falam?

Quando iniciei a preparar meus alunos para Exame da OAB em 2006, a prova tinha outro nível de dificuldade, muito mais baixo do que é atualmente. O exame saiu da realização das seccionais e passou a ser unificado (e nacional) com a chegada da antiga CESPE, logo substituída pela FGV. Olhando para trás, não há dúvidas de que a prova da OAB evoluiu em todos os sentidos: ela se tornou mais elaborada e exigente. É claro que erros existem ainda, pois não há prova perfeita. Minha maior crítica, no entanto, é quando a banca traz questões muito específicas em determinadas matérias, o que assusta até os especialistas no assunto. Acredito que a prova deveria ser mais justa, portanto, mais genérica, visto que há quase duas dezenas de disciplinas reunidas na 1ª fase.

Meu objetivo aqui é avaliar se não há certo exagero e fantasia quando o assunto é Exame de Ordem, a começar pelos próprios formandos em Direito. O aluno que entra na graduação já sabe que uma sombra irá lhe acompanhar durante os seus cinco anos: a prova da OAB. Não apenas os veteranos irão assustar que "este dia chegará" como também para o temível momento do TCC. A faculdade colabora, indiretamente, com essa ansiedade, pois as avaliações são cheias de questões de exames e concursos. Como professor de faculdade fui orientado na minha

6 KROSS, Ethan. **A voz na sua cabeça.** Rio de Janeiro: Editora Sextante, 2021.

instituição para usar desse expediente aos meus alunos. No final, faz sentido essa familiaridade na abordagem para evitar surpresas no futuro, visto que a maioria seguirá fazendo seleções públicas.

Certa vez recebi um e-mail de um rapaz que gostaria de entrar na faculdade de Direito e já queria se preparar para prova da OAB. Fiquei muito surpreso com o pedido de ajuda, pois no mínimo ele estava assustado com o que estava lendo a respeito do exame mesmo antes de ingressar no curso. Pesquisando melhor, percebi que quase todo texto na internet que retrata a graduação de Direito aborda a prova da OAB como um "alerta". A própria instituição da Ordem dos Advogados passa a ideia de que a prova precisa ser muito difícil para peneirar o que é bom do ruim – entre bacharéis – já na sua origem. Porém, é importante deixar claro que a batalha é contra as faculdades fracas ou medíocres e o número considerado excessivo de cursos que o Brasil suporta[7].

A mistificação da prova vem então, principalmente, desses canais, os próprios acadêmicos de Direito e da OAB, com repercussão na imprensa em razão dos altos índices de reprovação, que inclusive já foi o problema de personagem numa novela global, apareceram no famoso programa do Jô Soares, além de matérias no Jornal Nacional entre outros veículos da mídia. No entanto, lamento quando percebo que alguns querem "fantasiar" a prova como impossível ou uma ameaça real, retroalimentando um ambiente hostil que não deveria existir. Não vejo esse "assombro" com a mesma frequência nos concursos, pois é cada um por si e Deus por todos. O exame da OAB é apenas **mais uma prova**, entre tantas já realizadas no colégio e na faculdade. Se você refletir quantas já fez no curso de Direito, contando pelo menos duas por disciplina em cada semestre, passa de cem avaliações mais as apresentações e trabalhos de grupo.

Tudo isso faz crer que há uma "síndrome" do **sofrimento por antecipação** entre os alunos do Direito diante do Exame de Ordem. Não precisa nem solicitar "Raio-X" nem fazer uma investigação clínica ou psicológica. O medo dessa ameaça se tornou, praticamente, uma fobia à prova da OAB. Há uma expressão para fobia de testes e avaliações: **testofobia**. Se ela não for tratada, impedirá o progresso individual de

7 Quando escrevi este texto, já tínhamos superado 1.900 cursos de Direito autorizados pelo MEC e os números não param de crescer.

quem seja fóbico. A questão é: a prova é difícil? Sim, sem dúvida alguma. Ela é impossível? De modo algum, pois muita gente é aprovada. De acordo com a própria OAB, com dados compilados de 28 edições do exame, **660 mil pessoas foram aprovadas**, o que representaria 61% do total de cerca de um pouco mais de 1 milhão de inscritos[8]. Portanto, está longe de ser "impossível" ou "ameaça".

Lembre-se que o Exame de Ordem não tem número de vagas nem cadastro de reservas. O "ponto de corte" é 50% de acertos na 1ª fase e 60% na 2ª fase. Pergunta-se: você estudou em alguma faculdade cuja média era 5 ou 6? Quero que enxergue o copo pela metade como meio "cheio" e não meio "vazio". Portanto, este otimismo é baseado em dados para mostrar que o terrorismo que alguns querem compartilhar não passa de gatilho para sofrimento ou pessimismo.

Quem não deseja levantar a carteira da OAB para a sociedade, como na eterna cena do macaco Rafiki mostrando o pequeno Simba ao reino selvagem em "Rei Leão"? Mas é importante lembrar que essa conquista não vai no *curriculum vitae* nem para uma moldura na sua parede, pois há muitas outras que valem a pena sofrer e se vangloriar pela vitória, como devolver o equilíbrio da justiça aos futuros clientes. Acredito mais nos alunos e leitores que têm um certo desprezo pelo exame, do que aqueles que acreditam que a aprovação salvará o mundo de um desastre iminente, como cortar o fio certo de uma bomba pronta a explodir. Recapitulando, é melhor enxergar a prova como uma ameaça ou desafio?

No final, faça as "contas": por que seu nome não estaria na lista de aprovados? Seria esta equação?

Falta de sorte + Sem concentração + Pouca dedicação + Sem foco + Medo = Reprovação

Todos são **elementos** que dizem respeito ao examinando e não à prova em si. É claro que às vezes ela pode fugir do que se espera, mas ela não pode ser a única responsabilizada pelos altos índices de reprovação. Mas como nós já sabemos, é mais fácil terceirizar a culpa, pois fica mais leve para carregar o fardo, porém ignorar a realidade não ajuda muito para seguir adiante. O fato é que **alguns passam antes, ou-**

8 "Exame de Ordem em Números", Vol. 4, FGV Projetos, 2020.

tros, depois, mas todos passam se não desistirem. Não é por menos que **40% dos aprovados** na OAB já alcançam esse feito logo na primeira tentativa e até **75%** das aprovações ocorrem em três tentativas.[9] Ou seja, não é tudo isso que falam do Exame de Ordem.

9 Concurseiro experiente x Concurseiro de plantão

No mundo dos concursos públicos há todo tipo de concurseiro, mas prefiro agrupá-los em dois tipos de perfis para facilitar as comparações, o **experiente** e o **de plantão**. A premissa é que todo concurseiro que se preze como tal, ao menos deveria, deseja ser aprovado o quanto antes. Ninguém deseja virar concurseiro profissional, ou seja, aquele que enxerga como uma profissão e vive a fazer provas (estudar são outros quinhentos). Para alguns pode ser cômoda essa situação quando são sustentados financeiramente por outros, mas esse é um papo mais para o fim. O que importa é enxergar em qual perfil você pode se encaixar ou fugir do outro.

O meu primeiro concurso que fui aprovado levou quase dois anos de preparação e de muitas reprovações. "Concurso não é até passar", como já escreveu o guru dos concursos, **William Douglas**?

Por isso, sabe-se que a **caminhada é longa e trabalhosa**, mas como o próprio William experimentou e defende até hoje, "concurso público: a dor é temporária, o cargo é para sempre". Mas esse trajeto pode ser realizado de **duas formas**, uma acumulando conhecimento e a outra como aventureiro. Na primeira, formar-se-á um concurseiro experiente; na segunda, o concurseiro de plantão. Sabe quem tem **mais êxito**? Reflita, você sabe responder!

O **concurseiro experiente** é aquele que aprende com toda a experiência, seja boa, seja ruim. Sabe que os resultados não lhe definem e que pode evoluir sempre. Busca conhecer as regras do jogo, é analítico com o próprio desempenho e se mantém bem informado no mundo dos concursos. É atento, organizado, disciplinado e tem metas realísticas. Evita divulgar muito a sua rotina de estudos, pois, de invejosos e de gente querendo julgar, o mundo já está superlotado. Tem senso de di-

9 "Exame de Ordem em Números", Vol. 4, FGV Projetos, 2020.

reção e reconhece que logo será mais um "ex-concurseiro", pois ser servidor público é o seu destino.

Já o **concurseiro de plantão** é um aventureiro, um "caçador" de concursos com editais abertos. Inscreve-se em vários ao mesmo tempo e acredita que conseguirá vencer toda a matéria. Só se motiva quando está pressionado e tem prazer de procurar atalhos fáceis e duvidosos, como fórmulas mágicas de quem jura que foi aprovado sem estudar. Não tem foco, vive apenas o dia de hoje, de mnemônicos ou resuminhos e de revisões. Mas nas redes sociais, aparenta o esforçado e não passa um dia sem reclamar da vida dura que leva de concurseiro. A primeira coisa quando passar é virar *coach* de concurseiros (mas se demorar muito a passar, vira *coach* assim mesmo).

Assim, não quero dizer que os concurseiros de plantão não são aprovados, eles são, porém, quem preenche as listas dos primeiros colocados e alcança a aprovação em menos tempo são os concurseiros experientes. Com essas características, facilmente, você identificará de longe quem é quem. Importa é saber que tipo você valoriza e seguir aqueles que, realmente, inspiram e motivam. Há um provérbio chinês que admiro muito: "Os sábios aprendem com os erros dos outros, os tolos com os próprios erros e os idiotas não aprendem nunca".

Que perfil você seguirá?	
Concurseiro experiente	Concurseiro de plantão
• Toda prova é uma experiência a ser aprendida • Os resultados não lhe definem, servem para buscar a evolução • Busca conhecer as regras dos editais • É analítico com o próprio desempenho • Mantém-se bem informado no mundo dos concursos • É atento, organizado e disciplinado • Tem metas realísticas • Evita divulgar muito a sua rotina de estudos • Tem senso de direção e ser servidor público é o seu destino	• Toda prova é uma prova e "quem não arrisca não petisca" • É um caçador de editais abertos • Tem prazer por atalhos fáceis e duvidosos • Gosta de fórmulas mágicas de quem jura que foi aprovado sem estudar • Vive de mnemônicos, resuminhos e de revisões • Vive nas redes sociais, aparentando esforçado e não passa um dia sem reclamar da vida dura que leva de concurseiro • Não tem foco muito menos direção • O sonho é ser *coach* para outros concurseiros

Como o Exame de Ordem, os concursos públicos não podem ser objetivo de vida para ninguém. Quem enxerga assim carrega um peso desnecessário durante a preparação. Essas provas devem ser encaradas como desafios para que eles levem você ao que realmente interessa, a profissão almejada. Cuide também para não cair na armadilha do **concurseiro profissional**, aquele que tem dedicação exclusiva para estudar e acaba se adaptando a essa rotina, com alguém bancando as despesas enquanto se prepara. Estudar é tão difícil como qualquer trabalho, apesar de muita gente não acreditar nisso, porém zonas de conforto acabam sendo criadas nessas situações, e o concurseiro relaxa quando tem o controle total do tempo, distraindo-se facilmente ou postergando seus compromissos urgentes pelo batizado da sobrinha do vizinho ou pela arrumação das gavetas de meias.

Quando me formei, logo ingressei na escola preparatória da magistratura, cujo período de estudos era de um ano e incluía avaliações e notas. Meus pais permitiram que eu só estudasse durante a minha fase de concurseiro. Em alguns momentos, parecia muito boa aquela vida que levava; em outros, convivia com a ansiedade e a angustia de um fracassado. O apoio deles foi fundamental para minha aprovação, mas é bastante difícil lidar com uma vida de "quem não produz". Enfrentar o julgamento dos outros quando perguntam "o que você faz" ou "só estuda" não é para qualquer um.

Se essa é a sua situação ou, provavelmente, poderá ser, estabeleça metas de tempo para não cair na velha lição do "estudar até passar". Ela é importante como motivação? Sim, porém pode se transformar numa desculpa esfarrapada de quem não quer evoluir. Tudo começa com reprovações, evoluindo para quase aprovações, aprovações, classificações, até chegar à nomeação. Contar com um **Plano B**, como um "concurso-trampolim", serve para acalmar o coração para seguir em frente. Por exemplo, há quem tenha nível superior, mas faz concursos para nível médio em tribunais para conquistar a independência financeira, mas sem deixar os estudos de lado até alcançar o cargo dos sonhos.

Entender qual perfil de concurseiro o define e saber qual é preciso adotar são quilômetros de distância percorridos comparado com aqueles que não têm a mínima noção do que devem ou podem fazer. Que sejam as informações necessárias para a sua passagem e para embarcar para as próximas estações. Boa viagem!

Como se sabe, colamos grau em Ciências Jurídicas e Sociais. Não nos matriculamos numa faculdade de advocacia ou de qualquer outra carreira jurídica. Saímos do curso como "clínicos-gerais". Mas durante a graduação precisamos vestir o "jaleco" de **cientistas jurídicos**. Portanto, nossa tarefa é conhecer e investigar o universo das leis, da doutrina e da jurisprudência.

Independentemente da sua escolha profissional, você precisou lidar com **diversas disciplinas** compostas por dezenas de temas e subtemas. É claro que teve as preferidas, as detestáveis e as "tanto faz". Como professor de Direito Empresarial, não era fácil tentar ao menos que os alunos tivessem um pouco de consideração por ela. A vida do graduando é feita de chamadas, trabalhos e de notas, e, para muitos, é só o que importa. É claro que se "aprende um pouco", mas longe de sairmos especialistas em qualquer disciplina. É para isso que servem as pós-graduações, não acha?

Então, a "boa faculdade" está mais para responsabilidade do seu aluno do que para a instituição que lhe ofereceu apoio e material. Há quem deixe para depois da formatura a atenção que deveria ter dado aos estudos durante o curso. O problema é perder tempo para justamente tentar recuperá-lo quando da formação jurídica. Hoje os cursos de pós-graduação se transformaram numa espécie de "puxadinho" da graduação, porque não há graduado que não ingresse logo após a conclusão da faculdade de Direito. Cursos de extensão também são bastante populares, pois são um modo de reaprender o conteúdo deixado para trás por qualquer motivo extraclasse que seja.

Colocar a "culpa" sempre no mordomo [na faculdade] é fácil e protege dos próprios erros e distrações. Não é posição exclusiva minha, mas a graduação em Direito não é um curso preparatório de cinco anos para a prova da OAB ou de concursos. É um curso de formação jurídica em que seus alunos irão trilhar os próprios caminhos em busca de seus objetivos individuais. Se a faculdade é "ruim", olhando-a como instituição, é responsabilidade do seu aluno buscar alternativas caso não consiga se transferir para uma melhor. O professor é ruim? O Youtube tem milhares de vídeos gratuitos com autoridades do Direito. A aula é péssima? As livrarias têm milhares de títulos jurídicos que podem contornar esse problema de didática e de material.

Dediquei-me a um livro só com essa temática em **Como sobreviver na faculdade de Direito e ainda ter sucesso e ser feliz**[10], o qual aconselho a leitura para aqueles que ainda estão na graduação ou que irão ingressar. Para entender como a vida do acadêmico de Direito é paradoxal, observe o gráfico a seguir, que denomino "síndrome do estudante de Direito". Quando ingressamos no curso, nossa autoestima está lá em cima, porém, quando estamos prontos para a formatura, ela não condiz com tudo o que já aprendemos, ao contrário, há mais dúvidas que certezas.

Uma das frases que mais ouvi de formandos durante minha experiência como professor na graduação, inclusive na pós-graduação, era: "me formei e agora?". Pode ser uma consequência direta de outra frase bastante comum quando se alcança o último ano: "professor, quanto mais estudo, menos eu sei". Filosoficamente, Sócrates teria dito: "Só sei que nada sei". Há relação? Acredito que sim, mas, de fato, a faculdade é uma grande bolha que protege em parte de uma realidade que precisará ser enfrentada um dia, em especial, para quem saiu do colégio e entrou na faculdade de Direito sem precisar trabalhar além dos estágios.

Se você ainda está na bolha, muita calma nessa hora. Ser ambicioso é melhor do que aceitar qualquer coisa, por isso, não se culpe se os seus objetivos são caros. Lembre-se que tudo tem o seu preço e precisa estar disposto a pagá-lo. O sonho é a magistratura? Quem irá dizer que é uma mera ilusão é só você, mais ninguém! Sempre tive inveja dos meus colegas que diziam que tinham "nascido" para determinada carreira jurídica, enquanto eu achava que deveria ser médico antes de ingressar na faculdade. A beleza dos sonhos, como já escrevi antes, é que eles se sucedem e amadurecem com o tempo. Veja que depois de 22 anos ter concluído o curso de Direito, voltei a ser aluno na graduação de Psicologia.

10 Marcelo Hugo da Rocha. **Como sobreviver na faculdade de Direito e ainda ter sucesso e ser feliz**. Belo Horizonte: Editora Letramento, 2021.

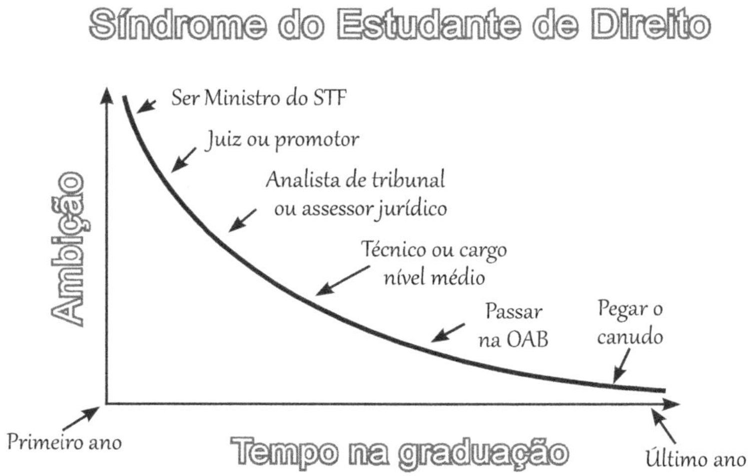

11 Vale a pena enfrentar provas e exames antes de se formar?

Este texto é para quem ainda não se formou. Caso você já tenha o diploma em mãos, pode pular para o próximo capítulo ou continuar a leitura para ajudar quem ainda está na faculdade. Este tópico se faz importante porque muitos deixam para depois de encerrados os compromissos da graduação a atenção para encarar provas e exames. Estão errados? Não totalmente, porque há exceções a serem consideradas.

No meu caso, fiz a prova da OAB no último semestre do curso e arrisquei alguns concursos nível médio durante a faculdade. Confesso que como concurseiro fui péssimo, pois estava envolvido de corpo e alma com o curso de Direito. É bem verdade que mais corpo do que alma em muitas disciplinas, como qualquer aluno que se distrai com professores sem didática ou matérias complexas. Até tentei, simultaneamente, fazer Ciências Contábeis na universidade federal, o que não durou muito tempo, pois números não são a minha praia. Então fiz concursos só para contar como experiência. Com o Exame de Ordem foi diferente, pois queria a qualquer custo a honraria de ser chamado de "doutor", porque como estagiário era somente "quem carregava processo" e desprezado pelos cartórios dos tribunais.

Portanto, não tenho dúvidas da oportunidade que é fazer o exame da OAB no momento certo para garantir a utilidade da aprovação, já que as regras permitem, aproveite-as a seu favor. Não se importe com a sua rotina atribulada, caso seja essa a situação, impedindo que se prepare da forma que gostaria. Passar pela experiência da prova, da tensão que lhe é inerente, bem como da ansiedade, ajudará a entender melhor seus mecanismos de defesa, tanto emocionais como físicos. Ir para o exame de "alma leve", por não ter um compromisso pontual da aprovação ou a pressão de quem já é formado, pode trazer resultado positivo, como muitos relatam que foram aprovados sem maiores expectativas.

A ambientação dos estudos que a faculdade favorece também é outro fator a se considerar. Você já está estudando, então, por que não arriscar um concurso público também? Há muitos cargos para nível médio que valem a pena tentar. Os tribunais estão repletos deles e pagam melhor que muito escritório de advocacia para seus empregados. Especialmente neles, o conteúdo programático é direcionado para disciplinas jurídicas, apesar de não exigirem formação no Direito. O cargo para **técnico judiciário** parece que foi feito sob medida para acadêmicos, que já têm uma base suficiente para enfrentar noções de Direito Constitucional, administrativo, entre outros. Para quem não é da área, sofre com a leitura da lei, focando mais nas disciplinas comuns, como português e informática.

Sendo assim, quem não gostaria de já sair formado e empregado no serviço público? Claro que não é o caminho para aqueles que irão advogar, mas para os indecisos pode ser uma ótima dica! Aposto todas as minhas fichas que um acadêmico de Direito tem muito mais chances de ser aprovado do que outro concurseiro que está em busca de uma vaga que não exija nível superior. Você já tem a faca e o pão na mesa, basta acrescentar o restante dos ingredientes para ter sua aprovação completa!

12 Você já enxerga o seu nome na lista de aprovados?

Um dos exercícios de imaginação que deveríamos fazer em tempos é nos imaginar dentro de um ano, três, cinco e dez anos no futuro. Projetar o que estaremos fazendo pode ser bastante incômodo, por isso, muitos não gostam ou não estão prontos para fazer. O fato é que somos **procrastinadores** profissionais, deixando sempre para amanhã o que poderíamos fazer hoje, não é? "Empurrar com a barriga" é uma técnica que somos experts! Por isso, imaginar o nosso próprio "eu" anos à frente parece algo que nos foge da compreensão de realidade.

Quando me formei em Direito tentei me imaginar nos próximos anos e tive sérias dúvidas se conseguiria ser aprovado num concurso. Carregava o **sentimento de culpa** de ter feito uma faculdade muito sem compromisso no último ano antes da formatura, por isso, logo segui para um preparatório que fosse exigente como foi a minha escolha. Projetei no máximo dois anos para estar já nomeado, o que consegui com êxito. Não era o cargo dos sonhos, mas era um bom começo. Meu **Plano B**, caso não dessem certo os concursos, era advogar, o que fiz depois de cinco anos de serviço público.

Em outros momentos da vida, usei o momento da reflexão para imaginar o meu futuro próximo e distante. Foi num deles que enxerguei que não gostaria mais de advogar, em razão das suas responsabilidades, prazos a cumprir e a paciência necessária para atuar no Poder Judiciário. Toda profissão tem seus "perrengues", mas esses eu não queria mais passar. Sempre desejei independência e autonomia, que não precisasse tanto de terceiros para evoluir numa carreira. Tornar-me escritor e professor foi a direção que tomei. Não sei se era o **Plano C**, mas me sai melhor do que nos anteriores. E quando mais uma vez tomei coragem para avaliar o meu futuro, de como me enxergava nele, resolvi voltar a estudar e me matriculei na graduação de Psicologia. A saúde mental nunca esteve fora do meu radar em razão das minhas leituras na área, por isso não foi surpresa para ninguém a minha escolha.

Agora, e você? Como se enxerga se realizando profissionalmente? Suas escolhas atuais poderão lhe permitir tudo o que você sonha alcançar? Seus estudos fazem sentido para você? Já se imaginou usufruindo a aposentadoria? O que seria exatamente isso? Morando na praia ou na serra, contando histórias para os netos? Ou trabalhar até morrer? Onde espera estar daqui a 5 anos? Casamento? Filhos? O que é sucesso para você? Sua felicidade depende exclusivamente de suas futuras conquistas? O que você irá fazer no próximo final de semana? O que você prometeu na virada do último ano está sendo realizado? Você projeta uma vida cheia de aventuras ou um mar de calmaria?

Há um exercício que faço nas minhas palestras presenciais nas faculdades ou eventos para acadêmicos: o momento do **capacete da reflexão**. Peço a todos para ficarem de pé e fechar os olhos por um instante. Peço ainda que imaginem o dia que sairá o resultado da prova ou do exame que pretendem fazer. Que sintam a ansiedade correndo pelo corpo e a expectativa da publicação da lista de aprovados. Mas, antes, que pensem sobre como estão os estudos, a frequência na faculdade, as notas das avaliações e se estão se dedicando como gostariam. Volto a atenção para a lista de aprovados. Peço, por fim, que imaginem ela e se o nome deles está lá antes de abrirem os olhos para comemorar ou lamentar a reprovação. Em todos esses anos que convido a esse momento, o índice de aprovação é menor do que 20% em razão das demonstrações de alegria. Você pode ser testemunha se acessar minhas palestras no Youtube.

O **processo de autoconhecimento** exige esses momentos de reflexão sobre nossos futuros. Não para ficarmos aflitos com ele, mas para ajustarmos o comando de nossas vidas no presente. Se hoje você não está estudando como deveria para alcançar a aprovação, como imaginá-la no dia da publicação do resultado? Esse **choque de realidade** é duro, mas necessário para evitar a ilusão de uma vitória que nunca chegará. Então, para você enxergar o que deseja dentro de algum tempo, é preciso que hoje façam sentido seus esforços. Se deseja colher morangos, é melhor plantar sementes dessa doce fruta e regá-la, pois tem muita gente colhendo bananas ou abacaxis e ainda não sabem o porquê.

13 É CHATO ESTUDAR!

Pergunte a uma criança se ela gosta mais de estudar ou de brincar e entenderás do que trata este texto. Em algum momento quando entramos no colégio, logo nos primeiros anos, acontece alguma frustração e passamos acreditar que "estudar é chato". Essa crença cresce e cria raízes tão fortes que só diante do ingresso na faculdade parece que ela se torna mais fraca. Suspeito que determinadas matérias, como matemática ou português, ou até mesmo um professor com pouca didática ou paciência foram decisivos para formar um exército de ***haters* dos estudos**!

A mera lembrança de equações matemáticas, da tabela periódica, das leis da física e de tantas outras informações que pareciam não ter função alguma "quando eu crescer" pode resumir as suspeitas quando precisamos aprender uma nova matéria ("será que vou gostar?"). Assim, milhares de pré-universitários têm preconceito em estudar. Basta também lembrar do *bullying* que se faz com aqueles que gostam de estudar, não é? Na minha época ser chamado de "nerd" no colégio era uma grande ofensa, como falar mal da mãe da gente. E, claro, atualizado para os dias de hoje, incomoda muito a pergunta discriminatória: "você só estuda?".

Como já escrevi antes e depois, **estudar é uma bênção**, um privilégio para poucos. Engana-se quem pensa que os mais bem sucedidos não precisam estudar mesmo depois do sucesso que alcançaram. Você até pode encontrar listas como os "10 bilionários que abandonaram a faculdade antes de fazer fortunas",[11] como Bill Gates, que largou Harvard depois de ter estudado dois anos por lá. Mas você estuda em Harvard ou tem um novo "Windows" para lançar no mercado?

Se a resposta é "não" para as duas perguntas, o melhor negócio, mais rentável, seguro e sem riscos de perder são os estudos. Meu pai sempre disse que os "estudos não se perdem". Seja a médio ou longo prazo. Estudar o que não gosta, realmente, é chato, portanto, a culpa não é da matéria, mas da sua percepção quanto a ela. Tem gente que ama matemática; outras, detestam. Então, gostar ou não é algo bastante pessoal, não é? Sendo assim, fica mais fácil mudar o ***mindset*** ou a mentalidade sobre determinada coisa do que mudá-la propriamente. Por exemplo, Direito Empresarial será sempre Direito Empresarial, mas a sua relação com a disciplina pode ser variável, entre amor e ódio.

Caso você deteste estudar essa matéria ou qualquer outra, já parou para avaliar qual razão leva a ter esse preconceito? Experiências passadas ajudam muito a explicar suas crenças, diriam os freudianos, se você estivesse num divã. Um professor ruim, notas ruins, o momento que se passou o aprendizado, um material difícil de entender, enfim, pode haver muitas causas para decifrar o enigma do seu pavor ou ódio pela disciplina. Entender isso ajudará a superar o trauma com o remédio mais ajustado para curar o problema.

11 https://www.seudinheiro.com/2019/bilionarios/bilionarios-faculdade-fortunas/

Para iniciar os estudos, para ganhar volume, sugere-se começar com as matérias que gosta para se contagiar com as desafortunadas ou como as que denomino "patinho feio" até chegar ao estágio de alternância entre as disciplinas. Pois, como se sabe, quanto mais se aprende sobre determinado assunto, mais há interesse nele e satisfação em estudá-lo. É um **ciclo virtuoso**; uma tendência natural no aprendizado. Por outro lado, importa lembrar que nenhum concurso ou prova da OAB só cobrará matérias que se gosta ou se tem domínio. Por isso, não é possível somente aprender o que se gosta.

Por fim, o que importa reforçar é que **estudar não é chato**. Chato é estudar o que não se gosta. Você não precisa se esforçar para se apaixonar por tudo, mas o suficiente para deixar de detestar algo, porque as emoções influenciam na aderência do conteúdo. Dê novas chances para aquelas disciplinas que o assustam, pois, geralmente, o que se teme não se gosta. Veja que eu não gostava de Direito Comercial na graduação em razão de alguns professores e das indicações bibliográficas. Depois, fiz pós-graduação em Direito Empresarial, onde me apaixonei e depois virei professor na disciplina em preparatórios e na faculdade. Viu como é possível mudar de opinião?

14 O PROCESSO DE APRENDIZAGEM

Para despertar o **poder da aprovação** não tem como ignorar os **dois lados** da preparação, o funcional e o emocional. Só estudar sem se importar com as emoções e os sentimentos pode ser uma aposta de alto risco. Além disso, existem os pensamentos furtivos que sequestram a atenção, provocando as emoções e elas, por sua vez, interrompem a concentração desejada para estudar.

Na época de concurseiro, eu não entendia como alguns colegas que estudavam tanto não eram aprovados, e outros que não demonstravam a metade dos esforços conseguiam a tão sonhada nomeação. Desconfiava que poderia ser algo relacionado à inteligência, mas tinha exemplos próximos que desfaziam essa ideia. Percebi, então, um certo padrão: aqueles que enfrentavam as provas de forma tranquila, sem demonstrar tanta ansiedade ou pressão pela aprovação, tinham mais sucesso que os outros. Depois, como professor de preparatório, encontrei esse mesmo sinal naqueles que eram aprovados em menor tempo.

Minha curiosidade me levou a estudar as formas de aprendizagem e logo deparei-me com o poder das emoções em nossa memória. Memória e aprendizagem são assuntos de grande correlação. Aprender a andar de *bike* a gente nunca esquece. Por quê? As instruções estão bem guardadas em nossa memória. Era lógico demais para estar ali, na minha frente, que minhas principais lembranças e as mais distantes estão carregadas de sentimentos. Traduzindo para quem precisa estudar quase duas dezenas de disciplinas, como lembrar de títulos de crédito na hora da prova se você odeia a matéria ou estudou de forma distraída?

A maioria não percebe isso quando está cansada de tantas reprovações. Estuda mais do que antes, retoma as leituras, investe em outro preparatório, aumenta a carga horária, diversifica o método, mas continua "batendo na trave" ou chutando para longe da goleira. Então, o desespero assume o comando, a pressão aumenta e os estudos não avançam. Torna-se um círculo vicioso até a desistência de provas e exames. O fato é que aprendemos, desde cedo, que "quanto mais se estuda, mais se aprende". Porém, essa afirmativa não pode ser aplicada a todos, pois, para quem não percebe que não está mais aprendendo, um maior número de horas não influenciará em um aprendizado melhor. Em outras palavras, para muitos, a realidade dá um "teto", um limite onde não entra mais nada novo no reservatório do conhecimento.

Nesse contexto, tanto o **lado funcional** como o **emocional** precisam estar em equilíbrio para o desenvolvimento pessoal e profissional. A vida dá muitos exemplos de que a dualidade está presente nela. Assim, diante de um fato ou situação, há o lado positivo e o negativo. Um copo meio cheio ou meio vazio, não é? Tem a energia positiva e a negativa. Também há forças que atraem e as que repelem. Na física, há a atração e a reação. Na religião, o céu e o inferno. Há amor e o ódio. Amigos e inimigos. O Yin e o Yang. O bom e o mal. Num processo, há dois lados, autor e réu. Há a razão e as emoções. E a mente e o corpo.

Assim, como a **aprendizagem** não é limitada nem fixa, considero como um "processo", pois está em constante movimento. Esse processo, necessariamente, foca nos dois lados e, a partir deles, surgem ramificações para temas que estão interligados. No meu **mapa mental**, logo a seguir, reuni cinco temas para cada lado de forma didática, por acreditar que eles fazem a diferença na hora da preparação para provas e exames. Mas você pode usar para todos os aspectos da vida, como processo de autoconhecimento, adaptando os significados para cada situação.

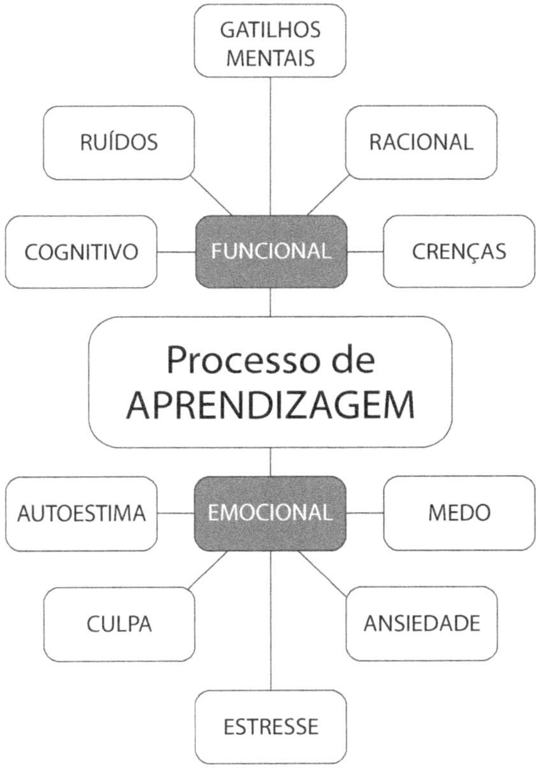

➢ **Lado Funcional**

- **Cognitivo** – diz respeito à aquisição de conhecimento, da aprendizagem, das condições do ato de estudar, *lifelong learning*.
- **Ruídos** – trata das distrações cotidianas, foco e da relação conflituosa entre pensador e pensamentos (quem está no controle).
- **Gatilhos mentais** – as inevitáveis comparações e autocrítica.
- **Racional** – racionalizar diante dos desafios, olhando para o passado (conquistas anteriores) e o presente.

- **Crenças** – acreditar que "é burro", que é impossível ser aprovado, que tem azar na vida, que precisa estudar 24 horas por dia, etc.

➢ **Lado Emocional**

- **Autoestima** – questão da autoconfiança, segurança, otimista/pessimista, síndrome do impostor, autoaceitação emocional, vocação (ou falta de).
- **Culpa** – sentimentos negativos, como poderia ter estudado mais ou melhor, fracasso pelas reprovações, de "só estudar", etc.
- **Estresse** – consequência das pressões diárias, do pouco tempo disponível e urgência, eustresse (estresse positivo) e distresse (negativo).
- **Ansiedade** – excesso de foco no futuro, medo de não ter controle de tudo.
- **Medo** – da reprovação, de errar e fracassar, do julgamento alheio, da prova ser impossível, de esquecer a matéria, etc.

Para concluir este resumo, lembro da revelação que tive quando li **O jogo interior do tênis**, célebre obra de **W. Timothy Gallwey**, e que influenciou o mundo dos esportes. Nessa obra, a lição que fica é que todos nós temos um "Ser 1", que é a mente, e o "Ser 2", o corpo. Para ter sucesso, não basta apenas vencer o "jogo exterior", aquele jogado contra adversários e as circunstâncias da vida. É preciso também vencer o "jogo interior", aquele que acontece em nossa mente e reflete nas emoções e crenças. Assim, se você deseja passar pelo processo de autoconhecimento e despertar o **poder da aprovação**, precisará entrar em campo para enfrentar os adversários no jogo funcional e no emocional.

15 É HORA DE EMBARCAR!

Toda viagem que possa levar a lugares desconhecidos exige pesquisa prévia. Confesso que adoro planejar viagens, inclusive para localidades que já estou acostumado a ir, pois sempre há algo novo para descobrir, seja um café, uma livraria ou uma atração diferente. Por exemplo, quem já foi alguma vez para Gramado, na serra gaúcha, e deseja voltar um dia, pesquisará sobre a cidade novamente, pois sabe que ela está em constante mudança com novos parques, restaurantes e bares. Portanto, essa fase antes de embarcar rumo ao destino é tão importante para saborear, que para muitos supera a expectativa da própria viagem. Espero, assim, que você tenha aproveitado até aqui a oportunidade de ter uma ideia panorâmica do que espera nas próximas páginas.

As reflexões nesta primeira etapa do trajeto prestam o serviço de indicar as melhores rotas e de informar como você pode lidar com suas dúvidas quando surgirem encruzilhadas ou becos aparentemente sem saída. A sua **passagem** é de ida e volta, assim, se precisar retornar a este ponto, fique à vontade, é seu direito recomeçar quantas vezes desejar. De qualquer modo, escolhi primeiro a estação **funcional** para começar, pois ao que ela se refere já temos familiaridade desde o tempo da escola. Estudar, estudar e estudar! Quantidade sempre foi o caminho para o sucesso. Quem estuda mais supera a concorrência.

No entanto, qualidade é tão importante quanto o número de horas à frente dos estudos. Ela envolve eficiência e, como tal, memória e sentimentos. Você pode pular a próxima estação e seguir direto para a **emocional**, onde reside o que muitos evitam enfrentar, o tempo de reflexão. Se fosse dividir os dois lados da preparação em *objetivo* e *subjetivo* em razão da perspectiva das dicas, o funcional seria o primeiro e o emocional, o segundo. A estação que se inicia é praticamente um guia técnico de como estudar melhor. Já a que sucede é um momento de envolvimento emocional com proposições sobre automotivação, resiliência e transformação.

Sem mais demora, porque está na hora de embarcar, fique à vontade pela escolha da estação, mas aperte os cintos porque quem comandará a partir de agora é você! Serei o seu caroneiro nesta viagem guiada de descobertas e muitos sentimentos. Ótima jornada!

II. "ESTAÇÃO FUNCIONAL" – AS FUNCIONALIDADES DA APRENDIZAGEM

"A maior parte das pessoas não gosta de estudar. Apenas uma visão equivocada do que é estudar pode explicar que alguém interprete a aquisição de conhecimentos como uma coisa 'chata'. [...] Saber não ocupa espaço. Saber, agregar conhecimento e inter-relacionar informações facilita o uso da memória, do raciocínio e da criatividade. [...] Estudar deve ser considerado algo prazeroso, um hábito de vida, o fruto de uma curiosidade permanente."

[William Douglas, **Como passar em provas e concursos**. 25. ed., Editora Impetus, 2010]

16 O LADO FUNCIONAL DA PREPARAÇÃO

A aprendizagem tem muitas teorias que dão conta de como podemos adquirir conhecimento. Particularmente, aquela que mais faz sentido para mim e que fundamenta os dois lados da preparação é de autoria do cientista dinamarquês **Knud Illeris**. Segundo Illeris, a aprendizagem envolve **conteúdo**, aquilo que é aprendido, como métodos, estratégias e a sua funcionalidade; **incentivo**, a energia mental sensível às emoções; e a **interação** entre essas duas dimensões a partir de impulsos que dão início a esse processo.[1]

A interação entre as competências da **funcionalidade** do conteúdo e a **sensibilidade** do incentivo representa o processo da aprendizagem. Essas duas funções psicológicas, de elaboração e aquisição de conteúdo e de incentivo para prover e direcionar a energia mental que move esse processo, são indissociáveis. Outros cientistas e psicólogos também reconhecem que há uma conexão íntima entre o que é denominado **cognitivo** e **emocional**. A neurociência já provou que ambas as áreas estão envolvidas na aprendizagem.

1 ILLERIS, Knud. **Teorias contemporâneas da aprendizagem**. Porto Alegre: Editora Penso, 2012.

Traduzindo tudo isso para o lado **funcional** da preparação, é a parte prática dos estudos, mas que não deixa de fora todas as questões inerentes à atenção e à concentração. A parte *cognitiva* terá papel de destaque, pois é o que muitos querem saber: como, quando e o que estudar. Não é por menos que a maioria dos professores socorre seus alunos respondendo a estas perguntas: "*Sôr*, o que preciso estudar para ser aprovado na OAB?". "*Sôra*, quando começo a estudar para o concurso?".

Quando se fala em **estratégias**, **métodos** ou **técnicas**, o assunto está no lado funcional. Explorar as **habilidades** individuais e o **conteúdo** também. Estudar para provas passa pelo mesmo caminho, por isso, não há grandes diferenças entre focar na OAB ou em concursos públicos. O que serve para um, praticamente, cabe na outra preparação. Nem mesmo a questão de um ter ou não concorrência para se preocupar afeta a essência de encarar os estudos. Não é por outra razão que este livro atende a todos os públicos.

Para finalizar as boas-vindas, considere a crença de "basta baixar a cabeça e estudar" como totalmente falsa. Se fosse tão fácil assim, a minha preocupação, como também de muita gente entre professores e *coaches*, seria inócua e desnecessária. Além disso, não haveria cursos nem livros com títulos "como passar em provas e concursos", porque não teria qualquer procura. Também não haveria milhares de depoimentos de alunos e leitores gratos por terem sido ajudados a ser aprovados. Desse modo, se alguém quiser julgar a complexidade do que é estudar e a vida difícil de quem precisa de uma aprovação, o melhor é oferecer os boletos para serem pagos se quiser opinar o que não sabe, não é?

17 Os estudos começam quando é publicado o edital?

Esse é um dos maiores erros que um concurseiro ou oabeiro pode cometer na sua preparação. Como regra geral, está longe de ser uma boa ideia. Se nos concursos a publicação do edital é um marco importante, porque dele sairão as informações necessárias (e essenciais) para ajustar os estudos, na OAB não tem grande influência, porque o conteúdo é quase sempre o mesmo. Como serão três edições por ano, sabe-se de antemão as datas da publicação e das provas.

Portanto, faria mais sentido para o concurseiro iniciar a preparação com a publicação do edital. Ocorre que o prazo entre o edital e a prova nunca é aquele que se deseja, ou seja, tempo suficiente para finalizar os estudos. Para outros, quem já está se preparando há mais tempo e está cansado de ver livros e aulas, o quanto antes a prova acontecer, mais cedo encerra esse ciclo. Assim, a tentação é muito grande para quem irá prestar concursos ficar na expectativa da publicação do edital para dar o "start" nos estudos ou não.

Desse modo, o **poder do edital** nunca pode ser subestimado. Veja que ele tanto atrai como espanta concurseiros. Dependendo da data da prova, do número de vagas, das fases e dos requisitos da seleção, além do conteúdo programático, haverá mais ou menos candidatos interessados no certame. Eu mesmo já desisti de me inscrever num concurso porque tinha apenas duas ou três vagas e a minha consciência me jogou na cara que minhas condições de aprovação eram nulas.

Porém, há aqueles que não ligam para este "poder". Veja, por exemplo, os concursos tradicionais ou mais concorridos. Certames como Receita Federal, INSS, BACEN, bancos públicos (vide Banco do Brasil e CEF), PRF e Polícia Federal têm o seu público cativo. Os candidatos que se prestam a realizá-los não se decidem pelos editais, porque ou esperam que uma luz extraterrena ilumine no dia da prova e aponte as alternativas corretas ou porque mantêm uma preparação constante e ininterrupta que não será abalada em razão da extensão do conteúdo ou número de vagas. As carreiras tradicionais, como magistratura, Ministério Público e delegado de polícia, não sofrem também com a direção dos ventos dos editais. Quem estuda para elas, em especial os **concurseiros experientes**, está atento aos editais anteriores e conhece os padrões de prazos envolvidos bem como ao conteúdo e à estrutura dessas seleções. Eles ainda se antecipam às publicações e permanecem com os estudos em dia para não serem pegos de surpresa.

Por outro lado, não posso tirar a razão de quem deixa a publicação do edital para direcionar a preparação, mas porque já estão estudando para outros concursos e têm o "básico" garantido, leia-se disciplinas comuns no universo concurseiro [português, direito administrativo etc.]. Esses concurseiros carregam suas **mochilas de mão** [conteúdo básico] para onde quer que vão. Uma nova viagem surge de repente [um edital], exigindo um pouco mais de bagagem, o que fazer? Acomoda-se no porta-malas do conhecimento e rumo ao destino! O único problema será quando o candidato já decidiu que pretende seguir para o deserto do Saara, está estudando para isso e surge um destino para a Antártida. Não caia na tentação! Não dá para viajar para todos os lugares ao mesmo tempo. O foco, como já dizia Steve Jobs, é **dizer não**.

Para ilustrar, é comum alguém que esteja estudando para analista judiciário do TRF encarar um concurso para esse cargo no TRT, cujo edital está prestes a ser publicado. Nesse caso, há um ajuste de direção quanto ao conteúdo programático, pois o concurso de TRF não cobra matérias trabalhistas. Desde que os editais não estejam previstos para datas próximas, é possível desviar o foco para uma situação nova e que pode ser lucrativa para o candidato. Agora, é diferente estudar para ser juiz na jurisdição estadual e surge o edital para magistratura do trabalho. Fica, realmente, impraticável modificar o roteiro para atender essa mudança de planos. É claro que há kamikazes que não se importam com o risco da frustração e da perda de tempo.

Quanto ao exame da OAB, que tem suas peculiaridades, percebo que a maioria começa a se dedicar a partir da publicação do edital, porque acredita que os **dois meses**, em média, que separam até a prova da 1ª fase sejam suficientes para alcançar a aprovação. Basta acertar só 50%, não é? Não posso negar que muitos são aprovados nessa condição. Porém, também não posso ser irresponsável e afirmar que todos serão, porque cada um com suas qualidades e deficiências. Percebo que muitos investem, com o início das inscrições, em cursos preparatórios ou como tábua de salvação ou para esvaziar o sentimento de culpa de não terem começado antes a estudar. Não há dúvidas que adianta para quem já tem uma boa base ou não depende de conceitos básicos, pois são todos cursos de revisão ou intensivos. Os ditos extensivos são projetados para abrir vagas muito antes dos editais.

Para finalizar, a pergunta de 1 milhão de dólares: **quando iniciar os estudos**? Hoje! "Nunca é tarde para começar" é a desculpa para os procrastinadores, que deixam tudo para amanhã. Quando você escolheu o Direito, não lhe disseram que estudar seria para sempre? Desde que entrei na faculdade em 1992 não paro de ler, assistir a aulas, participar de eventos, enfim, faz parte da minha vida. Depois de passar na OAB e num concurso, você acredita que deixará de estudar? De modo algum! Há um meme que não posso deixar passar:

Direito: 5 anos estudando para
depois passar o resto da vida estudando

18 Planejando a pavimentação para aprovação

Antes de construir uma grande rodovia, uma equipe de engenheiros das mais diversas áreas reúne-se para avaliar todas as **características** da rota e do terreno para evitar surpresas desagradáveis quando as máquinas já estiverem fazendo o seu trabalho. Ninguém deseja arcar com os custos financeiros e perda de tempo. Quem pretende passar numa prova, seja da OAB, seja de concurso público, precisa tomar os mesmos cuidados antes de seguir uma preparação.

Assim, **não basta** simplesmente abrir um livro didático, assistir às aulas do cursinho, sair respondendo questões aleatórias e começar a ler toda legislação disponível sem ter um plano ou um cronograma que indique um mínimo de direção. Muitas vezes a tomada de uma decisão cai na armadilha de não analisar as possíveis exigências que ela pode ter. Você pode decidir, facilmente, que a partir de hoje começa a sua vida de provas e exames. Porém, o que estará envolvido além de "baixar a cabeça e estudar"?

Lembre-se que, na vida, praticamente tudo requer **planejamento e logística**. Uma simples saída à noite para comemorar a vida com os amigos exige que tenhamos alguma ideia sobre o local da festa (endereço correto, onde estacionar, o melhor horário para evitar fila etc.), que tipo de roupa seria mais adequada, o público frequentador, as músicas que animam (ou desanimam), e o horário do retorno, enfim, poderíamos afirmar que "quem não se organiza, se trumbica".

Para os estudos, segue-se também a mesma lógica. Se você já escolheu o terreno onde quer construir a sua rodovia do sucesso, é importante ter, ao menos, uma projeção do que precisará para concluí-la, senão vejamos:

- ☑ **O tempo que será destinado aos estudos.**
- ☑ **Previsão da data da prova.**
- ☑ **Os materiais que precisarão ser utilizados.**
- ☑ **Qual o investimento financeiro necessário para pavimentar esse sonho.**
- ☑ **Os possíveis obstáculos ou contratempos que poderão surgir.**
- ☑ **As características e o tipo de prova que enfrentará.**
- ☑ **As disciplinas e matérias que serão alvo da preparação.**
- ☑ **Uma autoavaliação crítica da situação atual dos seus estudos.**

Essas previsões são indispensáveis para começar a preparação. Seja para quem é "marinheiro de primeira viagem", seja para quem já navegou pelo mundo inteiro. Adverte-se que o **planejamento** não pode ser somente "teórico", copiado de terceiros, impondo condições que você acabará não cumprindo. **Somente você** conhece [ou deveria conhecer] suas características e particularidades. Qualquer cálculo da trajetória é bastante **personalíssimo**, por conseguinte, não adote cegamente planos ou rotas que funcionaram para outros. Lembre-se que toda **preparação** deve ser **adequada** aos seus propósitos, ao seu tempo e às suas habilidades e fraquezas.

Faça uma lista das disciplinas objeto da prova que você pretende enfrentar. Visualize (e mentalize) seu **histórico** a respeito de cada uma delas por cerca de um minuto, contabilizando suas dificuldades (na graduação e em provas passadas) e aquelas que contam a seu favor. Utilize a **escala a seguir** e atribua ao lado de cada disciplina o valor correspondente:

0	• Não sei absolutamente nada
1	• Lembro vagamente
2	• Conheço o conteúdo, mas tenho dificuldades
3	• Estudo com frequência e tenho segurança em arriscar um palpite
4	• Minha especialidade

Some tudo e faça a divisão pelo número de disciplinas. Para ilustrar, imagine uma prova que tem no seu edital dez disciplinas. Depois de atribuir o conceito ao lado de cada uma, a soma deu como resultado 17. Dividindo pelo número de disciplinas, ou seja, 10, ficará 1,7, não é? Portanto, esse número diz respeito à média de cada disciplina. Ou seja, cada disciplina tem uma pontuação entre "lembro vagamente" e "conheço o conteúdo, mas tenho dificuldades". Você acredita que é suficiente para passar? O que se espera é uma média a partir de **três**.

Lembre-se que há **concursos** que exigem um mínimo de acertos por disciplina. Assim, não adianta gabaritar quase toda a prova e não alcançar o mínimo em determinada disciplina. Foi o que aconteceu comigo quando prestei concurso para procuradoria do município da capital gaúcha. Minha pontuação me colocava entre os primeiros para a próxima fase, mas, por não acertar o mínimo numa única disciplina, fracassei. Acrescente, ainda, a possibilidade de os pesos serem diferentes, o que no resultado final fará a diferença. Agora, na **OAB**, em que todas as questões têm o mesmo peso e não há um mínimo a ser atingido por disciplina, apenas no geral, a estratégia é garantir maior pontuação onde você acredita que é possível, independentemente, do percentual que ela representa na prova.

O importante é **não cair** no erro de construir viadutos e vias de conhecimento que não comportarão a pressão da carga de exigências da banca ou permitir que engarrafamentos de conteúdo prejudiquem sua preparação. Atente-se ainda que nem todo terreno é de fácil manutenção e que dificuldades se revelarão mesmo depois de planejar cuidadosamente. Portanto, não deixe de investigar e analisar o que você tem e o que precisa para concluir seus estudos. Sendo assim, construa certo e com inteligência.

19 As disciplinas mais comuns em provas

Por incrível que pareça, as duas disciplinas mais comuns tanto em concursos jurídicos como não jurídicos têm "baixa" aderência durante a faculdade. Elas estão presentes também na OAB. **Direito Constitucional** e **Direito Administrativo** acabam não ocupando mais do que dois semestres cada uma na maioria das grades de horários e os alunos não se despertam para elas. Às vezes, nem sequer fecham oito créditos. Realmente, o Direito Público é coadjuvante na graduação. Por outro lado, Direito Civil acompanha o acadêmico praticamente durante todo o curso. Saímos quase **civilistas**!

Não é difícil reconhecer que as matérias "tradicionais", civil, penal e trabalho, e suas respectivas disciplinas processuais, estão entre as preferidas pelos acadêmicos. Para ilustrar, no meu Exame da OAB, somente elas eram cobradas, além de Ética. Ocorre que a **formação acadêmica** precisa ser ampla, portanto, abranger não só as tradicionais, como também as novas tendências. O certo é que a especialidade somente irá surgir em razão das suas preferências, e delas seguir para uma pós-graduação que aprofunde seus conhecimentos.

Acredito que o Exame de Ordem exagera ao reunir duas dezenas disciplinas na prova objetiva. Concursos para magistratura em geral (veja o quadro logo a seguir) e para o Ministério Público, em especial para Procurador da República, também seguem um leque grande de matérias para estudar. Se fosse possível saber apenas um pouco de todas as disciplinas, mas as exigências estão longe de serem superficiais. Acaba, afinal, que o candidato precisa ser especialista em cada uma delas e, às vezes, para responder a apenas duas questões da disciplina!

De acordo com o CNJ, que confere as regras dos concursos públicos para magistratura, é possível destacar as seguintes disciplinas para a prova objetiva.

JUIZ FEDERAL	JUIZ ESTADUAL	JUIZ DO TRABALHO
• Direito Constitucional • Direito Previdenciário • Direito Penal • Direito Processual Penal • Direito Econômico e de Proteção ao Consumidor • Direito Civil • Direito Processual Civil • Direito Empresarial • Direito Financeiro e Tributário • Direito Administrativo • Direito Ambiental • Direito Internacional Público e Privado	• Direito Civil • Direito Processual Civil • Direito do Consumidor • Direito da Criança e do Adolescente • Direito Penal • Direito Processual Penal • Direito Constitucional • Direito Eleitoral • Direito Empresarial • Direito Tributário • Direito Ambiental • Direito Administrativo	• Direito Individual e Coletivo do Trabalho • Direito Administrativo • Direito Penal • Direito Processual do Trabalho • Direito Constitucional • Direito Civil • Direito da Criança e do Adolescente • Direito Processual Civil; • Direito Internacional e Comunitário • Direito Previdenciário • Direito Empresarial

Tais disciplinas são divididas em três blocos dentro de cada concurso, observado, ainda, que há uma relação mínima que deve constar nas provas. Atente-se que nesses concursos há outras fases, sendo que na prova escrita discursiva questões sobre noções gerais em Direito e formação humanística serão cobradas. E o que seriam?

- ✓ Sociologia do Direito
- ✓ Psicologia jurídica
- ✓ Ética e estatuto da magistratura nacional
- ✓ Filosofia do Direito
- ✓ Teoria geral do Direito e da política

Para os concursos para o **Ministério Público**, a gama de disciplinas também é gigantesca. Muitas disciplinas não são tão comuns em certames, portanto, exige uma preparação mais focada. Possivelmente, você irá se deparar com Direito Municipal, Direito Urbanístico, Direito do Idoso e Direito da Pessoa com Deficiência, além do Direito Institucional do Ministério Público[2]. Para **Defensoria Pública** não é diferente.

Para quem deseja ser **delegado** ou seguir carreiras policiais certamente contará com um conteúdo programático menos extenso, com destaque, por óbvio, para Direito Penal e Processo Penal, mas não menos complexo. Para os concursos da polícia civil dos estados, é possível encontrar particularidades, inclusive regionais, como a realidade étnica, social e cultural. Outras carreiras, como **advocacia pública** e procuradorias, adotam tais distinções no âmbito não só estadual, como municipal, o que inclui legislação local, estatutos diversos, leis orgânicas e institucionais.

Agora, se as opções são concursos para **nível médio** ou para **nível superior** que não sejam, necessariamente, jurídicos, onde basta ter o curso de graduação concluído, disciplinas como português, matemática e raciocínio lógico, além de informática, serão muito mais do que meros figurantes na prova. Por exemplo, para agente e escrivão da Polícia Federal, cargos concorridíssimos, exigem-se contabilidade geral, estatística e arquivologia, além de outras. Para quem escolheu Direito para evitar "calcular", vai ter que aprender a tabuada!

Importa sempre destacar, por fim, que as disciplinas numa prova, em geral, não correspondem ao mesmo número de questões. Assim, se em determinado concurso as provas têm 100 questões e 10 disciplinas, é provável que a correspondência não seja 10 questões para cada disciplina. Em razão disso, muitos concurseiros ou oabeiros que não têm muito tempo para estudar acabam selecionando apenas as disciplinas com maior número de questões e peso na prova. As demais acabam virando coadjuvantes ou figurantes para uma breve revisão ou restando para o famoso "chute" na hora da prova.

20 Antes de abrir os livros e assistir às aulas

Um piloto de Fórmula 1 simplesmente não entra no *cockpit* do seu carro e sai pilotando numa pista de corrida sem antes conhecer suas

2 Baseado no edital de concurso para promotor no RS em 2020.

curvas e retas. Nem para concursos, para OAB ou qualquer outra seleção que você um dia precise enfrentar. Portanto, antes de abrir os livros ou mesmo sentar na cadeira de um preparatório ou à frente de uma tela, é importante conhecer as **características do autódromo** que você irá acelerar!

Conhecer o **edital** é uma parte importantíssima de todo o processo de preparação, porque é nele que as regras do jogo estão escritas. Número de vagas, datas a serem consideradas, como é a avaliação, quantas fases, enfim, é nele que saberemos quais e quantas disciplinas serão objeto de prova. Então, não saia estudando de forma aleatória sem conhecer melhor o que você irá enfrentar. Por exemplo, vejo muitos oabeiros ignorarem o edital e acabam se prejudicando com detalhes que desconheciam, como os materiais proibidos de consulta para 2ª fase.

Quem sabe uma volta de reconhecimento da pista antes de achar o que é melhor para você? Como se faz isso? Resolva a **última prova**! Com a prova finalizada em mãos, você saberá **quais disciplinas** necessitam maior **combustível** e quais podem ser guiadas pelas habilidades conquistadas até então. Essas informações são essenciais para "girar a ignição" dos seus estudos. Alinhar os pneus, conferir se estão na calibragem correta, se todos os instrumentos estão de acordo com a corrida, são procedimentos necessários para pisar no acelerador!

Se pular essa fase, os riscos serão maiores e uma curva mais acentuada poderá se tornar uma tragédia para as suas pretensões. Portanto, não deixe de conhecer a prova que um dia você irá enfrentar. É como conhecer o inimigo e as próprias fraquezas que podem levar a um fracasso. Sendo assim, é mais um exercício de **autoconhecimento** imprescindível para alcançar o **poder da aprovação**!

Fez a prova? Então **invista mais tempo** (e disposição, inclusive financeira) nas disciplinas que foram obstáculos no seu caminho. Você não pode escolher guiar apenas em retas e em dias ensolarados, porque o traçado nunca é favorável mesmo para pilotos experientes e o tempo é imprevisível. Precisa, assim, estar preparado para as curvas, os contratempos, as chicanes, paradas nos boxes, acidentes, enfim, para completar os circuitos da vida.

Antigamente, no meu tempo jurássico, quando ainda não existia a "cultura" dos concursos públicos e do Exame de Ordem, o candidato precisava encontrar forças e disponibilidade para estudar em obras complexas, muitas vezes divididas em dois ou três volumes de uma única disciplina para fazer um resumo. Não existiam **livros específicos** ou com teoria resumida que trouxessem questões nas suas páginas. Essa era a minha realidade pouco prática e funcional. Perdia-se muito tempo resumindo para depois seguir com a leitura, o que se tornava bastante cansativo.

Se naquele tempo eram escassas as opções numa livraria, hoje, é o que mais se encontra para investir. De fato, as editoras se especializaram nesse nicho ao observar um universo de concurseiros e oabeiros que desejava um material direcionado para suas demandas mais imediatas. Nesse caso, quantidade de páginas deixou de ser sinônimo de qualidade ou aperfeiçoamento, pois o objetivo é mais urgente: ser aprovado numa seleção. Além do redimensionamento do tamanho dos livros e da reunião de conteúdo num único volume, esses leitores querem uma abordagem didática, com texto objetivo e claro, preferencialmente com recursos visuais para facilitar a compreensão.

Vídeos, áudios, mapas mentais, esquemas gráficos, quadros, questões comentadas, letra maior, formatos diversos, espaço para anotações são alguns recursos cada vez mais comuns que os livros oferecem. Para que escrever dez páginas de texto bruto se pode ser dito o essencial em apenas uma? Ninguém quer perder tempo com o que não cai em prova. Não é por outra razão que livros que trazem em seus títulos "sintetizado", "esquematizado", "descomplicado", "facilitado", "sistematizado", "revisaço", "resumido", "sinopses" e "completaço" atraem mais a atenção do público concurseiro e de OAB. Quem não gostaria de comprar algo que instiga a "estudar mais por menos"? Só fuja das ofertas que prometem estudar enquanto dorme.

A própria "invenção" do *vade mecum*, que para os leigos parece prece de exorcismo, acompanhou essa tendência para facilitar as coisas para o aluno de Direito. Quando entrei na faculdade inexistia tal opção. Era uma época em que os alunos carregavam vários códigos para sala de aula. Hoje, as principais leis estão reunidas em mais de 2.500 páginas num único volume e, mesmo assim, às vezes não se encontra o que se procura na hora do aperto, principalmente, diante da prova da 2ª fase da OAB.

Como estou no mercado editorial desde 2008, publicando e escrevendo títulos nessa área, é possível reconhecer **quatro tipos** de livros nas livrarias e editoras. Todos eles são complementares um dos outros e ajudam a visualizar o tipo que você pode procurar nos momentos que necessitar de auxílio na literatura jurídica. Você também encontrará tipos mistos, que reúnem características de uns e outros, como exemplo, **Passe na OAB 1ª Fase Completaço® – Teoria Unificada e Questões Comentadas**, publicado pela Saraivajur. Os tipos são os seguintes:

Legislação
- *Vade mecum*, códigos específicos, CLT

Doutrina
- Volumes disciplinares, teoria unificada

Questões comentadas
- Por carreiras, OAB, bancas ou por disciplinas

Motivacionais
- De preparação e dicas

Esses tipos você encontrará também em muitas **coleções** ou **séries editoriais**, cuja utilidade é apresentar ao leitor a continuidade de um projeto que reúne as mesmas características e uniformidade na abordagem do conteúdo. Confesso que sou fã desse formato, ainda mais para alguém que tinha a coleção completa de enciclopédias da Delta-Larousse nas prateleiras do quarto. Talvez influenciado pela beleza de uma biblioteca compacta, produzi diversas coleções em todos esses anos. A mais popular é a série **Completaço®**, dividida em **Passe na OAB** (1ª e 2ª fases) e **Passe em Concursos**. Todos os seus volumes trazem teoria e questões comentadas, além dos recursos visuais que o leitor procura.

A **leitura certa**, portanto, é aquela que melhor se encaixa para o que você procura no momento. Os tipos de livros servem para identificar as suas necessidades. Os títulos ajudam muito a vender o próprio "peixe", identificando de imediato para que servem. Você vai fazer a prova da OAB? Por que investir num livro que traz questões de concursos? Vai logo para **Passe na OAB 1ª Fase – Questões Comentadas**. Ainda, quem vai precisar ler um "manual" de Direito Ambiental com mil páginas se a prova não exige mais do que duas questões? É para isso que surgiram os livros de teoria unificada, onde se reúnem diversas disciplinas num único volume direcionado ao tipo de prova que se propõe vencer.

Ainda que a opção de livros seja abundante e atrativa, para todos os gostos e bolsos, é comum ouvir na faculdade, ler nos grupos e fóruns de concurseiros e oabeiros ou nos preparatórios:

- ✓ "Ah, mas eu não gosto de ler"
- ✓ "A leitura me dá sono"
- ✓ "Leio as primeiras páginas e já me canso"
- ✓ "O livro é caro"
- ✓ "Ler é chato"

Já tive grandes dificuldades para leitura no colégio. Aliás, eu detestava! Só fui aprender a ter interesse quando comecei a selecionar os temas que me chamavam a atenção. Inicialmente, eram os livros do **Stephen King**. Depois, já na faculdade, não tem como evitar a leitura. Você pode até não gostar de muitas disciplinas, mas se escolheu o Direito é porque gosta dos temas envolvidos e a leitura deveria ser prazerosa. É bem verdade que é chato ficar em cima do *vade*, porque a letra fria da lei é cansativa, mas livros teóricos servem para driblar esse problema ao abordar a legislação com exemplos e na prática.

Para quem acha que a **leitura dá sono**, importa verificar como ela é realizada. Muita gente lê numa cama, sofá ou na rede. Será que vai dar sono? Então, você pode até ler romances e não ficção em estado de relaxamento, porém, livros técnicos, como é o caso dos jurídicos, precisam de postura correta, preferencialmente, sentados e com iluminação correta. Há quem prefira ouvir algum tipo de música quando lê, observe apenas qual estilo não irá atrapalhar. No Spotify há sugestões de *playlists* para inclusive melhorar a compreensão da leitura.

Agora, caso você ainda sinta um incômodo na leitura, talvez o material que está em suas mãos não seja o adequado. Como há muitas opções editoriais, por que não experimentar outro autor, coleção ou abordagem? Esquemas, quadros comparativos, mapas mentais, *visual law*, *legal design*, videoaulas ou qualquer outro recurso gráfico podem ajudar a vencer possíveis resistências com determinada matéria. Basta procurar em vez de só reclamar, não é? Escolheu Direito? É impossível não ler! E a **leitura é puro hábito**, e, como todo hábito, é possível cultivá-lo.

E, se ainda não o convenci da importância da leitura, segundo os estudos da Universidade de Yale, dos Estados Unidos, pessoas que leem livros **todos os dias vivem mais**. Para ser exato, **23 meses a mais** com apenas o hábito da leitura de 30 minutos diários[3]. Então, por que ignorar o conhecimento da leitura, se ela ainda proporciona mais tempo de vida?

22 Escolhendo a ambientação certa

A maioria prefere não estudar, é fato comprovado pelo senso comum. Você poderia estar fazendo outra coisa, como jogar videogame, distrair-se nas redes sociais, maratonando uma série, acompanhando algum reality show, comprando com o cartão de outros no *shopping* ou curtindo a vida (adoidado ou não). No entanto, **você ainda prefere estudar?** Difícil acreditar que sua resposta seria diferente de todas as outras pessoas. Nem todo mundo nasceu em berço de ouro ou tem fazendas ou indústrias para cuidar. "A necessidade é a mãe da invenção", teria dito o filósofo Platão. Em outras palavras, quem vai pagar os seus boletos? **Bora estudar!**

3 Disponível em: http://exame.abril.com.br/ciencia/pessoas-que-leem-livros-todos-os-dias-vivem-mais/.

Então, se estudar é o destino, que façamos a viagem mais confortável possível. Percebo que muitos não se importam ou não ligam para a **ambientação** dos estudos. Não só o local em si, mas todo o contexto, como mobília, iluminação, acústica e equipamentos necessários para alcançar o que se deseja: **ótima produtividade**. Assim, responda às perguntas seguintes:

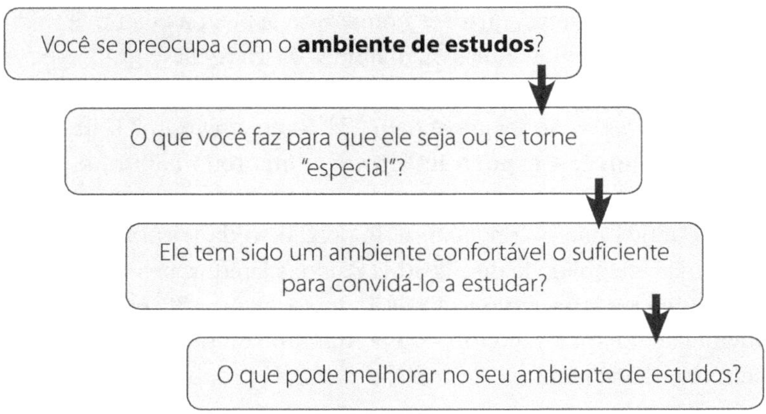

Imagine essa situação. Um concurseiro ou oabeiro tem dedicação exclusiva para estudar todos os dias e o dia inteiro. Ele ficará "confinado" nessa situação mais de dez horas por dia, sentado e estudando. Será que a ambientação não é importante? Reconhecer seu **ambiente de estudos** e avaliá-lo é tão essencial quanto todas as outras preocupações que se possa ter numa preparação para provas e exames. Ele influencia muito mais do que você possa imaginar. Quem nunca se incomodou com o barulho excessivo quando precisava se concentrar? Ou com o calor ou o frio do local onde está tentando estudar?

Quando se coloca a questão do **conforto**, não é para ser um convite para adormecer sobre os livros ou na frente da tela do computador. Considere o suficiente para que não seja uma posição cansativa nem relaxante demais. O **ambiente perfeito** é aquele em que sua atenção não é interrompida por situações externas, como o caminhão do gás passando, o vizinho cantando no chuveiro ou a internet falhando a todo momento. Observe que desde pequenos, quando entramos na escola, somos levados a sentar em frente de uma classe para aprender. Portanto, não há outra posição melhor do que essa e que o nosso cérebro já reconhece de primeira.

A **iluminação** também deve ser especial. Estudar na penumbra ou com pouca luz leva nossos sentidos sensoriais a identificar que também é momento de descansar, relaxar. Você já reparou que os restaurantes românticos têm luz de velas nas mesas? É para relaxar e conectar os casais ao momento de romantismo. Por outro lado, o ambiente não pode ser claro demais. Explico. A claridade total permite que o seu foco se perca ao observar qualquer coisa que estiver ao seu alcance, como formigas na parede ou rachaduras no teto. Pense numa matéria que você detesta e a necessidade de vencê-la. É muito provável que em algum momento sua atenção estará em qualquer lugar no seu ambiente, menos na matéria. Por isso, o ideal é estudar apenas com a luminosidade de uma luminária de mesa, ou seja, luz direta e branca na sua mesa. As lâmpadas amarelas são suaves e quentes, assim, prefira as brancas e frias de LED.

Também prefira não estudar ao **lado de uma janela** ou com um campo visual aberto, visto que são pontos de grande distração. Você já reparou que as cabines de estudos restringem, justamente, a visão? É para não perder foco com o que não interessa. Assim, feche as janelas que possam atrapalhar seu objetivo. Cuide também para não estudar diante de murais ou de qualquer coisa que possa ser alvo de fuga. Por exemplo, fotos de viagens ou de momentos especiais são ladrões de atenção. Objetos que identifiquem lembranças boas também podem atrapalhar. Eles não podem ficar à vista, exceto se se relacionam a alguma motivação para a sua preparação. Há quem faça **mapas dos sonhos**, que nada mais são do que colagens de coisas ou momentos que se deseja conquistar. Eu prefiro resumos ou esquemas colados nas paredes como nos filmes de detetives à caça de um assassino.

Uma **ambientação adequada** também não pode ser um lugar que sofra interferências constantes, como de pessoas ou animais. Estudar na casa dos seus avós, por exemplo, que a toda hora algum deles está perguntando se você quer mais uma fatia de bolo ou copo de leite, ou com os seus *pets* a sua volta pedindo atenção, realmente, torna-se missão impossível. Estabeleça regras com as pessoas que convivem com você quando estiver estudando. Há fones de ouvido especiais que abafam o som e que podem ajudar a fechar o mundo exterior a sua volta.

Caso seja difícil reunir todas as condições que você precisa para ter seu ambiente de estudos dos sonhos, há opções interessantes. Você já estudou numa biblioteca? É um **lugar mágico** que "conspira" para que o conhecimento seja a única razão da sua existência. Procure a biblioteca da sua faculdade ou da sua cidade e teste essa possibilidade. Outra opção são as cabines de estudos. O próprio nome revela qual é o seu propósito. Nas grandes cidades, esses lugares se tornaram um grande sucesso. Há cursos preparatórios que oferecem esse benefício para aluguel diário. A questão é se preocupar com tudo na sua viagem, mas esquecer um item essencial, o seu conforto.

23 A culpa é do mordomo

Como cinéfilo que sou, sempre gostei dos filmes de suspense e de crimes. Então, numa mansão, se ocorre um assassinato, a culpa recai em quem? Quase sempre é no mordomo, não é? Não precisamos ser Sherlock Holmes para decifrar essa! Agora, pergunto: **quem pode assassinar a sua sonhada aprovação?** Para ajudar a responder a essa pergunta, trouxe várias suposições e indícios para você investigar. Não há apenas uma causa ou razão a ser assinalada. Marque quantas forem necessárias e que fazem mais sentido para você para revelar quem possa ser o *serial killer* de sonhos de quem busca a aprovação.

(A) A culpa é da OAB que *inventou* o exame.
(B) A culpa é dos concorrentes que estão sempre bem preparados.
(C) A falta de oferta de vagas nos concursos para todos os inscritos.
(D) Minha faculdade que me ensinou, mas não aprendi.
(E) Réu confesso: não estudei *nadinha* de nada.
(F) A ansiedade de viver sempre com a cabeça no futuro.
(G) O *cursinho* que fiz como terapia ocupacional.
(H) Meu *vade mecum* que é do século passado.
(I) Meu *vade mecum* que é novinho em folha, então não quis abri-lo.
(J) A preguiça que habita o meu corpo.
(K) As provas bandidas e desalmadas.
(L) Minha família que insistiu para eu fazer *Direito*.
(M) Os autores dos livros que não li.

(N) O maldito *wi-fi*, que permite navegar na Internet sem parar.
(O) Mark Zuckerberg, inventor do Facebook e dono de outras redes sociais.
(P) O curso que fiz para aprender Direito dormindo.
(Q) Aquela feijoada com pagode na noite anterior da prova.
(R) O azar que tenho de sempre marcar a alternativa errada quando sobram duas na questão.
(S) O azar de *cair* só matéria que não estudei.
(T) A simpatia que não funcionou para amarrar a aprovação em até 7 dias.
(U) O material que *baixei* de graça da Internet para estudar.
(V) A culpa é das matérias de que não gosto.
(W) A falta de tempo nos finais de semana.
(X) Todas ou quase todas as alternativas acima.

24 Passar é fácil, difícil é dizer quando

Toda **preparação** deve ser, permanentemente, reavaliada. Uma conversa interna, consigo mesmo, é sempre importante para melhorar o seu autoconhecimento. Assim, perguntas servem para gerar engajamento e autoavaliação, além de direção e propósito. A pausa traz a reflexão sobre onde você está, o que já fez e para onde seguir com os estudos. É quando **afiamos o machado**.[4] Portanto, não deixe de se perguntar nem de responder às questões a seguir. É como se fosse ajustar a rota do GPS toda vez que se achar perdido ou perdida pelo caminho.

- ✓ Estou cumprindo as metas a que me propus?
- ✓ O planejamento é adequado às matérias que tenho dificuldades?

4 Dois lenhadores entram numa floresta. Um deles não para nenhum instante de usar o seu machado. O outro, corta lenha, para e afia o seu machado, assim, sucessivamente. Em determinado momento, mesmo mais rápido, o lenhador que não para nunca acaba sem o seu machado, pois não pega mais fio. O outro, que parava e afiava, continua firme fazendo lenha.

- ✓ Tenho demorado a começar os estudos ou antecipado no horário predeterminado?
- ✓ Estou resolvendo questões das matérias?
- ✓ Os resultados dos testes estão sendo positivos?
- ✓ Percebo uma evolução nos estudos?
- ✓ O tempo que reservei para estudar está sendo útil ou preciso aumentá-lo?
- ✓ Minha concentração está boa?
- ✓ Meu material está correspondendo às minhas expectativas?
- ✓ É possível melhorar o meu rendimento?
- ✓ Irei conseguir atender o conteúdo proposto até o dia da prova?
- ✓ Estou ou estão me cobrando muito?
- ✓ Quais são as minhas principais dificuldades?

Considere suas respostas como indicativo para a direção certa, mesmo que ela possa levar para uma rota mais longa do que se imaginava. Se você está batalhando para a aprovação num concurso público, não espere que ela ocorra já na primeira oportunidade. **Quem nunca reprovou antes jamais passou depois**. Cada um tem o seu próprio tempo, por isso, evite cair na tentação de comparar sua trajetória com as dos outros. Se a sua prima mais nova passou de primeira, que ótimo para ela! É por isso que trouxe as perguntas anteriores, para dar senso de realidade aos seus estudos.

Há quem leve cinco anos até ser aprovado num concurso, dependendo da carreira escolhida. Outros mais; outros menos tempo. Recordo que levei quase dois anos para ser nomeado, o mesmo quando fiquei suplente na lista de aprovados em medicina. Já na OAB, a maioria passa até a terceira tentativa, mas, mesmo assim, muitos fazem mais de dez exames para conseguir a aprovação. Há quem, simplesmente, desiste diante de tantas reprovações.

Antes de chegar até aqui, quantas pessoas você conhece que desistiram ou não conseguiram por outras razões terminar a faculdade de Direito? Ou levaram muito mais do que cinco anos para concluí-la?

O fato é que você decidiu continuar, mesmo com todas as dificuldades e as dúvidas de seguir em frente. Ao escolher embarcar nessa viagem, você deu crédito não só a mim, mas, principalmente, a sua história. As vitórias do passado não podem ser apagadas por eventuais derrotas, nem definir se a sua aprovação será este ano ou no seguinte. O que irá definir é como você lida com elas, o que aprende com os erros e acertos.

Quando acontecerá a sua aprovação? Dependerá, exclusivamente, de você! Afirmar que irá passar de primeira ou na próxima tentativa depende dos seus estudos e de mais ninguém. Mas e a concorrência? Ora, quem é a única pessoa que pode impedir sua aprovação? Você tem um espelho perto? Assim, não posso afirmar que todo mundo irá passar no mesmo prazo, porque as vagas são poucas. Não há para todos os candidatos. Envolve dedicação e amadurecimento de cada um para identificar um "tempo certo". O objetivo não é superar os outros candidatos e chegar antes, mas superar os limites, seja um ponto de corte, seja o mínimo que a OAB exige. **Uns passam antes. Outros, depois. Mas todos têm chances de alcançar a aprovação.**

25 QUANTAS HORAS DE ESTUDOS SÃO NECESSÁRIAS POR DIA?

"Time is money" é uma frase atribuída a Benjamin Franklin, retirada de um texto do século XVIII, cujo título é "conselhos para um jovem comerciante". Séculos depois, o rosto dele estamparia as notas de U$ 100 dólares. Veja que a preocupação com o tempo e seu valor não é de agora. O que percebemos de novo é que o investimento que se torna mais caro e rentável a cada década é o tempo. Ninguém quer perder tempo ou viver de tédio, não acha? Basta olhar as pessoas nas mesas de um restaurante: praticamente todas estão observando seus smartphones enquanto esperam a refeição. Elas não querem desperdiçar seu tempo com algo que acham chato que é aguardar o garçom trazer a comida.

O fato é que muitos acham que **estudar é perda de tempo**, principalmente, algo que se perderá depois de serem aprovados em provas e exames. Entre ser aprovado e iniciar os trâmites de ingresso no serviço público, parece que deletei tudo o que tinha estudado nos últimos anos ou joguei no porão da minha memória. Mas a ciência veio validar o que já era senso comum na minha família: "os estudos não se perdem". Quem "só estuda" sofre um pouco desse mal, pois não se sente útil para a sociedade por não estar trabalhando.

Essa introdução à pergunta do título é para contextualizar o desejo da maioria de estudar menos do que é necessário, mas alcançar os resultados que se espera. Basta lembrar os tempos da faculdade: quem se preparava para uma prova com uma semana de antecedência? Quase ninguém. Posso afirmar, por minha experiência como aluno e professor, que a regra é deixar os estudos para a **véspera da prova**. Não é por outro motivo que a publicação do edital de concursos e da OAB é o ponto de partida da preparação para muitos candidatos. Praticamente, tornou-se um padrão: quando tem edital publicado, tem um novo curso preparatório com vagas abertas.

O tempo de **horas por dia** para estudar tem total relação com os dias que faltam até chegar a prova. Para ilustrar. Não posso indicar as mesmas horas diárias de estudos para quem pretende prestar o exame da OAB daqui a um ano para aquele que irá se inscrever já na próxima edição, cujo edital será publicado amanhã. Além disso, a **dose diária** depende do paciente. Pegue uma bula de remédio e veja que há prescrições que variam conforme o peso, a idade e a gravidade da situação. Por isso, também não posso indicar as mesmas horas para quem está iniciando os estudos e para quem já está há mais tempo envolvido com a preparação, além de outros fatores relacionáveis, como a dificuldade da prova, por exemplo.

Nesta questão de quantas horas estudar por dia encontro muitos palpites por aí. Aquele que mais incomoda é exigir que todos "precisam" de "x horas" como condição para serem aprovados. Não é possível encaixotar uma dica e distribuir como se todos tivessem a mesma rotina. Não considerar a realidade de cada um é um erro grave, mesmo que por trás da dica tenha uma boa intenção. Se você quer tirar uma média, pode sair perguntando para aqueles que já foram aprovados: "quantas horas você estudou por dia?". Irei dar *spoiler*: você encontrará respostas entre 1 a 10 horas diárias. Então, qual é o **segredo**?

Ele está na **"fórmula do tempo real de estudo"**, dimensionada por William Douglas e que é composta de três elementos[5]:

1º Elemento	2º Elemento	3º Elemento
• tempo do horário de estudo	• nível de concentração	• qualidade de estudo

O que ela pretende dizer? Que **quantidade não é qualidade**. Você pode ter oito horas por dia para estudar e não aproveitar o mesmo que quem tem menos da metade disponível. Alguns preferem usar a expressão "tempo líquido" de estudos, que são as horas que realmente contam para o aprendizado. A concentração e o foco são essenciais para a eficiência do tempo de estudos. Porém, se perguntar para qualquer um que esteja estudando qual é a maior dificuldade, provavelmente, a resposta será a desconcentração. Para um mundo repleto de distrações, é muito difícil manter o foco. Disputar com a **economia da atenção**, onde se inserem as redes sociais e os *clickbaits* (links que são iscas para outras páginas de produtos e serviços), é um trabalho árduo.

Porém, o fato de não ter "x horas" por dia para estudar não pode ser o empecilho nem a desculpa para não se envolver com uma preparação. É o que ouço e leio de muitos que trabalham *full time* e sonham ser aprovados num concurso, mas não se permitem colocar em prática os estudos em razão da falta de tempo. Veja que essa condição não impediu que milhares de pessoas fossem aprovadas. Inclusive tenho essa lição em casa. Minha mãe cuidava de duas crianças pequenas, eu e minha irmã, já era servidora pública e estudava nas pequenas folgas para ser aprovada num concurso melhor.

O importante é ter uma **rotina mínima** diária ou semanal de estudos permanente. Para quem trabalha o dia inteiro, sugiro examinar os *gaps* ou buracos temporais. Exemplifico. Onde é possível estudar? No deslocamento até o serviço (e na volta), em intervalos regulamentares, no momento que não tem nada para fazer, enfim, vale mais ter 30 minutos ou uma hora diária de estudos do que nada, não acha? Porque des-

5 DOUGLAS, William. **Como passar em provas e concursos**. 25. ed., Rio de Janeiro: Impetus, 2010, p. 184.

culpas todo mundo tem para dar quando não quer se dedicar. É pouco tempo? Quem sabe acordar uma hora mais cedo ou dormir uma hora mais tarde para estudar. Sacrifícios são necessários, e, quando servem para um propósito maior, mais do que valem a pena, pode acreditar!

Claro que o **tempo de estudos** irá influenciar na distância até o destino, por essa razão, se você tiver só isso disponível, não se cobre com a mesma pressa daqueles que estudam 6 horas por dia, por exemplo. Não há uma fórmula que atenda a todos. O mais próximo que estamos acostumados desde crianças é estudar durante um turno. Portanto, de horas úteis sem "recreio", são cerca de **3 horas e meia**. A faculdade segue o mesmo padrão, o que não quer dizer que seja o desejável, não no sentido de quantidade, mas de qualidade de aprendizado. Se observar o tempo das videoaulas dos preparatórios, cada vez mais elas estão sendo segmentadas em períodos curtos para atender apenas um assunto ou temática e prender a atenção do seu aluno.

Nesse sentido, os especialistas estão observando a decadência da concentração que estamos sofrendo e por isso que técnicas, como a do **pomodoro**, criada pelo italiano Francesco Cirillo ainda na década de 1980, fazem muito sucesso entre os alunos. Ela se resume a cronometrar o tempo e a cada período de 25 minutos sinalizá-lo num papel como tarefa realizada e fazer uma pausa de 5 minutos. Depois de um **ciclo de 4 sinalizações**, portanto, quase duas horas (115 minutos), recomenda-se uma pausa de até 30 minutos para seguir um novo "ciclo pomodoro".[6]

Para finalizar, não poderia deixar de dizer o óbvio: "o tempo voa". Porém, há uma boa notícia, "você é quem pilota". Há muitas coisas que não podemos controlar, por isso, sofremos de ansiedade. Por exemplo, desejar que a prova seja fácil. Não somos a banca, portanto, não temos nenhum controle a respeito. No entanto, podemos administrar o nosso tempo, mesmo que tenhamos obrigações e responsabilidade com outros e precisamos dividi-lo com eles. Mas ninguém é dono das **24 horas** diárias que você tem, não é? Assim, mesmo que sobre pouco para você, é de sua total responsabilidade decidir o que fazer com ele. No final, tudo é uma questão de **prioridades**. Se a sua é aprovação, então vai

6 "Pomodoro" é tomate em italiano, o formato do cronometro que Francesco usou para montar seus ciclos. Você pode comprar nas lojas no Brasil ou tem programas na internet que ajustam o alarme para cada 25 minutos.

lutar para arranjar tempo e dedicação a ela. Tempo é dinheiro, não é? Valorizá-lo é o seu melhor investimento!

26 Quem estuda tem férias, finais de semana ou feriado?

Há uma frase bastante popular, talvez você até já tenha compartilhado nas redes sociais, pois ela remete a fins motivacionais, qual seja:

"Treine enquanto eles dormem,
estude enquanto eles se divertem,
persista enquanto eles descansam,
e, então, viva o que eles sonham."

Se você observar melhor agora, pode ser que não seja tão sensacional como antes. Partindo da premissa que cada vez é mais comum o ***burnout*** como uma síndrome que leva as pessoas à exaustão e esgotamento, tanto físico como mental, essa lição está longe de ser saudável. Ela atinge, principalmente, aqueles que são rígidos e exigentes demais, que não aceitam limites e estão sempre vivendo o excesso no trabalho e, porque não, nos estudos.

Os principais sinais e sintomas de ***burnout*** são: sensação constante de negatividade, cansaço físico e mental, falta de vontade, dificuldade de concentração, falta de energia, sentimento de incompetência, dificuldade de gostar das mesmas coisas, priorizar as necessidades dos outros, alterações repentinas de humor e isolamento.[7] Caso você tenha dúvida ainda a respeito, faça um teste e, se persistir, procure um psicólogo, pois a exaustão é muito séria.[8]

Assim, reitera-se a urgência das pausas quando se está estudando e de estabelecer limites de horas para evitar a fadiga diária. Mas será que é o suficiente? Questiona-se muito se o concurseiro ou examinando pode aproveitar os feriados, em especial, aqueles que se acumulam no final do ano, além do carnaval, é claro. Mas, antes de avançar, e os finais

7 https://www.tuasaude.com/sintomas-da-sindrome-de-burnout/

8 https://saude.abril.com.br/bem-estar/teste-sera-que-voce-esta-com-a-sindrome-de-burnout/

de semana? Acredito na **moderação** e no **contexto** reunidos na mesma resposta: se a prova que você irá fazer já está marcada, equilibre o descanso com os estudos no sábado e domingo.

O meu final de semana, desde que não esteja viajando, só se inicia a partir do almoço de sábado e, se tenho prazo para entregar um livro ou algum trabalho, envolvo-me no domingo pela manhã também. A questão está na **urgência** e na **necessidade**. Com prova marcada e com os estudos em atraso, como irei descansar a cabeça com o sentimento de culpa? Mas, se há evolução e os estudos estão sob controle, poupe energia para usá-la quando a prova estiver mais próxima e intensificar a preparação.

Porém, é importante lembrar que não adianta você estar estudando e pensando no repouso, e, quando estiver descansando, lembrar dos estudos. É como atolar os pensamentos na lama da improdutividade. Fuja desse sentimento. Assim, descanse quando é para descansar; estude quando é para estudar. Por isso, respeite os limites! E nos feriados? A mesma resposta dada anteriormente. Se não tem data a sua prova, aproveite com a família e os amigos. Vai levar a culpa na bagagem? Substitua então por um livro de questões ou de teoria e "treine enquanto eles dormem", mas divirta-se enquanto eles se divertem.

Por fim, sobre as festividades de final de ano, incluindo Natal e réveillon, independentemente, se tem ou não prova marcada, aproveite. Nunca vi prova marcada entre o dia 24 de dezembro e 2 de janeiro, quem sabe seja um momento para tirar umas férias? Lembra da **parábola do lenhador**? Descansar é afiar o machado também para seguir em frente com os seus objetivos!

27 Estudar quantas disciplinas por dia?

Quando relaciono a vida de concurseiro com a de oabeiro, vejo que tem muito mais semelhanças do que diferenças a começar pelas dúvidas que eles têm. As principais delas são:

- ✓ Quantas horas estudar por dia?
- ✓ Quantas disciplinas estudar por dia?

- ✓ Qual material é recomendável?
- ✓ É difícil passar?
- ✓ Quanto tempo leva até passar?
- ✓ É preciso estudar todo o conteúdo programático?
- ✓ Que cursinho escolher?

Vamos imaginar que a prova a ser realizada tenha o conteúdo programático de **quinze disciplinas**. Assim, se fôssemos estudar uma disciplina por dia, começando numa segunda-feira, dia 10, com Direito Empresarial, a próxima vez que teríamos contato com ela seria no dia 25, uma terça-feira, ou seja, duas semanas depois (incluindo sábados e domingos). **Muito tempo** para retomar, não acha? Essa distância temporal traz a sensação de falta de continuidade e conceitos importantes podem ter evaporado. Sabe quando você termina a primeira temporada de uma série e a próxima será apenas no ano seguinte? Confesso que sempre preciso rever o último episódio da temporada anterior para seguir com a nova.

O que fazer, então? Se você já foi treinar numa academia, saberá que a esteira não é a única modalidade de exercícios, não é? O treino inclui muito mais que resistência e pernas. O corpo tem tantos músculos como o Direito tem disciplinas. Inclusive há muitas que não sabemos que existiam até sair um edital. É como me sinto com as dores em partes do corpo que não sabia que existiam depois de um treino pesado. Com a memória não é diferente (o cérebro é como um músculo, se não exercitar, atrofia). **Diversifique o conteúdo** a ser aprendido no mesmo dia e ajude a **exercitar a memória** para não deixá-la preguiçosa.

Em razão disso, não recomendo apenas uma disciplina por dia, apesar de parecer mais fácil de lidar. No colégio, lembra que em um turno tinha mais de uma matéria para aprender? Porém, chegamos na faculdade e nos deram apenas uma para estudar durante toda uma manhã ou uma noite inteira. É muito cansativo e pouco produtivo. Assim, sugiro pelo menos **duas disciplinas** por dia como objeto de estudos. Experimente! Para iniciar, reúna duas disciplinas "irmãs" ou "primas" no mesmo dia, como civil e processo civil, e administrativo com constitucional.

Outra forma de ajustar a rotina semanal é "montar casais". Pegue **uma disciplina fraca e uma forte** para o mesmo dia. O grau de fragilidade diz respeito a como você lida com elas. "Fraca" é aquela em que há insegurança, ódio e dificuldades envolvidas. A "forte", por sua vez, traz sua melhor performance e expertise. Esse equilíbrio é necessário para contagiar o interesse na mais fraca. Imagine querer casar as duas pessoas mais tímidas do mundo? Não vai acontecer nunca!

Independentemente de como você irá reunir duas disciplinas diárias, invista mais dedicação sempre naquela que tem mais peso na prova; se ele é idêntico, coloque mais atenção na disciplina que desequilibra sua preparação para baixo e que pode ser responsável por trair sua confiança na hora da prova. Veja a **grande vantagem** de estudar assim: se você estudar apenas nos dias úteis, semanalmente, você terá se dedicado a **dez disciplinas**, ou seja, um feito e tanto! Outro benefício é mesclar conteúdo, conceitos e institutos diferentes. Lembre-se que no **dia da prova** você enfrentará todas as disciplinas misturadas ao mesmo tempo, um verdadeiro *brainstorm* temático. Melhor já na preparação se adaptar à realidade da prática.

Para quem faz preparatório num dos turnos, a sugestão fica por conta de **estudar disciplina diversa** noutro. E, quando me refiro a "estudar", pode ser desde resolver questões até ler um capítulo doutrinário ou a própria legislação. Para aqueles que têm compromissos profissionais durante o dia, é claro que precisará se adequar ao tempo que tem. Estudar uma ou dez disciplinas por dia não diz nada sobre estar certo ou errado com a programação. De fato, a ciência já concluiu que estudar matérias alternadas melhora o rendimento. Alguém disse que seria fácil? Ou é mais provável jogar na Mega-Sena e ter os números sorteados? Trate de não esperar pela sorte somente, porque quanto mais se estuda, mais sorte se tem, não é?

Resumindo:

- ✓ Preferencialmente, estude duas disciplinas por dia.
- ✓ Procure colocar duas que sejam próximas ou tenham conexões.
- ✓ Evite colocar no mesmo dia duas disciplinas que você tenha dificuldades.

- ✓ No dia, invista mais tempo e recursos na disciplina mais fraca e naquela que tenha mais valor no seu concurso.
- ✓ Se está fazendo cursinho num turno, noutro estude disciplina diversa.
- ✓ "Estudar" pode ser resolvendo questões, lendo doutrina ou legislação ou assistindo aulas.
- ✓ Caso não se sinta confortável ou não esteja rendendo, retorne para uma disciplina diária.

28 ESTUDAR PARA TODAS AS PROVAS AO MESMO TEMPO?

Talvez você já tenha parado para reparar os **pescadores** quando estão trabalhando ou a lazer. Estão lá, observando o rio ou o mar, com suas varas ou linhas esticadas para pescar a sua próxima refeição ou de outros. Dificilmente, você avistará um pescador com duas varas ou mais de uma linha em prontidão. Já se perguntou o motivo? E por que será que as autoridades multam quem está dirigindo e falando ao celular ao mesmo tempo? Porque é muito arriscado confiar na atenção para duas atividades simultâneas.

Considere agora as dicas dos palpiteiros de plantão. Certamente, você já ouviu (mas vai escutar algum dia) que fazer vários concursos, o máximo que puder, aumenta as chances de aprovação. É como jogar várias linhas no rio à espera que algum morda a isca. O problema é que nem em todo anzol cabe o mesmo tamanho de peixe, não é? E, para atender a sua fome, será necessário investir em vários tipos, o que torna a atividade mais cara e complexa. Se você for estudar para todas as provas que vierem a acontecer, faltará o essencial: **foco!** Por que os atiradores de elite precisam de apenas um ou dois disparos em vez de carregarem metralhadoras? Eles perseguem missões para alcançar um alvo e só.

Assim, a probabilidade de encontrar um **concurseiro experiente** se preparando ao mesmo tempo para concursos federais e estaduais é quase nula. A razão é quase óbvia: não há como estudar um leque imenso de legislações e matérias distintas numa única rotina. Infelizmente, eu quis abraçar o mundo dos concursos, fazendo de tudo um pouco, sem saber o que eu desejava realmente. Perdi tempo, dinheiro e oportunidades, pois, quando percebi qual era o meu destino, já tinham passado os concursos que valiam a dedicação exclusiva.

Por outro lado, observe para que o seu foco não seja restrito demais, em especial, se tiver urgência para a aprovação. Há concursos que levam mais tempo do que outros para serem realizados. Por exemplo, não é todo dia que abre seleção para procurador do BACEN ou do Senado Federal. Assim, é preciso estar atento a outras oportunidades próximas ao que você pretende investir para não levar tempo demais até, finalmente, surgir o edital que esperava. Há quem passe em **concursos-trampolim** pela estabilidade financeira e depois se jogam ao que interessa.

Outra situação corrente é aquela de quem está se preparando para OAB e surge um edital de concurso muito atraente, em razão da matéria ser parecida. O que fazer? É preciso passar por um **exercício de autoconhecimento**. Qual é o destino mais sedutor, esquiar nos Alpes franceses ou nadar nas águas quentes do Caribe? Refletir sobre a urgência da carteira da OAB ou do grande "risco" de já alcançar uma vaga num serviço público. Além disso, ocorrem três edições por ano da prova da OAB. Porém, os concursos não têm essa periodicidade, podendo levar anos de espera até sair um edital. Mas também não adianta querer esquiar, porque está saindo uma excursão para lá com todos os seus amigos, se você detesta frio. Assim, não se contagie com a alegria dos outros e foque nas suas necessidades.

29 AS BANCAS ORGANIZADORAS

Há duas lições relacionadas entre si, mas em lados antagônicos. A primeira diz respeito ao erro grave de quem ignora a banca de que irá aplicar a prova a que se prepara. A segunda trata do erro grave de quem acredita que a banca é determinante para aprovação ou reprovação. Ou seja, "nem tanto ao céu, nem tanto ao inferno". É importante estar ciente da banca organizadora? Sim. Deve-se apostar todo resultado nela? Não.

Considero que o melhor caminho a seguir é o de analisar o que a banca escolhida para sua prova já vem realizando em outras seleções e avaliar o **conteúdo programático** do seu edital. Para exemplificar. Vamos imaginar que desejo fazer concurso para procurador do município Delta. Qual deveria ser a minha preocupação? Procurar a prova e o edital anterior para saber qual banca estava envolvida e conhecer o conteúdo programático que foi cobrado. Descubro que a banca foi a X. A partir disso, irei buscar também outras provas que ela possa ter organizado para um cargo similar ou de dificuldade semelhante e estudar por elas. Essa é a atitude básica que se espera do **concurseiro experiente**. Então sai a contratação da banca Y para esse concurso. Entrar em desespero? Claro que não! Farei o mesmo caminho anterior: pesquisar as provas que essa nova banca já fez e direcionar os estudos nelas. Além disso, vou comparar os conteúdos programáticos para saber se houve mudanças ou não.

As bancas mais **conhecidas** são:

- ✓ CEBRASPE – Centro Brasileiro de Pesquisa em Avaliação e Seleção e de Promoção de Eventos (ou CESPE, para os mais antigos)
- ✓ FCC – Fundação Carlos Chagas
- ✓ FGV – Fundação Getulio Vargas
- ✓ CESGRANRIO – Centro de Seleção de Candidatos ao Ensino Superior do Grande Rio
- ✓ VUNESP – Vestibular da Universidade Estadual Paulista

É claro que existem muitas outras empresas que competem fortemente a cada licitação e a todo dia nasce mais uma. Há uma **tendência** de você ser surpreendido por uma nova banca em concursos municipais, em que o preço é o que conta para serem selecionadas. Aqueles certames com maior alcance de público, em especial, concursos regionais e nacionais ou com grande procura, geralmente, serão atendidos pelas bancas citadas acima[9].

Destaca-se ainda que há um esforço, não só de concurseiros e oabeiros, mas principalmente de professores de identificar **um perfil**

9 A revista *Exame* elegeu as "6 grandes bancas examinadoras de concursos públicos". Além das indicadas, a ESAF – Escola de Administração Fazendária, mas que deixou de fazer provas. Disponível em: http://exame.abril.com.br/carreira/o-estilo-das-6-principais-bancas-de-concursos-publicos/.

bem distinto para cada uma delas para facilitar na hora da preparação e acalmar a ansiedade. Mas volto a afirmar que o papel das bancas é bastante relativo caso seja ignorada a importância do conteúdo que se destaca nos editais. Considere o meu exemplo anterior. Mesmo que eu soubesse que a banca que iria aplicar o concurso fosse a Y, não deixaria de estudar a prova passada porque a banca era a X.

De qualquer modo, não posso ignorar o que o pessoal pensa a respeito das bancas, mesmo que em alguns casos não passe de mito. Por exemplo, a **FCC** seria a "Fundação Copia & Cola", porque exige o texto literal da lei nas suas questões. Já a banca **CEBRASPE** é reconhecida mais pela sistemática de avaliação que pelo o que é visto em prova em si. Essa sistemática assusta muitos, pois geralmente são questões com afirmativas "certo" ou "errado". Diante dessas opções, caso o candidato erre, custará uma afirmativa assinalada certa, ou seja, uma elimina a outra. Confesso que esteja devendo até hoje para banca e espero que não me cobrem juros... No entanto, nem todas as provas da banca são assim, há também por múltiplas escolhas (A, B, C, D e E) e há outras empresas que estão aplicando questões com afirmativas certo/errado.

As bancas **VUNESP** e **CESGRANRIO** também tendem a cobrar o conhecimento do texto de lei. São bancas que exploram a mudança ou omissão de palavras como "pegadinhas" do texto literal. São requisitadas, como a FCC, para concursos de tribunais (analistas e técnicos). As respostas são bem objetivas, exceto, quando organizam concursos de carreiras mais tradicionais, onde exigem mais jurisprudência e teoria. Alternativas como "todas estão corretas" ou "nenhuma está correta" são comuns e dificultam o chute. Questões com afirmativas I, II, III e alternativas que indicam se são verdadeiras ou falsas são também temíveis por muitos.

Por fim, a **FGV** é a banca que se especializou na OAB, mas que tem sido bastante temida em concursos pelo grau de dificuldade nos seus enunciados, muitas vezes interpretativos, como no Exame de Ordem. As **peculiaridades das bancas** também são visadas pelos livros e cursos preparatórios, então servem como ferramenta para acurar mais as relevâncias de cada uma. Acredito que todas as informações que estão envolvidas numa preparação devem ser avaliadas e sopesadas pelo grau de relevâncias, mas ao final o que importa é o **conteúdo**!

Iniciei minha carreira de professor num curso preparatório lá nos idos de 2006. Só fui ingressar no magistério, na graduação e pós-graduação, quase dez anos depois. Posso afirmar que são coisas bens distintas tanto para o docente como para o aluno. A premissa está neste exemplo: enquanto eu tinha um semestre para desenvolver a teoria geral do Direito Societário na faculdade, no preparatório precisava encaixotar tudo no máximo em duas aulas. O papel no cursinho é mais de mágico do que de professor, não acha?

Em razão disso, a ideia do preparatório, seja um curso intensivo ou extensivo, é servir de **bússola** para os estudos. É uma grande revisão de conceitos e apontamentos que podem estar na sua prova. Como mágico, digo, professor, precisava avaliar as provas e os editais anteriores para destacar o que já tinha sido cobrado, como foi abordado o assunto e quais chances de ser repetido. Esta é tarefa básica do docente no cursinho: facilitar a vida do seu aluno. Já na faculdade, quem precisa se virar para aprender é o aluno sozinho.

Como é um mercado que gira muito dinheiro, a concorrência entre os preparatórios é grande, às vezes, selvagem. Quem ganha nessa guerra entre cursos? **Você!** Veja que, quando comecei, o aluno no máximo ganhava uma sala confortável nos cursos presenciais e, no modo on-line, o direito de assistir às videoaulas. Hoje quase todos oferecem recursos agregados às aulas, como material em PDF, apostilas, aulas complementares, mentoria, *coaching*, apoio psicológico, cursos de questões, acesso a podcasts e aulões de revisão, brindes, simulados, entre outros. Tudo isso dentro do preço do pacote ou combo das aulas. E o curso que oferece mais por menos se mantém no topo das preferências dos alunos.

Atente-se, no entanto, por mais que seja completo o preparatório, sempre servirá como um guia e uma boa revisão conteudista, pois, como acontece na graduação, quem "faz" a faculdade boa, ou não, é o aluno. Assim, qualquer empresa que você venha a escolher para estudar, dependerá muito mais dos seus esforços do que dos professores ou do curso. Mesmo que no futuro os professores sejam robôs, os quadros sejam em 3D, os livros estejam na sua retina por meio de uma lente, uma coisa é certa: **ninguém irá aprender** por você! Claro, em Matrix fazem *download* de conhecimento e habilidades direto no cérebro, mas lá não precisam de provas, não é?

Como os cursos em EAD – Ensino a Distância hoje são a maioria das opções em preparatórios, selecionei **dicas essenciais** para ajudá-lo a escolher o curso mais adequado às necessidades pedagógicas.

- ✓ Lembre-se: o objetivo principal é o mesmo tanto para quem assiste a aulas presenciais ou em EAD: atenção ao professor.
- ✓ Se em sala de aula é necessário desligar o celular (ou deixar no modo silencioso), por que seria diferente na aula em EAD?
- ✓ Caso você assista às aulas pelo computador ou *notebook* por um navegador, feche todas as janelas e abas que possam dispersar, como *e-mails*, redes sociais, noticiários etc.
- ✓ Não se esqueça de se levantar da cadeira em intervalos regulares, caminhe um pouco, beba água e retorne o quanto antes para não deixar "para depois" a continuidade das aulas.
- ✓ O compromisso de assistir pela Internet segue o mesmo padrão das aulas presenciais: mantenha o cronograma e organização como fosse se deslocar para assistir em outro local, mesmo que as aulas já estejam à disposição na "área do aluno".
- ✓ Escolha cursos que ofereçam liberdade ilimitada de acesso para assistir às aulas, pois em caso de dúvida você pode consultá-las quantas vezes precisar.
- ✓ Prefira também os cursos que forneçam material didático dos professores para acompanhamento ou estudo posterior, além dos *slides* que utilizam, para evitar perder tempo em anotar.
- ✓ Também dê preferência para os cursos que você consiga entrar em contato com os professores ou tenha uma central de ajuda acessível para eventuais dúvidas.

- ✓ Deixe de lado a Internet 3G (geralmente, desaconselhada pelos cursos) e invista numa banda larga suficiente para não causar dores de cabeça na demora para assistir aos vídeos.
- ✓ Procure ambientes adequados e com mínimas interferências: é como em sala de aula, conversas paralelas atrapalham o entendimento do conteúdo transmitido. Conselho? Use fone de ouvidos para não perder nada!

O EAD é uma **realidade tecnológica** que trouxe a otimização do tempo, segurança e economia de dinheiro. Mas a velha experiência didática continua falando mais alto: se você não tomar como **compromisso** as aulas, sejam presenciais ou não, a sua aprovação sempre será uma promessa. Ademais, investir num preparatório não é garantia de sucesso, nem impede que estude com livros ou outros materiais de forma simultânea. Mesmo que o GPS ajude a indicar o destino, quem deixa de enxergar as placas de sinalização ou de dar atenção aos demais sinais quando tem a direção nas mãos?

31 Usando os sentidos para estudar

A preparação para provas e exames irá fazer uso, necessariamente, de alguns dos sentidos. O corpo humano é composto do total de cinco: audição, visão, tato, paladar e olfato. Há quem afirme que tenhamos muito mais do que isso, mas esses cinco são irrefutáveis. Deles, dois acabam sendo os principais. Reconhecê-los ajuda a identificar o que para você faz mais sentido ao estudar. Qual deles é mais eficiente. Por exemplo, no meu caso é a visão, pois sinto que aprendo mais lendo do que ouvindo.

AUDIÇÃO	Para quem precisa **ouvir para aprender**; sejam aulas em preparatórios, sejam *audiobooks*, ou mesmo a gravação da leitura do conteúdo. Muitos alunos fazem a leitura dos seus resumos, gravam com seus celulares e depois escutam no carro, no ônibus, enfim, é uma excelente técnica para alunos "ouvintes" ou que estudam em voz alta!
VISÃO	Para aqueles, como eu, que têm maior facilidade com material impresso, como livros ou que possam ser lidos na tela ou no quadro. A memória fotográfica é essencial para captação do conteúdo. Apesar de a leitura ser uma atividade passiva, a experiência fica melhor quando interagimos com ela, como destacar com caneta colorida ou escrever junto ao texto. Esquemas e mapas mentais também ajudam.

Os sentidos podem trabalhar juntos para melhorar o seu rendimento, como ouvir a voz do professor e ainda enxergar a sua beleza, pois estudos indicam que estudantes aprendem melhor com professores bonitos[10]. Se eu soubesse disso antes, teria realizado algum tipo de procedimento estético, quem sabe uma harmonização facial ou apenas o uso de botox. Tudo para ajudar os meus alunos a serem aprovados! Os outros três sentidos podem colaborar também. Há quem estude melhor em temperaturas bem baixas (tato), portanto estão sempre com o ar condicionado no máximo! Há quem se anime com o cheiro de livro novo (olfato) ou um lanchinho nas pausas dos estudos (paladar). Alguns dirão que é possível usar o **sexto sentido** (mediunidade). Bem, nesse caso, quem sabe Pontes de Miranda e Rui Barbosa não "baixem" neles durante a prova para ajudar a resolvê-la? "No creo en brujas, pero que las hay, las hay".

32 A CIÊNCIA E AS TÉCNICAS DE ESTUDO

Um grupo de cientistas de diversas universidades estadunidenses reuniu-se para avaliar a utilidade das técnicas de estudos mais popula-

10 Disponível em: http://super.abril.com.br/comportamento/estudantes-aprendem-melhor-com-professores-bonitos/.

res entre os estudantes. Essa pesquisa foi publicada pela Association for Psychological Science – APS[11]. Logo ela foi traduzida para o português e resumida por diversos sites brasileiros. A conclusão dos cientistas é que nem todas as técnicas têm a mesma eficiência e por isso acabaram sendo classificadas em três tipos de utilidade: **baixa**, **moderada** e **alta**. Confira elas nos esquemas a seguir.

- **Resumir** – Escrever resumos de textos a ser aprendidos
- **Imagens para texto** – Formar imagens mentais de materiais de texto enquanto lê ou escuta, por exemplo, mapas mentais
- **Releitura** – Reestudar material de texto novamente após uma leitura inicial
- **Grifar, destacar e sublinhar** – Marcar ou destacar o texto potencialmente importante a ser aprendido durante a leitura
- **Mnemônicos** – Usar palavras-chave e imagens mentais para associar materiais verbais, por exemplo, o velho conhecido "LIMPE".

11 Disponível em inglês: https://www.psychologicalscience.org/publications/journals/pspi/learning-techniques.html.

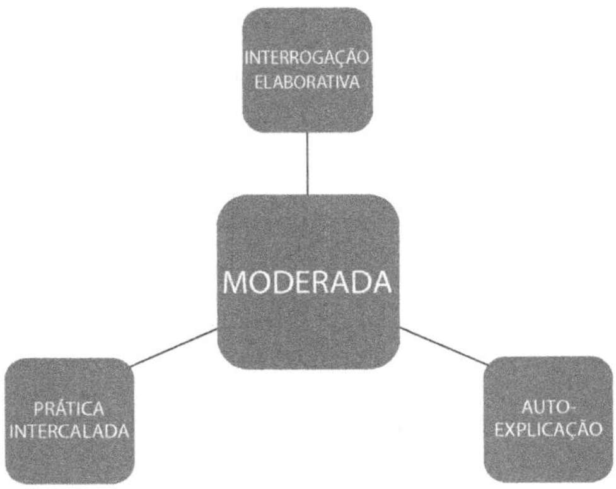

- **Interrogação elaborativa** – Gerar uma explicação de por que um fato ou conceito explicitamente declarado é verdadeiro
- **Prática intercalada** – Implementar um cronograma de práticas que combine diferentes tipos de problemas, ou um cronograma de estudo que misture diferentes tipos de material, dentro de uma única sessão de estudo
- **Autoexplicação** – Explicar como novas informações estão relacionadas a outras já conhecidas ou explicá-las durante a resolução de problemas

- **Prática distribuída** – Implementar um cronograma de prática que expande atividades de estudo ao longo do tempo
- **Testes práticos** – Autoteste ou testes de prática sobre o material a ser aprendido, por exemplo, resolver questões

Pode ser difícil admitir que **resumir** e **grifar**, bem como o uso dos **mnemônicos**, bastante populares entre os estudantes em geral, têm utilidade **baixa**. De fato, podem ajudar, mas não de forma tão especial como muitos pensavam. Basta lembrar quantos mnemônicos já lhe ensinaram e quantos você ainda lembra. O grifo por si só apenas servirá para uma releitura do mesmo texto destacado. E o resumo? Já resumi muito na vida como técnica de estudo. Além de gastar tempo demais com esse exercício, perde-se engajamento, pois ficamos preocupados com superficialidades, como a diagramação, quando digitado, ou se a letra está bonita, quando se escreve, por exemplo.

A **releitura** é uma forma comum de fixar conteúdo, porém pode se tornar muito cansativa com o tempo. Muita gente pode não concordar, mas as **imagens para texto** estão no mesmo grupo. Imagens como esquemas, sistemas, quadros comparativos, mapas mentais, são grandes aliados de uma boa didática para quem tem dificuldades com a leitura simples e muitos têm demonstrado gratidão quanto a esse método em razão de suas conquistas.

No grupo da utilidade **moderada**, foram categorizadas as técnicas da **interrogação elaborativa**, da **autoexplicação** e da **prática intercalada**. As duas primeiras servem, por exemplo, para preparar uma aula ou apresentação. São formas de aprender a matéria de modo a compartilhar com outros, e, para tanto, precisam convencer não só você como a plateia, não é? A outra técnica, por sua vez, é uma ótima opção para quem cansa em estudar a mesma coisa no mesmo período, por exemplo, estudar empresarial o dia inteiro. Assim, intercalar matérias ajuda a manter a concentração próxima e a distração longe. Lembra da sugestão de estudar duas disciplinas por dia? Pois então!

Por fim, de **utilidade alta** foram selecionadas apenas duas entre as dez técnicas. A **prática distribuída** chega a ser evidente: quem aprende mais, quem estuda de véspera ou estuda todos os dias? Realmente, o famoso "Plano JK" de estudos, estudar 5 semestres a 5 dias da prova não funciona. Por isso, a preparação deve ser distribuída, de maneira contínua. E os **testes práticos**, que já foram por muito tempo "coadjuvantes", hoje estão no papel principal em qualquer estudo que se preze como positivo. Resolver questões é o melhor remédio para qualquer doença de aprendizado! Nos próximos capítulos, serão mais bem tratadas essas duas técnicas de utilidade alta.

33 Técnica da prática distribuída

Nascemos com a crença de que o brasileiro deixa sempre para última hora as coisas que precisa fazer. Não sei se é comprovado ou não cientificamente, mas não há uma pessoa que eu conheça que não deixa sempre para depois suas tarefas ou as realiza até no final do limite do prazo. Estudar, então, é o que todo mundo deixa para fazer até quando é possível. Cansei de me preparar somente na véspera de prova ou no próprio dia na faculdade. "Coisa feia" confessar isso, mas me arrependo de achar que estava enganando o "sistema", no entanto, o maior prejudicado fui eu. Enfim, sou brasileiro também.

Porém, a ciência mais do que necessário afirma que estudar de **forma antecipada** é uma das melhores técnicas, juntamente, com a realização de testes práticos. Não sei se você conhece algum professor que já tenha indicado estudar apenas quando o edital for publicado, eu desconheço, pois seria um verdadeiro "suicídio profissional". É como deixar para estudar na última hora. Nunca é seguro, muito menos prudente. Não é por menos que aqueles que foram aprovados e nomeados já tinham uma jornada de estudos para se orgulhar, visto que a preparação não acontece da noite para o dia.

A mentalidade é que estudar antecipadamente será perda de tempo. Porém, como estabelecer o ideal antes de uma prova? Se há hesitação a responder a esta pergunta, **melhor não é prevenir do que remediar**? Ou seja, começar a estudar antes do que depois? Há certames que acontecem como uma Copa do Mundo de futebol, de quatro em quatro anos. Você já reparou que a nossa seleção não espera de braços cruzados entrar o ano do evento para começar a treinar? Então é melhor colocar a chuteira e o uniforme e iniciar os treinos.

Então, como organizar essa técnica da prática distribuída no tempo? Lembra da "antiga" planilha ou cronograma que se fazia para organizar os estudos? Pois, então, ela foi atualizada para um nome mais bonito, **planner**! Pouco importa como se referir à organização dos estudos, mas sem ela não é possível nem começar! O que estudar e quando fazer são atividades que não podem ser aleatórias. Sempre refiro que abrir o Código Civil para ler mais de 2 mil artigos para uma prova não me diz nada, além da falta de direção e da perda de tempo.

Em razão disso, lançamos eu e o William Douglas a **Agenda do Concurseiro** pela Saraivajur contendo 60 planners semanais, além de controles mensais de simulados, leitura, videoaulas, de editais para acelerar a produtividade. Inclui ainda lições motivacionais e dicas de preparação. Para o Exame de Ordem, lancei o **Cronograma Passe na OAB** com outros professores, incluindo três cronogramas (30, 60 e 90 dias), dicas, incidência de súmulas e artigos mais cobrados e ainda questões resolvidas. Você também pode criar o seu próprio planner a partir da ideia, por exemplo, de estudar **duas disciplinas por dia**. Qualquer folha de calendário tem sete colunas, uma para cada dia da semana. Pegue um papel e faça o mesmo.

Segunda	Terça	Quarta	Quinta	Sexta	Sábado	Domingo

Você pode dividir cada dia por três turnos, manhã, tarde e noite, ou simplesmente apenas anotar o horário que inicia cada disciplina ou estabelecer os compromissos diários como um roteiro semanal. É o que fazem as agendas, não é? Eu sempre tive e não consigo viver sem. Há aplicativos que substituem as impressas, mas como sou "old school", prefiro as de papel. A distribuição das disciplinas já foi explicada em capítulo anterior, mas reitero aqui a importância do **autoconhecimento**. Não posso lhe indicar mais horas para uma disciplina e menos para outra, pois não conheço sua realidade. No máximo, poderia ensinar quais disciplinas são mais importantes, mas, você também já sabe, basta abrir o edital e considerar os pesos delas.

Desse modo, é preciso que você saiba quais as disciplinas que o favorecem, porque tem maior domínio, e aquelas que podem derrubar sua expectativa de aprovação. Pela fragilidade, é onde precisará investir mais tempo e esforços. Assim, evite duas disciplinas fracas no mesmo dia ou de grande importância para sua prova. Com essa **agenda** há flexibilidade de construir uma preparação sólida diante do contexto da sua rotina, horários e do conteúdo programático do edital.

O ideal seria **uma hora e meia** – no mínimo – por disciplina, que pode ser distribuída ao longo do dia, caso haja outros compromissos diários, sem esquecer de investir mais tempo naquelas consideradas frágeis ou difíceis. Repita este ciclo semanalmente, ajustando a duração e a distribuição das disciplinas quando necessário para atender as dificuldades que surgirem durante a preparação. Lembre-se, seja flexível!

Os finais de semana, caso seja difícil resolver questões nos dias úteis, podem ser reservados para os **testes práticos** por meio de provas anteriores. É preciso também observar a urgência dos estudos em razão de provas já marcadas. Caso ainda não tenha datas oficiais, pode aproveitar melhor sábado e domingo mesmo para descansar ou apenas resolver questões ou simulados. Sei que é chato estudar aos finais de semana e pode ser até improdutivo, mas quem terá paz de espírito ao saber que a prova se aproxima mais rápida do que se gostaria? Estudar é um hábito, então, quanto mais se pratica, mais se acostuma.

"Mas, professor, minha prova tem mais de 14 disciplinas, o que fazer?" Não sou muito bom em matemática, por isso escolhi o Direito e a psicologia e abandonei contábeis, mas tem razão a pergunta quando defendo a preparação com duas disciplinas diárias. Se são sete dias por semana, o máximo seriam 14, não é? Mas, "calma, calma, não criemos pânico!", diria Chapolin Colorado. Resolve-se o problema matemático com o revezamento de disciplinas. Faça uma lista com as disciplinas, separando as mais e as menos importantes a partir do peso na prova e do número de questões. Mantenha as principais no roteiro semanal e reveze quinzenalmente aquelas coadjuvantes. Para exemplificar, na sua lista tem 10 que precisam atenção máxima e outras 8 que podem revezar. Nos dias úteis mantenha as principais (2 para cada dia) e no final de semana coloque quatro num e quatro no outro, assim, sucessivamente. Nada como ter calculadora no celular, não acha?

34 TÉCNICA DOS TESTES PRÁTICOS

Um nadador olímpico, multicampeão e medalhista, como foi Michael Phelps, precisava, antes de chegar a um torneio, dar **milhões** de braçadas por dia para alcançar um nível de competitividade que levasse a vencer, caso contrário, o lugar mais alto do pódio seria sempre um sonho ou ilusão. Outros esportistas de alta performance treinam duro também para saírem vitoriosos. Assim, não basta ter apenas o desejo de vitória, é necessário criar **condições reais** de alcançá-la. Substitua a **prova de natação** pela prova que você deseja superar e terá a **mesma lição**. Sem **exercícios** ou **testes práticos** é melhor ficar deitado no sofá sonhando com as conquistas que nunca alcançará!

A **ciência** já comprovou que das dez técnicas de estudos mais populares, resolver provas anteriores é uma das duas de **utilidade alta**. Também não há professor no mundo que refute a eficiência dos exercícios práticos. Mas, para se tornar um **método eficiente** de estudos, a resolução deve observar algumas regras que julgo importantes para aproveitá-la da melhor forma possível. Confira!

- ✓ **Quantidade não é qualidade**, invista em questões selecionadas. Prefira questões atuais e, preferencialmente, da banca organizadora da prova.
- ✓ **Questões por banca** são importantes, mas não deixe de resolver questões de provas passadas ao certame que almeja só porque é de outra organizadora.
- ✓ **Questões por disciplina** é a regra, mas não resolva 1.000 numa única vez, porque o exame da OAB ou concurso não tem apenas uma disciplina na prova, portanto, diversifique.
- ✓ **Questões por cargo** é o desejável, se pretendo ser juiz, irei resolver questões de provas da magistratura e não para técnico ou analista de tribunal, mas se deseja ir além, que resolva de concursos mais difíceis.
- ✓ **Acerte ou erre com convicção**, porque "chutar" resposta no teste é enganar a si mesmo; se não sabe, deixe em branco, servirá como alerta para o conteúdo.
- ✓ **Resolva sob pressão** do cansaço, já que toda prova é cansativa e exige controle emocional.
- ✓ **Resolver a matéria** logo após tê-la estudado é recomendável, mas não se iluda apenas com esse resultado, pois a memória ainda é recente.
- ✓ **Adquira um livro** de questões comentadas, pois eles facilitam a divisão do conteúdo por temas e disciplinas,

além de explicar o gabarito, ou assine um serviço de questões on-line.

Há que listar os **benefícios** de estudar por testes práticos, pois tem muita gente que não gosta de resolver provas anteriores. Elas alegam medo ou receio de errar o que já estudaram. Ora, se há um momento em que o erro é permitido é, justamente, no treino. Veja que resolver questões não só serve como um avaliador da preparação, indicando se os estudos estão indo bem ou não, como também indica como a matéria é cobrada em provas e a abordagem da banca. Ademais, se você analisar as provas anteriores nos seus detalhes, identificando os temas cobrados, poderá enxergar uma tendência do que poderá encontrar na sua. É assim que os professores preparam suas aulas: investigando o que já foi cobrado.

Não existe **preparação completa** sem resolver questões de provas. É como ir à emergência médica depois de uma queda e o plantonista olhar apenas para cara de dor do paciente e logo indicar um remédio. Sem fazer um Raio-X, como saber se fraturou algo ou não? A medicina, como ciência, não existe sem exames, perícias, testes nem pesquisas. Na psicologia, idem. Como diagnosticar alguém com um transtorno sem fazer uma avaliação?

Ademais, **errar** serve para aprendermos com as falhas e não para nos castigar, não acha? O grande filósofo Sócrates já teria dito: "Transforme as pedras em que você tropeça nas pedras de sua escada". Quem descarta os erros, ignora os próximos e continuará lamentando a pouca "sorte" que tem, pois sempre erra as mesmas coisas. Sendo assim, conhecer os erros faz parte de qualquer preparação, seja para provas, seja para a vida. Por isso, aprenda a **repará-los** para acertar na próxima!

Não deixe também de fazer **simulados**, pois como o próprio nome sugere, há provas que simulam as verdadeiras. Geralmente, são feitas por professores de cursos preparatórios e, em muitos casos, são abertas ao público que não é aluno, até como uma forma de captação. Pouco importa, os simulados são ótimos testes, pois buscam ser fidedignos tanto quanto ao conteúdo como ao formato. Você que irá fazer a prova da Ordem, temos um livro que irá lhe ajudar neste sentido, **Passe na OAB com Simulados – Questões Inéditas & Comentadas**, pela Saraivajur.

Falta ainda **motivação** para adotar essa técnica dos testes práticos? Vou contar uma historinha. Após uma palestra minha, no lançamento do meu livro **Guia Passe na OAB**, um rapaz que estava na fila dos autógrafos se aproximou e me confidenciou baixinho: "Professor, estava tendo dificuldades de resolver questões para a OAB, principalmente por falta de vontade, quando minha namorada, interessada pelo meu sucesso, me propôs que caso acertasse todas as vinte questões por dia, então, faríamos sexo". Levei um susto igual a você. Então ele concluiu: "No início fiquei muito tempo sem sexo, mas depois... [deu uma pausa com um sorriso no rosto] cheguei à aprovação". Perguntei se eles estavam ainda juntos e ele triste me respondeu: "Se tivéssemos ficados juntos, hoje seria juiz, porque era isso que eu queria, mas terminamos antes".

35 Convivendo com boatos e "fake news"

Como se sabe dia 1º de abril é o dia da "mentira" e por essa razão é um dia cercado de "pegadinhas". No mundo dos concursos e da OAB também não passa vazia essa data. Confesso que gosto de repetir que "está confirmada a 3ª fase da OAB". Às vezes digo que será prova oral, outras, que será carregamento de volume de processos físicos pelas escadas dos tribunais. Ora, não tem TAF, Teste de Aptidão Física, em vários concursos? A brincadeira é exagerada para alertar que há muita *fake news* que circula no ambiente de preparação e atrapalha muitos candidatos desavisados.

Muitos canais vivem à custa de boatos ou **fofocas**, porque querem dar a notícia em primeira mão e mostrar que estão por dentro das informações. Erram mais do que acertam, mas geram engajamento e interesse. Na área de concursos e exame da OAB também acontece. De algum modo, o boato favorece quem é incrédulo e prejudica quem acredita em tudo, e numa guerra de nervos, como são essas seleções, vence quem está preparado também psicologicamente. Gerar um clima de incerteza tira a atenção do que deveria ser, realmente, o foco: os estudos. O **melhor jeito** de conviver com boatos é levar a lição de Tomé, o mais incrédulo dos apóstolos: "tem que ver para crer". Se não estiver nos canais oficiais e nos editais, então desconfie!

Para quem já começou a estudar para concursos, há determinados assuntos que geram grande interesse e, portanto, são alvo de especulações, quais sejam:

- ✓ Previsão do concurso e do edital.
- ✓ Número de vagas.
- ✓ Requisitos para o cargo.
- ✓ Quando será a prova.
- ✓ Qual a banca.

Há diversos perfis nas redes sociais que vivem dessas informações, bem como sites especializados. Muitos preparatórios também têm suas fontes de notícias, mas há quem acuse que eles "querem é vender cursos" com suas previsões ou quase promessas. Não tiro a razão em muitos casos, porém, atente-se que estudar de forma antecipada não é um mal negócio. O problema diante de uma *fake news* é que tira o foco de outras seleções que estariam mais certas e próximas de ser realizadas. É comum, nesse caso, candidato que estudava para determinado concurso interromper os estudos para direcioná-los a outro mais atrativo, anunciado por cursinhos ou por influenciadores, mas que acaba não acontecendo conforme divulgado.

Apesar de haver muita **solidariedade** no meio concurseiro e oabeiro, nem todo mundo é "amigo" como aparenta ser. Desconfie dos interesses que possam estar por trás das informações que divulgam. Muitos influenciadores são patrocinados por cursos preparatórios, portanto, você não achará a isenção que gostaria, nem em sites ou blogs especializados. Perceba que atrás de uma grande notícia há propaganda relacionada a ela. Os concursos mais populares e concorridos, como INSS, PRF, Polícia Federal, bancos públicos, DEPEN, tribunais e carreiras policiais atraem muita gente com qualquer texto publicado.

A dica final é: deixe sempre o **desconfiômetro** ligado até ter certeza, depois de consultar diversas fontes e conversar com outros candidatos, de que as informações compartilhadas têm algum fundamento. Não permita que suas emoções tenham a última palavra nessas situações, já que elas estão envolvidas no sofrimento em relação às expectativas da prova que você busca superar.

36 Estudando 0800

Para quem não sabe, "0800" é o DDG, ou seja, discagem direta gratuita. Sua popularidade inclusive virou gíria e que se refere ao que seja grátis ou de graça. Assim, é possível estudar no 0800? Claro! O **Youtube** é o melhor exemplo disso. Veio para o Brasil em 2007, depois de dois anos da sua criação nos Estados Unidos. Hoje é a maior plataforma de vídeos do mundo. Além de ser "free", sua diversidade de conteúdo é incomparável. Meus preferidos são os tutoriais! Já consertei alguns eletrônicos e aprendi a me virar na cozinha por meio de seus canais. Basta procurar pelas palavras-chave certas e *voilà*!

Por ser uma plataforma aberta para qualquer pessoa produzir e compartilhar vídeos, é preciso ter atenção ao que será consumido em razão da credibilidade, qualidade e a atualização do conteúdo publicado. Sabe-se que o **Youtube** tem seus próprios critérios para aferir a legitimidade dos vídeos e das dificuldades que enfrenta para fiscalizá-los. Portanto, fica mais a critério de quem assiste conferir ou não a veracidade do que é mostrado. Assim, muito cuidado na hora de escolher o que você pretende assistir. Aqui seguem algumas dicas para aproveitar melhor o Youtube para os estudos:

- ✓ Prefira os canais dos cursos preparatórios, pois, cada vez mais, utilizam dessa ferramenta para transmitir aulas abertas ou através de *lives*.
- ✓ Os canais de professores também são valiosos.
- ✓ Observe a data de publicação do vídeo para evitar conteúdo desatualizado, caso envolva abordagem de legislação.
- ✓ Os comentários dos internautas, bem como a avaliação (o famoso "joinha" ou "like"), podem indicar a satisfação sobre o vídeo.

- ✓ Inscreva-se nos canais que mais lhe agradam e ative o "sininho", que fica também no perfil deles, para receber notificação de novos vídeos.
- ✓ Canais oficiais de instituições também são ótimas opções, como do STF, STJ, CNJ e TV Justiça.

A **democratização** que a Internet trouxe tem tanto lado positivo como negativo, assim, é melhor se precaver do que arriscar o seu valioso tempo. Não deixe de valorizar aqueles que estão compartilhando conteúdo gratuito de qualidade, seja compartilhando com outros, seja se inscrevendo no canal ou expressando seu agradecimento. Não há dúvidas que é possível estudar para OAB ou para concursos assistindo ao Youtube. Aliás, muita gente credita às revisões dos preparatórios, através de seus canais na plataforma, suas aprovações, portanto, funciona mesmo! Tenho várias palestras por lá, entrevistas e alguns cursos no meu próprio canal. Mas não esqueça de deixar o seu "joinha", ok?

A respeito dos materiais em PDF que circulam no mundo virtual, tenha cuidado redobrado. Sem conhecer a **autoria** nem a **data** deles, não perca seu tempo! No mundo jurídico, consultar material desatualizado é pior do que ficar de braços cruzados. E desconfie de livros "gratuitos" que o pessoal compartilha e dos rateios que oferecem de forma escusa, pois é **pirataria**! Comete crime tanto quem divulga ou vende como quem faz download de aulas e livros de editoras. Vários candidatos que passaram em todas as provas em concursos públicos acabaram reprovados na **investigação social** por crime de pirataria e o STJ mantém a decisão.

Se você procura material grátis, atente-se aos canais oficiais e institucionais. Muitos preparatórios disponibilizam gratuitamente apostilas entre outros materiais para quem não é aluno, inclusive cursos completos e revisões de véspera de prova. Veja que os sites institucionais dos tribunais também reúnem material de ótima qualidade. Por exemplo, você pode encontrar tanto a Constituição Federal como a legislação infraconstitucional **anotada pelo STF** no próprio site da instituição.

No site do **STJ**, tem um compilado jurisprudencial denominado "jurisprudência em teses" que pode ser consultado *on-line*. Pode-se escolher por ramo do Direito e por assuntos, tornando-se mais fácil a busca. Por sua vez, o **Senado Federal** conta com uma livraria *on-line* com *e-books* (livros digitais) todos de graça, que inclui desde a Constituição Federal até Códigos diversos.Com todos esses exemplos, não dá para se desculpar que os estudos não avançam porque a "*grana* está curta".

De fato, é necessário um mínimo de esforços e de um investimento básico para começar, basta o endereçamento certo para conectar-se à caminhada preparatória. Se "de boas intenções, o inferno está cheio", como escreveu São Bernardo de Clairvaux, "de boas desculpas, a reprovação está cheia", afirmo eu.

37 É POSSÍVEL PASSAR SEM CURSINHO?

Antigamente, antes de o Exame de Ordem se tornar unificado, portanto, quando a prova era responsabilidade de cada seccional da OAB, bastava um pouquinho de esforço para alcançar a aprovação. A prova era permeada por questões objetivas, com enunciados simples e diretos, e quase nenhuma interpretação textual era necessária. Até os concursos públicos mais difíceis não exigiam tanto nas suas elaborações, visto que a concorrência era menor diante das expectativas e da atração que os cargos ofereciam.

Com o tempo, as seleções passaram a ganhar grande destaque na vida das pessoas. A reboque, surgiram candidatos cada vez mais capacitados quanto mais difíceis se tornaram as provas. Aperfeiçoou-se um mercado de preparatórios e gerou um novo público para as editoras, concurseiros e oabeiros. Além disso, **não basta mais** apenas estudar, é preciso ter saúde mental saudável para dar conta das pressões, do estresse, das emoções e sentimentos negativos, enfim, o modelo do **poder da aprovação**: lado funcional e lado emocional em equilíbrio.

Se, para muitos, sem ter auxílio no lado emocional não é possível nem começar a preparação, quiçá alcançar a aprovação. Então, será que sem ajuda de um cursinho dá para chegar até o destino? Mesmo alguém que seja autodidata, portanto, aqueles que se instruem por esforço próprio, precisa aprender por alguma fonte e ela costuma ser pelos livros. Particularmente, aprendo mais com a leitura, mas não significa que eu ignore a importância dos professores, até porque pertenço a essa classe. De fato, é um questionamento bastante comum se é necessário fazer um curso preparatório para ser aprovado.

A resposta não é simples, pois dependerá de alguns fatores. Retornamos ao processo de **autoconhecimento**, pois cabe a você a resposta. Assim, considere estas 10 perguntas vocacionais e responda com: (S) sim ou (N) não.

( ) Você tem dificuldades de estudar por conta própria?
( ) Você tem dificuldades de encontrar material por conta própria?
( ) Falta força de vontade para estudar?
( ) Você tem dificuldades de organizar os estudos?
( ) Você não tem tempo ou não gosta de pesquisar sobre os assuntos que dizem respeito à seleção que irá se preparar?
( ) Você sente insegurança nos estudos?
( ) Você aprende mais assistindo a vídeos do que pela leitura?
( ) Você precisa ter uma motivação externa para estudar?
( ) Você já fez um cursinho e gostou da experiência?
( ) Você acredita que o cursinho fará a diferença na aprovação?

Caso a maioria das respostas tenha dado "**(S)sim**", um cursinho servirá de forma positiva para a sua preparação. Ao contrário, se o resultado for mais "**(N)não**", seu investimento num preparatório será desnecessário, já que por suas forças próprias é possível correr atrás da aprovação. Logo quando saí da faculdade, estudei durante um ano na escola da magistratura, pois acreditava que não era só necessário um preparatório para esse concurso, como pela minha insegurança ao término da graduação. Realizei outros cursinhos para dar direção aos concursos que esperava passar, porém, neles não tive êxito. Mas não foi tempo perdido, pois fundamentaram meus estudos para ser aprovado posteriormente no cargo onde tomei posse. Reforço ainda que já fui sócio de preparatório e ele me ensinou a enxergar melhor as necessidades dos alunos de quando era apenas professor.

É importante frisar mais uma vez que os preparatórios são como **bússolas**, pois têm o perfil de apontar para o melhor caminho a ser percorrido. Servem como revisão conteudista e um apoio para quem se sente perdido entre tanta coisa a ser estudada. Porém, não é tudo, não estuda pelo seu aluno nem faz a prova por ele. Às vezes, só atrapalha, como já testemunhei naqueles alunos que se tornam "dependentes" de cursinhos e somente conseguem estudar se estiverem matriculados num deles. É importante passar pela experiência, mas não pode se tornar um vício. Nesses casos, enxergo muito mais uma "desculpa" do vínculo do que uma verdadeira vontade de estudar. Sabe quando se paga um ano de academia, mas aparece poucas vezes para treinar?

Assim, você encontrará quem passou com ou sem um preparatório e isso não avalia o mérito de ninguém. Não é por que vou a uma agência de viagens comprar um pacote turístico que a minha experiência será pior ou melhor do que tivesse feito tudo sozinho. Ela poderá ser diferente, mas ambos caminhos levam ao mesmo destino. Estudar por conta própria pode dar mais trabalho, mas também oferece liberdade. Apenas cuidado para não se perder, mantenha o mapa próximo de você!

38 Recursos extraclasses

O que poderíamos considerar como **recursos extraclasses, ou seja, que surgem como opções além das aulas**? Anote aí:

- ✓ os livros especializados e *e-books*,
- ✓ audiolivros e *podcasts*,
- ✓ os simulados e resolução de questões on-line,
- ✓ os grupos de estudos,
- ✓ as redes sociais,
- ✓ os *blogs*,
- ✓ os aplicativos (apps),
- ✓ os vídeos no *Youtube*,
- ✓ o auxílio de um *coach* e mentor.

No meu tempo de acadêmico e depois de concurseiro, tínhamos, além das aulas presenciais, a opção de estudar pelos livros e demais impressos, e os grupos de estudos presenciais. Com a internet, um novo mundo de oportunidades se abriu, especialmente, para a educação. A respeito dos **livros**, já tratamos anteriormente. Os **e-books** são os livros digitais e, para quem gosta, o kindle ajuda muito na leitura, pois a tela é muito confortável. Há serviços de assinatura que permitem o acesso a milhares de títulos, inclusive, jurídicos.

O **audiolivro** é uma versão atual do modo que nossos familiares, antigamente, liam histórias para nós quando crianças. É quase como o livro lido. Esse mercado cresce muito e há diversas assinaturas para serem avaliadas. Os **podcasts** têm o mesmo objetivo, no entanto, são mais dinâmicos. Pode ser uma aula ou um debate ou mesmo uma informação sobre uma nova lei etc. Você pode encontrar nesses aplicativos de *streaming*. Outra sugestão é gravar com sua própria voz trechos de livros ou resumos para ouvir na academia, no transporte público ou mesmo no trabalho. Coloque os fones de ouvido e bingo!

Os **simulados** são outros recursos que ajudam – e muito – na preparação. E tenho certeza de que o primeiro "simulado" que você fez na vida foram os exercícios de *ditado* no colégio, não é? Eles podem ser presenciais, por *livros* e por sites, onde há diversas empresas que vendem assinaturas por preços bem acessíveis para ter acesso a questões de provas e exames.

Os **grupos de estudos** sempre serviram para dividir tarefas e resolver dúvidas individuais ou coletivas. Participei de alguns e eles me ajudaram bastante, principalmente, na questão de se sentir acolhido por outras pessoas que estão "no mesmo barco" que você. Estudar é uma atividade muito solitária, já que, no final da jornada, é você que irá resolver a prova. Percebo quando o pessoal divide suas rotinas de estudos nas redes sociais. Não só buscam apoio, como incentivam outros a estudar. É um círculo virtuoso. Porém, é importante ter cuidado, pois nem sempre quem está no mesmo barco também está remando. Integrantes muito fracos, desinteressados ou que estão no início podem atrapalhar o rendimento geral de quem já está mais avançado. Com a tecnologia da transmissão, muitos grupos ocorrem pela internet, sem precisar ser presencial.

Já as **redes sociais** podem ajudar ao trazer novidades legislativas, dicas preparatórias, "lives" de professores e trocas de experiências. Atualmente, a maioria dos professores tem perfis em praticamente todas as redes sociais, mantendo-os atualizados como se fossem extensão da sala de aula. Imagens, textos e vídeos compõem o conteúdo. Explore essa proximidade com os mestres de forma adequada, porque ninguém está ali para ser professor particular. Aproveite também os grupos virtuais (ou comunidades) de apoio mútuo que são mantidos nas redes sociais como *Whatsapp* e *Telegram*.

Cuidado apenas para não se deslumbrar com experiências compartilhadas de quem alcançou a aprovação apenas com "uma caneta sem tinta e um *vade mecum* que era do avô". Há mais heróis que guerras travadas e pode passar a errônea imagem de que é muito fácil alcançar a aprovação, claro, desde que adquira o que estão anunciando. Não dá para usar a mesma régua para medir o sucesso de um ou de outro com você. Tenha um senso crítico ao acompanhar os perfis que divulgam as próprias rotinas de estudos. Nem sempre o que está na vitrine social é o que representa no dia a dia.

Os **blogs** ajudam, principalmente, a compartilhar informações sobre concursos e editais. Quase todo curso preparatório tem o seu, além de muitos professores manterem essa ferramenta de divulgação do próprio trabalho. Os **aplicativos** complementam todos esses recursos e, como todo mundo tem um *smartphone* por perto 24 horas por dia, torna-se muito útil, em vez de gastar tempo com joguinhos ou nas redes, usar para benefício dos estudos.

Por fim, o auxílio de ***coaches*** e **mentores** não pode ser desprezado quando há dificuldade na preparação pela falta de motivação e por problemas menores de rotina. Apesar do *coaching* ter sido precarizado em razão de péssimos representantes, como ocorre em todas as profissões, é uma ferramenta que se propõe a ajudar na evolução pessoal e profissional. Por meio de perguntas, o *coach*, quem domina a técnica, guia o seu *coachee*, o cliente, até o objetivo que se estabelece como destino. Este livro se propõe também a guiar suas escolhas e decisões por meio de perguntas, mas também por indicações, o que se faz numa mentoria, diferente do *coaching*. Na mentoria, o mentor detém conhecimento e experiência para aquilo que se procura, ajudando de forma ativa a sua conquista. Assim, reunindo as duas técnicas no mesmo profissional, quem não desejaria esse precioso auxílio?

39 Entre estudar por lei seca ou doutrina

Se há uma discussão que não leva a lugar algum é essa: o que é melhor, estudar por lei seca ou por doutrina? O pior é que se tornam acaloradas discussões em grupos e nas redes sociais a respeito dessa escolha, como se fossem times adversários. Para quem ainda está por fora dessa rixa de torcidas, há quem defenda que estudar só pela legislação é mais produtivo e eficiente do que se socorrer aos textos doutrinários. Aqueles que preferem o segundo, dizem que a legislação não é tudo, pois a teoria não está lá. Esse debate não favorece a nenhuma delas, porque muitas vezes depende do tipo e das características do "torcedor".

Servirá o aprendizado pela **lei seca** para quem tem o perfil de leitor que se adapta muito bem com a legislação e tem verdadeira paixão por "pintar" toda ela para destacar o que acha tão importante. É comum encontrar *vade mecum* multicolorido, com muitos clipes e etiquetas. Fico feliz porque estão valorizando não só o principal instrumento de trabalho do operador de Direito, como também fogem da regra de alunos que detestam consultar o tal "*vade retro*".

Aprender pela "lei seca" **funcionará melhor** naqueles textos legais de fácil compreensão, geralmente as leis mais atuais, além daquelas em que não há riscos consideráveis de interpretação jurisprudencial diversa do que queria dizer o legislador. Textos ambíguos, com linguagem difícil, bem como aqueles que já sofreram interferência do STF por controle de constitucionalidade, atrapalham a aprendizagem por meio da leitura literal dos dispositivos. Se você se habituou muito bem, durante a faculdade, ao manusear o seu *vade*, não terá problema algum em continuar estudando por esse modelo.

Não há dúvidas de que provas e exames ainda continuam exigentes quanto ao conhecimento direto do **texto da lei**, sem rodeios ou situações hipotéticas. Muitas vezes as diferenças entre as alternativas são supressões ou alterações de palavras ou expressões, inversão de sentidos, exigindo quase sempre a "decoreba" do texto legal. Incluir ou tirar um "não", "sempre", "nunca" ou qualquer outro advérbio de negação ou afirmação faz parte do repertório de questões que exploram a forma textual do aprendizado.

Por outro lado, há testes que buscam evitar que "decoradores de leis" sejam beneficiados, pois privilegiam a interpretação e o conhecimento holístico do conteúdo, ou seja, não só leis como também doutrina e jurisprudência. Assim, estudar apenas pela **lei seca** deixa de considerar tudo o que a banca pode cobrar. Principalmente, na área jurídica, é impossível ignorar os posicionamentos doutrinários, as correntes teóricas e nem tudo está registrado pelo legislador. Ademais, há matérias que dependem mais da doutrina do que da lei. Não é raro encontrar enunciados que citam determinado doutrinador e esperam que o candidato saiba o que ele escreveu e como se posicionou.

Outra preocupação, no entanto, é em relação àqueles que têm considerável dificuldade de abrir um *vade mecum*, porque cansa ou não gosta do **discurso legislativo**, cujos textos legais são de difícil compreensão. Além disso, o volume de leis e a falta de um índice tipo "Google" atrapalham a consulta de um exemplar impresso. No futuro, você pode até ignorá-lo e pesquisar apenas na internet, mas, durante a faculdade, diante de provas e avaliações, além da consulta permitida em determinados concursos e na 2ª Fase da OAB, não há outra opção.

Portanto, não decida, simplesmente, optar por um ou outro meio. Exclua tão somente a chance de não aprender *direito* o Direito. São modos de aprender que não se anulam, ao contrário, se complementam, até porque o acadêmico das letras jurídicas não pode viver sem o texto legal nem sem teoria. Há inclusive códigos anotados, interpretados ou comentados, podendo ser uma ótima opção para quem tem dificuldades com o texto legal e não abre mão de uma boa doutrina e jurisprudência. Lembre-se que a "santa tríade" de todo acadêmico de Direito desde que coloca os pés no curso e depois da colação de grau é representada pelas: **leis**, **jurisprudência** e **doutrina**.

40 Vale quanto pesa?

Muitas pessoas se socorrem dos **buffets por quilo** pela lógica de que pagarão apenas pelo que for colocado no prato e pesado na balança do restaurante. Mais pesado, mais caro. Se não há tanta fome ou se está de dieta, serve-se pouco, paga-se menos. Essa é a "justiça" que se enxerga e se espera pagar na conta total. Porém, não é possível aplicar a mesma coisa no mercado, já que o quilo da carne bovina não é o mesmo da batata doce, certo? Assim, depende do contexto a valorização do peso das coisas. Você pagaria cem reais por um litro de água? Mas e se estivesse no deserto sem outra opção além dessa?

Diversos concursos públicos seguem essa dinâmica, onde a valorização é contextual, ou seja, as disciplinas têm importâncias distintas.

Assim, vamos pegar como exemplo o Direito Penal. Será que o peso terá o mesmo valor num concurso dentro das carreiras policiais e em carreiras trabalhistas? E, caso tivessem, será que o número de questões dessa disciplina dentro de uma prova seria idêntico? São essas situações que acabam determinando a escolha ou não de determinado concurso. É como se me convidassem para um rodízio de comida só temperada com coentro e azeitonas: eu não iria nem de graça, pois detesto esses ingredientes!

Desse modo, não posso incentivar um aluno ou leitor que detesta penal e processo penal a iniciar os estudos para delegado de polícia, pois essas matérias são aquelas que têm valor e peso diferenciados na prova. Veja que, quando decidi ser médico antes de escolher o Direito, sofria com biologia e química no colégio. Ora, o vestibular de medicina é superexigente nessas disciplinas, além de matemática e física. Como eu poderia ser aprovado? Claro, fiz reforços nelas, mas eu me saia muito melhor nas matérias de humanas, justo as que têm grande importância em Direito.

Assim, na **balança da preparação**, é necessário servir-se daquilo que você gosta de estudar ou se dá muito bem, pois não só a refeição será mais saborosa como o custo valerá a pena. Por outro lado, haverá matérias que precisarão ser digeridas, mesmo que de forma contrariada. Qual a criança que gosta de ter um brócolis no seu prato? Verduras e vegetais são essenciais para saúde, como administrativo e constitucional, disciplinas que são cobradas em, praticamente, todas as seleções. A importância do edital em mãos é como ter o cardápio do restaurante, observando o leque de opções e o preço (dos esforços) a ser pago para cada uma delas.

No caso do "*buffet* da OAB", todas as disciplinas têm o **mesmo valor**, ou seja, cada acerto corresponde a um ponto e há um peso mínimo para sair satisfeito com o resultado. É claro que há preferências pessoais quanto às matérias, mas não é possível ignorar o número de questões que cada uma carrega para prova, nem para mais, nem para menos. Para ilustrar, Ética é a "rainha" das disciplinas, não só por trazer o maior número de questões como é mais seguro acertá-las. Assim, ela precisa estar no seu prato, custe o que custar! E aquelas disciplinas ditas coadjuvantes pelo pouco número que representam no exame precisam ser avaliadas individualmente. Se você gosta delas, por que não as servir mesmo que a porção seja pequena?

Escolher um concurso ou o exame da OAB sem observar o **conteúdo programático** é como aceitar um convite para ir a um rodízio sem saber exatamente do que se trata a comida a ser oferecida em fartura. Imagina a surpresa de um vegetariano ao tirar as vendas dos olhos diante de uma churrascaria? Ou de quem só em pensar em peixe cru já dá ânsias e está diante de um restaurante japonês? É impossível essa cegueira para quem almeja, de verdade, a aprovação em provas e exames.

Você já reparou que sempre puxo esse assunto de conteúdo programático durante a nossa viagem? Pois, então, ele é muito importante, é a chave do sucesso para qualquer porta que esteja trancada diante de concurseiros e oabeiros. Vamos fazer este exercício de imaginação. Se a sua dúvida é a porta para a carreira trabalhista, em razão do prestígio da magistratura ou do MPT, mas a matéria lhe soa estranha e muito difícil, será que ela será aberta com a facilidade que você acredita ser?

Outra situação bastante comum é quando alguém vive de paixão com penal e processo penal e sonha com a carreira de delegado de polícia. Porém, se depara com o edital e percebe a importância do Direito humanístico na prova, cujas lembranças não são as melhores no período da faculdade. O que fazer, desistir? Claro que não! Se a paixão não é a mesma, ao menos que sirva de amizade, não acha? O problema é encarar uma matéria ou disciplina pela "força do ódio". Só aborrece e acaba não funcionando, pois o cérebro interpreta que aquilo é perigoso e, portanto, quer distância ou logo esquecer, varrendo para baixo do tapete da memória.

Assim, como sobreviver a todas as matérias ao mesmo tempo que estão discriminadas no **conteúdo programático?**

(a) Chorar
(b) Gritar
(c) Xingar a banca
(d) Chutar alternativas na prova
(e) Todas as anteriores

A internet não se resume a redes sociais ou a *games online*. Basta um pouco de interesse e o **dr. Google** irá entregar centenas de milhares de provas e editais. Com apenas **dois editais** na mão para o cargo que você almeja, preferencialmente o último e o penúltimo, já será possível ter um GPS para guiar a sua preparação, pelo menos, para começar os estudos. Com ele, será possível relacionar (destacando) quais disciplinas e matérias foram:

- ✓ mantidas;
- ✓ suprimidas;
- ✓ acrescidas.

Agora, se você deseja um GPS mais potente, é preciso estender essa tarefa para análise dos temas cobrados nas provas e relacioná-los aos editais. Nesse caso, identificar na prova o tema que estava no edital é o *"crème de la crème"*, como os franceses gostam de se referir ao melhor do melhor. Com essa **tática**, é possível alinhar as preferências da instituição ou da banca. O resultado dessa investigação indicará quais matérias caíram nas provas anteriores e que podem ser tendência a ser cobrada na próxima. A elas você terá uma atenção especial. Vamos ilustrar.

Edital 1	Prova 1	Edital 2	Prova 2
• Disciplinas • Direito Administrativo	• Questão de poderes administrativos	• Disciplinas • Direito Administrativo	• Questão de poderes administrativos

Se o próximo edital novamente trouxer Direito Administrativo no conteúdo programático, incluindo todos os temas possíveis dentro da disciplina, bem como haverá outras (mas para o exemplo vamos analisar só essa), o que você acha que poderá cair na sua prova em razão do passado dela? **Freud explica!** É claro, o pai da psicanálise investigava o passado das suas pacientes para achar justificativas do estranho comportamento delas. Assim, não há dúvidas de que o assunto que vem sendo cobrado em provas anteriores precisa de atenção especial. É o que fazem os professores de cursinho quando precisam em uma ou duas aulas ministrar a matéria que um docente da graduação leva meses com os alunos. Esta é a nossa tarefa: adivinhar o que irá cair em prova e estudar o tema.

É uma forma sensata, porém, não exclusiva, de encarar um longo e extenso conteúdo, porque raros candidatos têm tempo e recursos para vencer um edital completo. A consagração do professor é ele acertar o que sugeriu na sua aula e estava na prova. Aliás, essa **fama** lhe dá muitos créditos não só com alunos como nos cursinhos. "Zerar o edital" é para poucos, mas a eficiência também é importante e leva muita gente à aprovação. Estudar menos, mas melhor, é o que todos desejam, não acha?

Na OAB, apesar da sua peculiaridade com o conteúdo, em especial, para 2ª fase, será que é preciso também vencer todos os temas? Considero que as peças precisam ser vistas para ter em mente que podem ser cobradas. Civil, por óbvio, é uma das disciplinas mais longas, juntamente, com o processo, porém, não pode assustar em razão disso, visto que favorece aqueles que se preparam sem tirar a atenção do que já foi cobrado nas provas anteriores. Se a dificuldade fosse vinculada só pela extensão da matéria, seria a campeã de reprovações, mas os dados oficiais indicam que está longe disso.

O conteúdo programático assusta sim e precisa ser levado em conta nas suas escolhas. Porém, quando se acha um "padrão" nas provas anteriores, estabelecendo a importância de cada tema como um exercício estratégico, a impossibilidade de "estudar tudo" se transforma em "estudar o que é preciso", a preparação se torna mais focada e leve. A sensação da falta de controle desaparece, juntamente, com os medos, restando apenas o que interessa, **estudar certo**! Diria Freud: "a inteligência é o único meio que possuímos para dominar os nossos instintos".

42 A matéria que ninguém gosta

Tenho observado há muito tempo que **Direito Empresarial** se tornou a matéria jurídica que ninguém gosta. Virou o principal meme dos acadêmicos. Como eu sei? Fui professor da disciplina tanto em cursinhos como na faculdade e o ranço era o mesmo nesses dois ambientes. Inclusive me esforcei para escrever um manual sobre a matéria para ao menos acalmar um pouco os coraçõeszinhos dos meus alunos e leitores. Mas a reflexão fica sobre a matéria ou as matérias de que **você não gosta**.

A relação de ódio ou de qualquer outra "**emoção negativa**" que desperte com os estudos só prejudica quem de fato precisa da matéria, objeto da repulsa. Caso você sentasse no divã para tratar do assunto, a terapia iria buscar a origem dessa sua relação conflituosa. Quando saí da faculdade, eu tinha uma lista de matérias de que tinha ojeriza. E ela não era pequena. Olhando para trás, consigo ter a clareza das **razões das dificuldades** que tive quando comecei a me preparar para concursos. Consigo elencar três de forma preponderante:

1. O momento que eu vivia a faculdade quando tive contato com a matéria.
2. As indicações bibliográficas sugeridas.
3. Os professores que ministraram as aulas.

O fato de gostar ou não é bastante subjetivo e muitas vezes é irracional ou inconsciente. Você já sabe que detesto azeitonas, porém, adoro azeite de oliva. Ora, como eu posso não comer o fruto, mas beber o seu "suco"? Inexplicável. É possível acontecer para outras coisas, mas sem parar e refletir sobre a origem das percepções que se tem, realmente, dificulta a tarefa de vencer resistências e preconceitos. Portanto, pegue um lápis (para não estragar o livro) e anote em cada linha abaixo as **5 disciplinas** que você não gosta ou detesta.

1	
2	
3	
4	
5	

Agora, depois de ter anotado acima, **reflita melhor** sobre elas. O fato de já tê-las colocado "para fora" pode tirar um peso grande ou sentimento de culpa. Pergunte-se em cada uma: por que não vou com a "cara" dela? Será que quando ela foi apresentada, você não vivia um bom momento na faculdade ou mesmo na vida? Havia outros interesses conflitantes naquele semestre e que tinham mais urgência? Ou os textos e livros indicados para leitura eram muito difíceis de ler? Será que o professor não tinha didática ou pegou antipatia por ele?

A partir desse exercício, é possível julgar as razões das suas crenças em relação ao "top 5 do ódio". Se alguma dessas perguntas iluminar seus pensamentos, será mais fácil se convencer que é possível superar sua indisposição de estudá-las. Esse assunto poderia estar na **estação emocional**, pois é disso que se trata quando as emoções negativas impedem que você se concentre. "Não gostar" é uma percepção sentimental e que atrapalha na hora de estudar. Há quem não se inscreva num concurso com grandes chances de aprovação, pois determinada matéria se encontra no edital.

É preciso vencer essa barreira emocional e nada melhor do que a razão ajudar nesse sentido, por isso a **autorreflexão** guiada. É preciso ser **racional** para investigar de forma neutra a origem de suas emoções. Não é necessário se apaixonar por aquilo que até ontem você detestava, mas há que se dar uma segunda chance ou não só para a matéria ou disciplina, mas para você também!

43 VERDADES VERDADEIRAS OU FALSAS MENTIRAS?

Aqui quero fazer um **teste de reflexão** com você. Bora? Veja que o mundo das seleções públicas, incluindo a prova da OAB, não é isento de lendas e crenças irreais. Será que o Papai Noel existe tanto quanto aquele que passa sem estudar? Reuni dez afirmativas populares ou não para provocá-lo. Se é verdade ou mentira, só depois de você marcar **F (falso)** ou **V (verdadeiro)** ao lado de cada uma delas. Depois confira o gabarito. Que o jogo comece!

01		A regra é reprovar nas primeiras tentativas no Exame da OAB
02		É possível passar numa prova sem estudar
03		Lamenta mais quem não passou por uma única questão do quem ficou de fora por cinco questões
04		Estudar para OAB ou concursos é como iniciar um "regime", começa na segunda-feira
05		Qualquer material serve para ser aprovado

06		Exame da OAB é mais fácil que concurso público, pois não tem concorrência
07		Encarar apenas "letra fria" da lei leva para "reprovação fria" também
08		A 2ª Fase da OAB é mais "fácil" do que a 1ª Fase
09		Sem testes práticos, não há resultados positivos
10		Qualidade vence quantidade

Segue, conforme prometido, o gabarito comentado de cada afirmativa:

01	**A regra é reprovar nas primeiras tentativas no Exame da OAB.**

Os números oficiais dizem que quase a metade de quem faz a prova da OAB logo na primeira tentativa já alcança a aprovação. Portanto, falsa a afirmativa.

02	**É possível passar numa prova sem estudar.**

A probabilidade de ganhar na Mega-Sena acumulada é muito maior do que passar num concurso ou na OAB sem estudar. Ou seja, para que estudar se posso ficar milionário com a sorte? Portanto, falsa.

03	**Lamenta mais quem não passou por uma única questão do quem ficou de fora por cinco questões.**

Quem não passa por uma única questão, sem dúvida alguma, sofre muito mais que qualquer outro que não obteve aprovação. É conviver com a *culpa* "daquele dia" que deixou de estudar por um motivo bobo, ou preferiu ignorar disciplinas com poucas questões na prova ou deixou de resolver questões de testes anteriores. Você já parou para pensar sobre o sofrimento da ansiedade de quem espera uma questão para ser anulada? Verdadeira.

04	**Estudar para OAB ou concursos é como iniciar um "regime", começa na segunda-feira.**

Muita gente só começa a se dedicar quando inicia o preparatório ou quando é publicado o edital. Até chegar esse dia, **procrastina** sempre que pode para a próxima semana, como acontece nas dietas. Planos de estudos "JK", cinco anos em cinco semanas, funcionam para ninguém. Verdadeira.

05	**Qualquer material serve para ser aprovado.**

Estudar com o *vade mecum* desatualizado não é só arriscar todos os esforços, mas também exigir que se reaprenda a matéria no futuro, ou seja, perderá tempo em dobro. Estudar com apostilas suspeitas é a mesma coisa. Assim, escolha **livros especializados** e **atualizados** para vencer a OAB e os concursos! Falsa.

06	**Exame da OAB é mais fácil que concurso público, pois não tem concorrência.**

Se for considerada apenas a concorrência para decidir se um ou outro é mais fácil, quem é a única pessoa que pode boicotar ou sabotar a aprovação? Portanto, falsa a afirmativa.

07	**Encarar apenas "letra fria" da lei leva para "reprovação fria" também.**

Quem acredita que apenas decorar a legislação está levando uma grande vantagem sobre a banca está muito enganado. Antigamente, até poderia ser, mas as provas estão mais interpretativas, exigem teoria e conhecimento na jurisprudência dos tribunais superiores. Verdadeira.

08	**A 2ª Fase da OAB é mais "fácil" do que a 1ª Fase.**

Não há dúvidas de que a 2ª Fase é mais "fácil" (ou acessível) do que a 1ª, não só pelos dados oficiais, proporcionalmente, como se entende que na derradeira batalha o oabeiro escolheu o adversário para enfrentar. Já na primeira, tem que enfrentar todos os inimigos possíveis. Verdadeira.

09	**Sem testes práticos, não há resultados positivos.**

A ciência está aí para comprovar o que é mais efetivo e melhor para o estudante. O Ministério da Aprovação adverte: não resolver questões faz mal para a saúde. Portanto, verdadeira.

10	**Qualidade vence quantidade.**

A abundância quase sempre prejudica quem não sabe administrá-la. É uma regra, mas tem exceções. Por isso, prefira a qualidade do que a quantidade. Perder tempo diante de tanta disponibilidade é um risco muito grande de se correr. Querer resolver um milhão de questões pode dar o mesmo resultado para quem resolveu apenas mil. E ler todo o Código Civil não diz muita coisa, quando alguém leu apenas o que foi cobrado em prova. Verdadeira.

44 MARATONISTAS EXPERIENTES SEMPRE CHEGAM ENTRE OS PRIMEIROS

Um fato que sempre me chamou a atenção enquanto professor, primeiro nos preparatórios presenciais e depois na graduação, era a perda de audiência durante o curso. Iniciava com aula lotada de alunos e que caia conforme o tempo passava. De mistério, porque acreditava que era só comigo, para revelação que é a regra: os alunos cansam. É o que justificam os **maratonistas experientes** em relação à maioria dos adversários.

Toda maratona tem corredores que se esforçam o máximo logo na saída, lideram diversos quilômetros e com o passar do percurso começam a ficar para trás por falta de gás, motivação, enfim, o corpo não resiste ao longo trajeto. É uma **explosão de energia** quando é dada a largada, mas depois não há mais combustível suficiente para percorrer o restante da prova.

Na preparação para **concursos e Exame da OAB** acontece a mesma coisa. Diversos alunos estão com gás total nas primeiras semanas de aula, estão sempre interessados, perguntam a toda hora, não deixam passar nada. No compasso do tempo, principalmente depois da metade do curso, começam a deixar de lado aquele entusiasmo inicial, perdem aulas, já não abrem mais o *vade mecum* quando o professor cita um artigo e preferem ficar passivos diante do quadro ou da tela.

Estão cansados, exaustos. Correram demais logo na largada, como um foguete que usou toda a propulsão para chegar no espaço e ficar flutuando no vácuo. Por outro lado, os estudantes mais experientes sabem que a preparação deve ser **contínua e progressiva**, aumentando a carga e os esforços quanto mais próximos estão da prova. No jargão dos corredores, é o tal do *sprint*, que traduz no emprego daquela força que vinha reservando para dar maior velocidade no momento crucial da prova, nos últimos quilômetros está linha de chegada.

Maratonista que se preze a **subir ao pódio** nunca está no pelotão da frente até alcançar o meio da trajetória. Em razão disso, compreendo que muita gente não gosta de cursos extensivos, preferindo aqueles de menor duração possível, porque já sabe que não consegue manter o ritmo por muito tempo. Com antecedência, preparam-se sozinhos, num ritmo menos acelerado e aguardam a matrícula num "intensivão" para dar aquele gás final até o dia da prova. É um recurso comum e de certa forma, motivacional.

Veja que colocar o campeão dos 100 metros rasos numa maratona de 40 quilômetros vai acabar logo na primeira esquina com a língua para fora e pedindo água. Para cruzar a linha de chegada da APROVAÇÃO , é preciso, antes de tudo, manter o interesse e o foco no resultado alcançável durante a **maratona de estudos**. Não se esgote antes do tempo. Planeje uma "corrida" diária confortável para deixar o *sprint* nas últimas semanas antes da prova. É dificílimo, por exemplo, ter um cronograma diário de 8 a 10 horas e mantê-lo por meses! Lembra-se do *burnout*? Nesse ritmo, a linha que a pessoa irá cruzar não será da chegada, mas da porta de um hospital. Agora, ter esse tempo para estudar por algumas semanas não envolve sérias consequências prejudiciais para a saúde. O melhor é deixar o cansaço ser curado com a euforia da **aprovação** depois da prova!

45 Escolhendo a disciplina da 2ª Fase da OAB

Uma das maiores dúvidas do oabeiro é saber qual disciplina escolher na 2ª Fase da OAB. Ele abre o leque de opções do cardápio e fica analisando os ingredientes de cada uma delas. Será que engorda? Será que vai fazer mal? Ou será que o custo-benefício é ruim? É claro que muitos já sabem o que desejam e pedem o prato imediatamente. "Por favor, me serve de penal!". "Me vê tributário, mas ao ponto, viu?". "Me dá um desconto se não trouxe todos estes complementos em civil?".

Essa dúvida se torna mais dramática e urgente quando o edital é publicado e a pessoa ainda não tem a mínima ideia do que optar. Nesse momento é comum sair desesperadamente a procura de orientações para quem já foi aprovado, reprovado, professores e até cartomante, se não for exagerar. O que acho engraçado, sem querer achar divertida a desgraça alheia, é que deveria ser óbvio que cada aluno do Direito tenha suas disciplinas preferidas. Ao menos, para mim, sempre foram tributário, administrativo e civil. Empresarial foi mais tardiamente. O que escolhi para a minha 2ª fase? Trabalho! É bem verdade que na minha época só poderia escolher além da minha opção, ainda civil e penal.

Ainda assim, essa escolha deveria ser pessoal, como escolher o próximo amor da sua vida! O erro que cometi foi pelo critério escolhido: facilidade da prova. Acreditava que a disciplina tinha menos peças profissionais, portanto, não erraria uma parte da prova. Até então, nunca tinha pisado na Justiça do Trabalho, talvez, nem mesmo por curiosidade, não fiz estágio nessa área e na faculdade somei minhas notas o suficiente para passar. Portanto, essa área para mim era praticamente alienígena. Acabei sendo aprovado mais por sorte do que juízo. Logo depois essa disciplina seria a grande vilã da minha reprovação para procurador do município, pois não fiz o mínimo exigido apesar de ter quase gabaritado todas as outras matérias.

Portanto, sugiro que o **critério de escolha** não seja apenas por ouvir dizer que tal disciplina é "mais fácil" que outra, mas rever o seu **histórico** na faculdade e suas **experiências** profissionais ou de estágio, pois não podem ser ignoradas diante das opções que a OAB oferece. Novamente, suas escolhas deverão passar pelo autoconhecimento. Essa tal "facilidade" que muitos gostam de defender quando indicam determinadas disciplinas está baseada em poucos critérios e que enxergo como relativos: menos peças, menor conteúdo programático e índices de aproveitamento. Mesmo que a disciplina X ou Y reúna todos eles, como encarar a sua preparação se você nunca gostou delas? Esse entrave não vai ajudar nos seus estudos.

Uma boa maneira para chegar à disciplina que você pode cogitar em escolher para 2ª fase da OAB é o "método da peneira". Siga estas instruções e veja se não funcionam:

1º – Jogue todas as opções na peneira.
2º – Ao peneirar, retire as impurezas mais grossas, aquelas disciplinas que você detesta ou não estudaria de modo algum.
3º – Continue peneirando para retirar as menores impurezas, as disciplinas que você considera difíceis.
4º – Devem sobrar apenas as disciplinas que você tem alguma segurança e aquelas que podem ser chamadas de "neutras", pois desconhece como são na prática.
5º – Por fim, considere examinar as duas últimas provas aplicadas na 2ª fase das disciplinas que restaram para medir seu grau de entusiasmo diante das peças e questões aplicadas.

Avalie se você passaria mais de um mês só estudando o que sobrou da sua peneira. Permita-se, ainda, pesquisar sobre o que dizem das disciplinas, inclusive, professores, mas a **última palavra** deve ser a sua, sempre! Não se sabe quais interesses das pessoas que indicam X ou Y, pode ser para vender um curso ou um livro. Portanto, tenha cautela e tome tempo para escolher, mas sem deixar para última hora.

Lembre-se, ainda, que a prova da 2ª fase é composta de **duas partes** que têm o mesmo peso, uma só de questões dissertativas e outra, de uma peça profissional. É um erro julgar uma disciplina apenas por uma dessas partes. Usualmente, o oabeiro acaba escolhendo somente aquela que não oferece dificuldades na peça. Porém, tanto zelo numa parte acaba levando a reprovação naquela que não foi observada, as questões. Não é por outro motivo, que nossa série **Passe na OAB 2ª Fase Completaço®** trabalha nas duas frentes para alcançar a aprovação.

Se a dúvida persistir, você já considerou fazer um **teste vocacional**? Quem sabe, se colocando diante das seguintes perguntas que acredito que podem esclarecer mais, não saia a sua vocação? Caso no final das contas, você fique muito na dúvida entre duas, significa dizer que qualquer uma será muito bem-vinda! Boa sorte.

Das disciplinas que há para escolher, qual você mais se identificou na faculdade?

- ✓ Na sua biblioteca, de qual das disciplinas tem mais livros?
- ✓ Se fosse tirar férias, de qual das disciplinas você levaria um livro para estudar?
- ✓ Se fosse fazer uma peça prática, em qual das disciplinas você tem mais segurança para fazê-la?
- ✓ Qual das disciplinas optativas você acha mais fácil? E a mais difícil?
- ✓ Em qual ou em quais disciplinas optativas você fez estágio?
- ✓ A disciplina que você gostaria de escolher é uma indicação de um professor ou de outro colega?
- ✓ Se a prova fosse amanhã, sem consulta, qual das disciplinas você aceitaria fazer?

46 Edital publicado: o que fazer?

Novamente, estamos diante do **poder do edital**. O tempo pode ser um grande aliado para uma preparação completa ou pelo menos satisfatória ou um inimigo mortal para os ansiosos. Porém, no geral, uma das maiores reclamações que já ouvi, tanto de concurseiros como de oabeiros em portas de prova, é "não tive tempo" ou "se tivesse mais tempo". O fato é que muitos não querem, justamente, perder tempo com uma preparação extensiva, pois acham desnecessária. Estar vinculado a um curso de seis meses, por exemplo, é tempo demais para maioria. Sinto isso quando me pedem indicação de pós-graduação e quando recomendo alguma instituição, logo questionam se não há outro em menos tempo para finalizar. Então enfrentar um doutorado de quatro anos nem pensar, não acha?

Assim, há quem espere a **publicação do edital** para iniciar os estudos, por acreditar que dará tempo suficiente para fechar o conteúdo. Outros, ao contrário, temem ser pegos de surpresa com um tempo muito menor do que esperavam entre as inscrições e a prova. De qualquer modo, quando o edital se torna realidade, parece que um botão é acionado, ou de pânico ou de alívio. Se eu trabalhasse numa banca organizadora, daria a sugestão de incluir no caderno de questões um "questionário de percepção sobre a prova" com a seguinte pergunta:

Você se preparou para esta prova:

(A) A vida inteira.

(B) Nas semanas anteriores.

(C) Estou só pela sorte.

(D) Desde a publicação do edital.

(E) Quando me inscrevi no cursinho.

Qual seu palpite pela resposta mais popular? Acredito que seria o edital, pois faz o papel de **gatilho** ou **estalo** de que a "coisa" vai ficar séria a partir dali, com todas as informações que muitos esperam para iniciar os estudos. Os **concurseiros de plantão** são os grandes caçadores de editais abertos ou na iminência para tal. Na OAB, o edital não tem todo esse mistério, porque anualmente ele se faz presente mais de uma vez e é repetitivo. Mas os oabeiros têm o mesmo "clique" de cair a ficha e assumir de vez a responsabilidade de estudar.

A publicação do edital também serve para reflexões. É o momento de afiar o machado, de fazer uma autoanálise de como os estudos estão e para onde se dirigem. É quando um *check-up* na sua preparação é mais do que necessário. Avaliar o cronograma, o conteúdo que já foi vencido e o que ainda falta vencer até a prova. É uma "boa desculpa" para realizar um simulado, cujo resultado poderá ajudar nesses esclarecimentos. Refletir como está seu ânimo, sua motivação e seu **preparo psicológico** também importa, e como! Entrar nesse período de "edital publicado" requer fibra e emoções blindadas para intensificar o compromisso com o destino que espera alcançar.

Mesmo que eu possa parecer intransigente com aqueles que esperam o edital para estudar, não nego que há situações que precisam ser esclarecidas. Posso dar o testemunho de ser aprovado num concurso cujo edital não estava no meu radar, mas que estudei somente a partir da publicação dele. Importa destacar, porém, que eu já me dedicava para concursos e, portanto, tinha uma base bem consistente nas principais disciplinas. Com o edital publicado, ajustei o rumo da preparação e foi o suficiente para chegar na aprovação. Muitos fazem isso, para tanto, é preciso avaliar o conteúdo que se está estudando e o que precisará ser levado em conta com um novo edital para chegar a uma decisão coerente com o desafio a ser enfrentado.

Veja que essa é a dinâmica dos cursos intensivos ou de revisão, pois eles partem da ideia de que seus alunos estão apenas "tirando o pó" de cima dos estudos que já acumulam, como forma de relembrar e afinar o foco para a prova. Ninguém vai aprender do zero com esse tipo de curso, pois não é o objetivo. Para o exame da OAB, faz mais sentido ainda para quem está no último ano da graduação ou acabou de se formar, já que o conteúdo ainda está "fresco" e o edital só vem para alinhar os estudos para o que vem sendo cobrado.

Claro que há algumas **peculiaridades**. Para quem deixou os estudos ou a preparação de lado por muito tempo e agora deseja voltar ao bom combate provavelmente é quase missão impossível, como também para aqueles que cursaram a faculdade de forma muito largada ou a desejar. Agora, para quem vem de estudos regulares e dedicados, a publicação do edital serve mais para dar gás e direção. É aquela pressão que muitos esperam como forma motivacional.

Com o edital publicado, não há mais como negar a **resolução de questões** de provas anteriores, pois há quem espere até a última hora para se utilizar dessa técnica. Quando se resolvem questões, aprende-se com os acertos e erros, sem contar com o estímulo que dá quando o resultado é muito mais positivo do que negativo. Ademais, os testes práticos fixam melhor o conteúdo, pois só leitura ou aula pode ser ineficiente para completar essa missão.

47 Antes de seguir os estudos, faça uma autoavaliação

Uma **reprovação** sempre é doída, mesmo que você faça a prova por fazer. Para mim doía e para muitos outros também. Meus pais insistiam para eu fazer um concurso com edital aberto, apesar de não ser o que eu desejava. "Faça para treinar", diziam eles. E lá seguia o Marcelo passar por todo o processo de inscrição, sentir a ansiedade pela prova acontecer, sofrer pelo estresse do dia e concluir ao final que até seria possível ser aprovado caso se tivesse estudado um pouco mais ou com foco nela. Então, a tristeza me acompanhava na semana seguinte já envolvido na próxima prova a estudar.

Acredito que toda reprovação sirva para "contar uma história", por isso, a **autoavaliação**. E não precisa ser uma prova oficial, pode ser um simulado ou mesmo um dia que você tirou para só resolver questões. Se o resultado foi negativo ou muito abaixo do que esperava, esse é o momento. As "desculpas" podem ser muitas, as prováveis são as seguintes:

- ✓ "Quem fez as questões da prova tinha que purgar no inferno"
- ✓ "Tinha muita matéria para estudar"
- ✓ "Não deu tempo para estudar"
- ✓ "Só caiu matéria que não estudei"
- ✓ "Os enunciados eram mal redigidos"
- ✓ "Só tinha pega-ratão ou pegadinhas"
- ✓ "Era uma prova muito mal feita"
- ✓ "O curso que fiz era bem fraco"

Ora, uma **reprovação** só existe porque houve erros, mas quem deveria ser responsabilizado por eles? Para continuar em qualquer caminhada ou recomeçá-la é preciso olhar para dentro de si e questionar-se se os erros continuarão sendo ignorados. É possível olhar para frente e, mesmo que enxergue o horizonte, poderá se sentir imóvel, apesar das tentativas de seguir adiante, caso não considere reconhecer as falhas.

A mente, imaginativa como é, poderá fazer todo o trajeto até a aprovação, mas o seu corpo ou a sua realidade não sairá do ponto onde está. Cada vez que sonha ou imagina o nome na lista de aprovados, a realidade dá um tapa na cara, pois o dever de casa não foi cumprido. Iludir-se sem uma autoavaliação rotineira, como um check-up de quem visita o médico periodicamente, é cavar a própria sepultura.

Tem um título de um livro que gosto muito e que já serviu como tema para as minhas palestras, cabendo como apropriado para esse momento: "**Às vezes você ganha, às vezes você aprende**". Perder jamais! Toda experiência traz algum aprendizado. Nos estudos é a mesma coisa. Compreender em quais disciplinas ou matérias se está bem ou mal é *conditio sine qua non* para continuar ou retomar a rota dos estudos.

Para seguir a direção correta, algumas atitudes deverão ser tomadas, quem sabe **drásticas**. Veja se as aulas estão rendendo conteúdo e atenção suficientes, caso contrário, suspenda ou cancele e faça outro curso. **Material deficiente**? Procure obras especializadas de editoras jurídicas respeitáveis e deixe de lado as apostilas ou textos piratas. **Falta tempo** para leitura ou concentração desejada? Elimine todas as distrações que não dizem respeito aos seus sonhos. Plano de estudos inadequado? Costure um que atenda realmente as necessidades das provas. Mudar é difícil? Sim, principalmente, para quem prefere ficar na zona de conforto.

48 Quanto mais se estuda, mais sorte se tem

É impressionante como encontramos alunos e leitores que se queixam do **azar** que têm, em especial aqueles que sofrem com as reprovações. Geralmente, ou porque trocaram o gabarito na hora de passar para a folha de respostas e erraram suas escolhas, ou porque acabaram marcando a alternativa errada quando restaram apenas duas depois de eliminar as demais. Também tem aqueles dispersos que não leram com atenção que a questão queria que assinalasse justamente a alternativa incorreta, além de outros azares da vida.

É o estigma do "ó, vida, ó, azar!", bordão que ficou conhecido nos desenhos protagonizados pela hiena Hardy Har Har. O **pessimista** nunca verá a luz do fim do túnel como esperança e sim a luz do trem vindo em sua direção. Mas o que é ter **sorte**? Certamente, você já deve ter lido inúmeras vezes a seguinte citação: "Quanto mais eu treino, mais sorte eu tenho". De fato, ela é atribuída (e repetida) por grandes campeões esportivos ou por quem alcançou o sucesso[12]. Então, se você está

12 Muitos atribuem a Arnold Palmer e a Tiger Woods, ambos golfistas famosos, e até a Ayrton Senna. No entanto, parece que a frase inspiradora é de Thomas Jefferson, político, um dos primeiros presidentes do EUA e um dos autores da Declaração de Independência do seu país: "quanto mais duro eu trabalho mais sorte eu tenho".

convicto ou convicta de que terá azar na prova, é porque seus **estudos** não estão prontos para serem avaliados.

Por outro lado, não adianta forçar ser **otimista** quando seus estudos não correspondem. Sua **voz interior** lhe diz "estuda que vai dar certo". Você estuda, mas não dá certo. Daí ela lhe conforta, "mas um dia vai dar certo". Será que vai ser amanhã ou daqui a dez anos? É importante ter o **pensamento positivo** e ter uma **atitude mental positiva**, segundo dois clássicos pensadores do século passado no segmento de autoajuda, Norman Peale e Napoleon Hill. Porém, isso precisa ser cultivado, pois não cai do céu.

Carregar amuletos, como trevo de quatro folhas, pé de coelho ou figas, pode até servir de bengala psicológica, mas não é para todos que funciona. O melhor que você pode fazer para sua sorte acontecer é contar com os próprios esforços. Quem acerta mais diante da dúvida entre duas alternativas é quem está mais bem preparado, não acha? Não só quantidade, mas como qualidade do que foi aprendido, já que irá influenciar nas conexões neurais da memória. Quanto mais forte forem, maior probabilidade de relembrar o conteúdo.

O que desejo que você entenda, afinal: a sorte não pode ser deixada ao acaso. Estudar não é como jogar a moeda para cima e esperar que o lado que você deseja caia. É preparação. A sorte vem da oportunidade que ela criou. Tem uma frase que desconheço a autoria e que resume muito bem todo o texto deste capítulo e diz: "**sorte é o que acontece quando a preparação encontra a oportunidade**". É isso que acredito. Boa sorte!

49 Receitinha caseira para quem tem fome de aprovação

INGREDIENTES:

- O caderno impresso da última prova da OAB ou do concurso do cargo desejado (para quem fez, a sua própria prova já rabiscada serve).
- Caneta azul ou preta (as permitidas pelo edital).
- Caneta vermelha, caso já tenha feito a prova.

- 4 a 5 horas do seu tempo (para quem não fez a última prova) ou metade disso para quem prestou a última prova.

MODO DE FAZER:

- Para quem não fez a prova, pegue todas as questões e **resolva** uma por uma. Se não souber ou não tiver convicção, deixe em branco, **não chute**.
- Para quem já fez, **analise** cada uma das questões respondidas e se as alternativas marcadas foram por convicção ou por chute. Marque aquelas que você **errou e chutou com sorte**.
- **Resolvida** a prova, confira o gabarito definitivo.
- **Analisada** a prova, reconte os acertos, erros e brancos.
- A partir disso, pegue um papel e escreva num quadro **cinco colunas**, uma com o **nome da disciplina**, outra com o **número de questões totais de cada uma delas**, outra com o ***seu* número de acertos**, outra com o **número de erros**, e, por fim, uma coluna com **número de brancos**.
- Preencha todas as colunas.

Com esses dados, é fácil chegar à conclusão de quais disciplinas você realmente precisa começar a estudar ou reforçar a preparação, seja pelos erros, seja pelos brancos (pela falta de convicção) que você tem quanto a elas. É importante distinguir uma questão errada de outra em branco, pois são situações diferentes. Enquanto na primeira houve uma convicção equivocada, na segunda o resultado pode indicar desconhecimento da matéria, ou mera dúvida, ou seja, uma situação menos grave.

Para ilustrar melhor, imagine uma prova que tenha 6 disciplinas. O quadro para preencher e enxergar o diagnóstico é esse.

Disciplinas	Nº Total	Nº Acertos	Nº Erros	Nº Brancos
Português				
Constitucional				
Administrativo				
Civil				
Penal				
Trabalho				

Na ordem de importância nos estudos deve ser considerada a gravidade do resultado: [1ª] erradas; [2ª] brancas; [3ª] certas. Se ainda tiver dúvidas de que o **gosto amargo** pode ter sido "ocasional", repita a receita com outra prova para ter certeza dos seus dotes de concurseiro ou examinando. Sinta-se à vontade de repeti-la quantas vezes quiser, pois quem irá negar um "banquete dos Deuses"? Agora, se estiver sem fome de aprovação, é melhor reconsiderar a sua dieta.

50 PROFESSORES, OS ARTISTAS DO DIREITO

Já participei de diversos fóruns, grupos e comunidades de alunos, além de ter mantido por mais de dez anos um *blog* especializado para OAB e concursos, onde eu não servia apenas como um muro de lamentações, mas também de para-raios de todas as reclamações e críticas desse universo de seleções e provas. Assim, já testemunhei todo tipo de revolta, especialmente contra professores, como culpados fossem das reprovações.

Nos dias atuais, em razão da dimensão que ganharam as redes sociais, grupos de mensagens e outros meios de comunicação rápida, um professor ou preparatório pode ser "cancelado" em questão de poucas horas. É a tal **cultura do cancelamento**, onde banir ou destruir alguém ou uma instituição faz parte do seu objetivo.[13] Ou seja, hoje quem é **reprovado** não é apenas o candidato ou aluno, mas todos aqueles que de algum modo colaboraram na preparação. Mas, afinal, **quem foi** fazer a prova?

Pois bem, faço a defesa dos professores, porque **atacar** exclusivamente os cursos já era uma prática conhecida de quem sofre de orgulho demasiado e não reconhece seus próprios erros. No entanto, dificilmente uma instituição sofre de forma tão pessoal quanto sofre o seu corpo docente, em especial se a vítima do ataque tiver nome e sobrenome, além de família para cuidar. A explicação é simples: qual o curso que irá contratar um professor que foi massacrado por seus alunos? Ou qual a instituição que manterá empregado tal professor diante da ameaça de cancelamento geral dos cursos?

13 Publiquei em coautoria o primeiro livro em língua portuguesa sobre o assunto, **Cancelado: a cultura do cancelamento e prejulgamento nas redes sociais**, pela Editora Letramento.

Se o **professor** é acusado por não ter acertado as questões ou o conteúdo da prova, provavelmente ficará taxado de incompetente. Não me refiro nem a informações equivocadas, pois todos nós erramos. Uma palavra ou exemplo mal colocado pode colocar o docente numa situação muito delicada. Já errei por desatenção ou desatualização em sala de aula, mas consegui perceber e corrigir no encontro seguinte. Porém, nas videoaulas, um erro pode ficar perpetuado caso ninguém se dê conta até o dia da prova chegar e o aluno ser levado a marcar uma alternativa errada em razão desse equívoco.

Quem faz parte do corpo docente para **preparatórios** estuda não só o conteúdo da respectiva matéria, mas também as provas e as bancas, porém, nem sempre é possível adivinhar com a precisão desejada que os alunos esperam. Porém, muitos sofrem ataques em razão disso, o que não acho justo. Mas é possível que o professor acerte? Claro, baseado em pesquisas de provas anteriores e um pouco de sorte, o professor pode se consagrar se ministrou justamente o que foi cobrado, porém não é condição exclusiva para qualificá-lo como ruim ou bom.

Atente-se que a maioria dos cursos são meras revisões ou intensivos, portanto, a carga horária disponibilizada ao professor é um sopro perto do vendaval que é o conteúdo programático. Porém, o aluno nem sempre percebe essa dinâmica, mas quando se sente prejudicado por esperar mais tempo de aula, logo reclama de quem? Ministrar, por exemplo, todo o conteúdo de tributário de dois semestres na faculdade em três aulas num cursinho exige um poder de sintetização invejável. Assim, o professor não pode ser responsabilizado pelo contexto que está inserido, ou seja, de ser mágico e tirar o coelho da cartola em todas as provas e todos os exames. Às vezes, o coelho não vai sair e está tudo bem.

Se na **faculdade**, em média, o professor tem um tempo melhor a seu favor e a vantagem de pegar uma turma dentro das mesmas condições, no **preparatório**, nunca haverá tempo suficiente para passar o conteúdo nem um grupo homogêneo de alunos. Mesmo com todas essas considerações, é possível ouvir dos alunos que aprenderam mais numa aula no *cursinho* do que num semestre na faculdade, numa crítica indireta a seus mestres da graduação.

Mas será que os **nossos alunos** não cometem erros? Na universidade, não deixamos de observar, diariamente, quantos alunos carregam um *vade mecum* para a sala de aula, e podem ter certeza de que o número mais otimista não chega à metade. E, destes, aqueles que realmente abrem quando o professor cita um artigo de lei restam muito poucos. Ademais, quem está realmente de "corpo presente" em sala atento ao que professor está ministrando? E, nas aulas em EAD, quem está mesmo "ao vivo" ou com a câmera ligada? Quem deixa para estudar só de véspera ou copia os trabalhos de outros?

Grandes artistas precisam de matéria-prima bruta para transformar em arte o que têm disponível em mãos. Acredita-se que, quanto maior a dificuldade, maior será a valorização. Porém, poucos são mágicos ou extraordinários o suficiente para transformar a mediocridade em resultado positivo, como a aprovação. Sem a **participação efetiva** do próprio aluno em se conscientizar de que a responsabilidade é totalmente sua (o legítimo "faça a sua parte") e entender que os professores são apenas auxiliares, realmente, as conquistas não passarão de meras expectativas.

Não esqueça jamais que todos estão no mesmo "barco", procurando remar no mesmo sentido para alcançar um único objetivo, mas, se você desejar ficar apenas na proa observando o movimento da tripulação, pode esquecer de chegar ao destino, pois ele ficará apenas desenhado no mapa.

51 Recomeçar do zero?

Uma das maiores dúvidas de quem não passou, seja numa prova da OAB, seja num concurso público, ou um simulado, é por onde **(re)começar** os estudos. Porque o maior e mais insistente obstáculo diante de um fracasso está internalizado em: "terei que estudar tudo de novo". Já não são muitos que afirmam que gostam de estudar, então, depois de gastar tempo e dinheiro numa preparação, a ideia de voltar aos estudos não é nada atraente.

Diante de todas as perguntas, **recomeçar do zero** seria a resposta mais difícil de ouvir, pois "passar uma régua" ou "zerar o contador" é como **desvalorizar** tudo o que se aprendeu até aquele momento. Em razão disso, a resposta pode ser qualquer uma, **menos essa**.

Sócrates, o sábio pensador e filósofo grego, já ponderava: "transforme as pedras em que você tropeça nas pedras de sua escada". Se você recomeçar do zero toda vez que estiver diante de uma derrota, estará jogando fora as pedras e nunca passará do primeiro degrau. Caiu da *bike*? Levante, sacode a poeira e pé de novo no pedal para continuar a trilha de onde caiu. Quem aprendeu a andar de bicicleta um dia jamais esquecerá como é pedalar. Quedas acontecem e nem por isso é necessário aprender novamente a se movimentar.

Importa destacar não só a avaliação do que aconteceu para ter dado o resultado negativo, mas também **investigar** o que deu errado. Quais foram as disciplinas culpadas pela reprovação? Identificadas as matérias, qual a origem do fracasso nelas. Foi a falta de tempo para elas? Pouca dedicação? Não assistiu às aulas ou a direção foi outra? Não leu sobre o conteúdo? Ignorou os alertas dos professores? Não resolveu questões dos temas? Ainda não entendeu direito os conceitos? Responder a essas perguntas ajuda a resolver o mistério do assassinato das suas expectativas, se elas eram altas.

52 Prepare-se para provas de resistência

Meu filho, quando precisou enfrentar as primeiras provas no colégio, voltava para casa feliz por resolvê-las "super-rápido" e porque um ou outro colega apenas tinha terminado antes. Terminar a prova primeiro, inclusive na faculdade, desperta olhares curiosos, não acha? Especialmente, aquelas muito complicadas. Eu mesmo levantava a cabeça e pensava, comigo mesmo, "já?". Imaginava que o colega ou tinha zerado ou tinha gabaritado ela. Portanto, essa preocupação em concluir um teste ainda continua enraizado em nós, mesmo adultos.

Porém, como se sabe, nas seleções as **bancas organizadoras** não poupam esforços para manter o candidato sentado e resolvendo a prova o máximo que podem. São legítimas provas de resistência! O **cansa-**

ço é um fator bastante poderoso e derruba muitos que desmoronam durante a realização. Já sucumbi a algumas provas ou por não ter conseguido terminá-las a tempo, ou por ter, simplesmente, desistido em razão do sofrimento diante das questões. Muita gente chega num determinado momento de estresse e bloqueia, passando a chutar o restante da prova.

Questões com enunciados extensos e alternativas longas são um convite para ferver o motor da cabeça. As longas e férteis situações hipotéticas, cada vez mais cheias de detalhes, parecem saídas da cabeça de um **roteirista de Hollywood**. Os enunciados, que parecem mais com minirredações, tornaram-se a principal barreira das provas, mesmo para quem está muito bem preparado a respeito do conteúdo. E o que dizer das questões com inúmeras afirmativas (I, II, III, IV e V) e a combinação delas nas alternativas? Confesso que detesto!

É certo que as provas atuais exigem mais atenção na leitura e paciência para responder, o que deve ser levado em conta durante a preparação. **Investir** em simulados com o tempo da prova é um ótimo exercício para fortalecer a resistência e se acostumar a lidar com as emoções, muitas vezes, imprevisíveis diante de um cansaço extremo e da ansiedade de logo terminar o teste. Percebe-se que muitos reclamam de um horário mínimo para levar a prova para casa. Ora, se tem mais tempo para resolver, por que ignorar essa vantagem? Por isso, indico usar o tempo a favor e não contra.

As questões de **certo e errado**, típicas da banca CEBRASPE, também acabam sendo relacionadas a um imenso enunciado e, portanto, não basta a literalidade da pergunta, mas de todo o contexto. As questões que trazem duas colunas, com verdadeiro ou falso, não tão comuns, também são temíveis para muitos concurseiros, como imagens, desenhos e citações bibliográficas.

Lembre-se: no dia do exame ou da prova **ninguém** ganha pontos ao entregar a prova mais cedo, sendo assim, use o tempo à vontade, até os minutos finais. Ademais, você deve saber que não é aconselhável se inscrever e correr uma maratona se não passa nem meia hora diariamente nas esteiras da academia. Nos estudos a regra é a mesma, **exercite muito** na preparação! "Treino duro, jogo fácil", não é?

53 Concurseiro, a relação candidato por vaga deve assustar?

Claro que assusta! Como também assusta a insegurança nas ruas, a inflação, a corrupção, a falta de vagas nos hospitais, nos presídios e nas escolas, a baixa perspectiva de ter uma aposentadoria digna, enfim, basta estar vivo para estar à mercê de um mundo cheio de problemas e riscos. Mesmo assim, você vai "levando" a sua vida, sobrevivendo, protegido pelas suas crenças, sem deixar de se cuidar de todos os medos que gravitam ao redor.

Em alguns momentos deste livro, deixamos claro que a questão da **concorrência** é relativa, pois não há maior concorrente do que aquele que vive em você. **Não importa** se os candidatos já estejam há mais tempo na tentativa de alcançar o cargo público, se fizeram dezenas de preparatórios, que a biblioteca deles é o triplo da sua, que estudam mais horas por dia, enfim, tudo isso só irá dizer alguma coisa caso **você não faça a sua parte!** Comparar com os outros é uma faca de dois gumes: pode ajudar tanto como atrapalhar.

Por sua vez não ouse julgar o que os outros têm ou fazem, sem antes julgar as suas próprias atitudes, seus resultados e o que está sob seu domínio! **Se você** só pensa no que os outros estão estudando, faltará tempo para os seus próprios estudos. Se estudar cansa, cansa também só reclamar que a aprovação nunca chega, que os boletos se acumulam, que a vida é injusta e que os sonhos estão longe de se realizarem. **Internalize** essas premissas para que a sua preparação possa decolar rumo à aprovação, mas esteja a tempo no portão de embarque!

Sendo assim, se a **sua preparação** está apenas começando ou não sai dos mesmos resultados, certamente enxergar que há dois candidatos por vaga é motivo suficiente para preocupações. Imagina para quem se inscreveu para um cargo público e descobre depois que irá concorrer com outros 24.950 candidatos por vaga?[14] Realmente, seria motivo suficiente para desistir, pensariam todos os candidatos. Mas se

14 Referente ao cargo de Técnico do Seguro Social do INSS, em 2016, para unidade "Rio de Janeiro-Norte/RJ". Disponível em: http://www.cespe.unb.br/concursos/INSS_2015/.

há a **perspectiva do possível**, da possibilidade de ser aprovado, por que não fazer a prova se a inscrição já está paga?

O que dizer, então, dos concursos que prometem apenas **uma vaga** para determinada função? Assim, basta se inscreverem cem pessoas e a relação de candidatos por vaga será 1 por 100. Então, o que leva duas mil pessoas a concorrerem à única vaga? É a "**equação do espermatozoide**": para cada fecundação, entre 200 a 500 milhões deles buscam apenas uma vaga do óvulo![15] Se não fosse assim, você não estaria com este livro em mãos agora...

Veja de outro modo. Quantos concursos você já se inscreveu que o edital apenas indicava **cadastro de reserva**? Ou quantos ainda você irá se inscrever apenas com essa informação? Para mim, não diz nada ou quase nada. E se for apenas uma ou duas vagas, como você ficará sabendo? Então, você não acha melhor enfrentar um concurso em que, mesmo que as vagas sejam escassas, ao menos há um **número como meta** à sua frente? Sou contra os cadastros de reserva, porque enxergo neles um **abismo sem profundidade**: nunca se sabe ao certo quando se chega ao fim.

Por outro lado, há muitas teorias sobre qual é o **percentual** de candidatos inscritos que realmente pode ser considerado "concorrência". Acredito que encontrar explicações ou números para responder a essa equação é perda de tempo. Se pudermos considerar uma **média** do que se alardeia entre os especialistas e "opinadores de plantão", certamente, é **menor que 10%** dos inscritos. Então, se há 100 candidatos por vaga, apenas 10 estariam aptos a "roubar" a sua vaga.

Os outros 90% dos candidatos? Seriam algumas destas hipóteses:

(A) Aqueles que os familiares forçaram a se inscrever.
(B) Não estudaram ou estudaram para todos os concursos.
(C) Aquele que "baixou" tantas aulas piratas que já ganhou um papagaio.
(D) Aquele que só estuda por material suspeito.
(E) Os decoradores de *vade mecum*.

15 Disponível em: https://drauziovarella.com.br/sexualidade/a-estrategia-dos-espermatozoides/.

De todo modo, acredito que o **percentual** que realmente assusta é aquele que representa a sua inscrição e que traz, coincidentemente, o seu CPF e o seu nome. É a sua voz interior que pode sabotar a sua aprovação, além das vozes exteriores que atrapalham ou desmotivam. No entanto, é natural levar-se pelo medo a um elevado número de concorrentes, porém não pode paralisar seus estudos nem forçar a fuga, ok?

54 Teste para TPP, Tensão Pré-Prova

Diante da proximidade de uma prova, como você se sente ou se sentiria? Responda apenas com SIM ou NÃO.

- ✓ Você anda se queixando muito da vida nos últimos dias?
- ✓ Irrita-se com qualquer comentário que não seja sobre a matéria que você está estudando no momento?
- ✓ Não dá descarga no vaso para não perder tempo com bobagens?
- ✓ Sua rotina segue: aulas – estudos – estudos – dormir mal – comer mal – estudos?
- ✓ Seu namorado(a) o(a) deixou ou você pediu um tempo das responsabilidades amorosas?
- ✓ Suas últimas refeições são, praticamente, *fast food*?
- ✓ Esqueceu que existe um mundo lá fora?
- ✓ Suas conversas se limitam a "o que vai cair na prova"?
- ✓ Você sonha que perdeu o horário da prova ou derramou água na folha de respostas?
- ✓ Já brigou com quase todos os seus amigos e familiares por não dar atenção a eles?
- ✓ A matéria da faculdade está desviando o foco dos estudos?
- ✓ Em suas orações, tudo termina em "Senhor, faça-me passar na prova"?
- ✓ Anda prometendo para todos os santos tudo que é tipo de promessa em caso de aprovação?

- ✓ Há um temor que assombra de seu *vade mecum* ou código não estarem devidamente atualizados?
- ✓ Tem certeza absoluta de que os fiscais irão implicar com você no dia da prova?
- ✓ Não aguenta mais ler ou ouvir dicas que você já está careca de saber?
- ✓ Já desfez amizade com todos aqueles que perguntam se você já passou ou se só estuda?
- ✓ Participou ou participará de todas as revisões gratuitas oferecidas pelos preparatórios?
- ✓ Anda bebendo litros de café ou de energéticos por dia para manter o ritmo acelerado?
- ✓ Está consumindo remédios para melhorar a atenção?
- ✓ Orgulha-se da máquina de estudos que se transformou?

Se a maioria das respostas foi SIM, com certeza você está com a síndrome da **TPP – TENSÃO PRÉ-PROVA**. Há solução? Sim, faça a prova e terminará com ela! Infelizmente, começará outra: **TDP – TENSÃO DEPOIS DA PROVA**! Será que passei? Será que irão anular alguma questão? Será que acertei a peça da OAB? Quando irá sair o resultado final? Já posso descansar? Enfim, enquanto tudo não se resolver como você deseja, a tensão será permanente! Mas, cuidado, altas voltagens costumam trazer altas descargas elétricas e uma explosão é um risco iminente.

55 Trago sua aprovação em 7 dias

O "pai" **Marceleza** manda avisar aos incrédulos que é possível direcionar à aprovação faltando uma semana para prova! Lembra do *sprint* final dos maratonistas? É o momento de intensificar os estudos e acreditar que o melhor está por vir, a linha de chegada e a conclusão de um ciclo. Então não se espera que o cansaço, a ansiedade, a preguiça, o sentimento de culpa e de pessimismo vençam você antes mesmo de enfrentar a prova ou o exame.

Enquanto muitos perguntam sobre o que fazer "de véspera", o que pode ser desde o dia anterior da prova até uma semana antes, outros ignoram a importância desse momento. Veja que é comum no mundo dos esportes, antes de um jogo ou do início de uma competição, o atleta ou time entrar numa espécie de retiro, que se denomina **concentração**. Ela se resume às últimas orientações técnicas, avaliações físicas, análise dos adversários, blindagem emocional, motivação, alimentação especial, descanso, busca de foco, etc. Pergunto: por que nos estudos não poderíamos dar a mesma atenção especial a algo tão importante que está prestes a acontecer? Será que a véspera é apenas mais um dia ou semana qualquer no calendário do candidato?

Aprendi, quando concurseiro, que o ideal seria descansar. Prova marcada no domingo, o que fazer no sábado ou nos dias que antecedem? Relaxar ou pegar leve nos estudos, já que a bagagem acumulada está pesada e o que tinha que estudar já deveria ter sido concluído. Mas quem consegue colocar a cabeça no travesseiro ou buscar se divertir se os pensamentos se resumem à prova que se avizinha? A **voz interna** então começa a perturbar:

- E aí, você já estudou tudo para estar vendo TV?
- Será que não precisava rever os estudos?
- Já conferiu o local da prova?
- Já separou o que precisa levar?
- E se cair aquela matéria que você não achou importante?
- Uma questão certa a mais pode fazer toda a diferença.
- Teus concorrentes estão estudando e você?

Diante desse ruído mental e dos gatilhos que lhe acompanham, o que fazer para se tranquilizar, já que a tensão e ansiedade serão companheiras indesejáveis até a prova? Não há muitas escolhas, mas você pode decidir por:

(A) Preparar um chá de ervas calmantes, as mais comuns são **melissa**, **camomila**, **erva-de-são-joão**, **passiflora** e **valeriana**.

(B) Tentar ignorar a voz interior tagarela com outras atividades que tragam distração.

(C) Reforçar os estudos para livrar o sentimento de culpa.

(D) Ligar urgente para a terapeuta para desabafar.

(E) Nenhuma das alternativas anteriores.

Se entre as suas respostas está **reforçar os estudos**, deve considerar o que já se tornou parte do calendário de véspera de provas, as **revisões finais** dos cursos preparatórios ou de professores independentes. É o tipo de evento que você identificará só pelos nomes que dão: "aulão", "dia D", "maratona", "pré-prova" ou apenas revisão. Apesar do sucesso que eles são, há quem duvide se é a melhor decisão a ser tomada, especialmente, às vésperas de um desafio. Há quem prefira descansar ou finalizar o que já estava programado por meio de um cronograma de estudos. Por isso, consideram como tempo perdido ou investimento colocado fora ou apenas mais um momento para aumentar a ansiedade e se distrair com dicas superficiais.

É importante destacar que o principal propósito das revisões de véspera é motivar o aluno e dar as últimas dicas antes da prova. Muita gente não sabe o que fazer diante da tensão dos dias derradeiros e participar, em especial, em eventos presenciais, oferece conforto ao perceber que mais gente está na mesma situação, compartilhando das mesmas angústias e dos mesmos sonhos. Mesmo que o candidato esteja bem preparado com a matéria, serve para acalmar o **coração e a mente**. A verdade é que uma revisão pode entregar aquela questão que decidirá a sua sorte no dia da prova. Já testemunhei diversas vezes que tal situação ocorreu e, portanto, não posso deixar de acreditar no poder que esses eventos trazem para muitos.

Então, qual seriam as últimas palavras do pai Marceleza, também mestre Jedi nas horas vagas? "Que o foco, a força, a fé e o café estejam com você"!

56 Crenças & Avenças

Esse título daria um bom nome para uma dupla sertaneja, não acha? Hoje ela irá lançar a nova música em homenagem aos concurseiros e oabeiros de todo o país, "Sou burro porque não passei". Dentro do lado funcional, já tratamos de algumas crenças, gatilhos mentais, de situações que o racional fica distorcido, entre outros acontecimentos que fragilizam a parte cognitiva e do pensamento. Neste texto, quero reforçar a importância das crenças que limitam o desenvolvimento pessoal, também conhecidas como **crenças limitantes**, e dos acordos que fazemos com nós mesmos para conviver com elas, por isso, "avenças".

Considere estas crenças populares entre os estudantes e reflita se alguma delas faz sentido para você:

- ✓ "As reprovações indicam que sou burro e não tenho condições de ser aprovado"
- ✓ "Não tenho dinheiro para conquistar a aprovação"
- ✓ "Trabalho o dia todo, não tenho tempo para estudar"
- ✓ "Tenho muito azar, nunca vou passar"
- ✓ "Estudei em escola pública, sem chances de competir com quem estudou em colégio pago"
- ✓ "Fiz uma faculdade ruim, não há como remediar isso"
- ✓ "Só é aprovado quem não faz outra coisa além de estudar"
- ✓ "Minhas conquistas até aqui foram obra do acaso, sou uma fraude"
- ✓ "Sou velho demais para estudar para concursos públicos"

Todas essas afirmações podem ser consideradas também como **crenças disfuncionais**, ou seja, percepções errôneas que as pessoas têm sobre conceitos fundamentais para elas.[16] As pessoas acreditam em determinadas coisas e consideram aquilo como verdadeiras. Há crenças tão enraizadas ou centrais, que, mesmo que se mostre que não sejam reais, a pessoa não acredita, demonstrando um negacionismo difícil de quebrar.

Muitas vezes surgem como desculpas para justificar um fracasso ou se prevenir dele e, se você perceber, a maioria das afirmativas conforta

16 Em nosso livro **Você mais feliz – como conquistar o autoconhecimento cognitivo, emocional e comportamental** (Editora Sinopsys), em coautoria com o psicólogo Fernando Elias José, tratamos delas mais detalhadamente.

por responsabilizar as **circunstâncias**. Não passou? Culpa da falta de tempo, da faculdade, do preparatório, dos professores, da concorrência, da idade, do azar, do pouco dinheiro, da incapacidade inata, ou seja, nasceu com ela, etc. Um gatilho forte para sequestrar a atenção aos estudos é a proximidade de uma prova ou exame. É uma forma de amortecer os sentimentos para eventual insucesso.

Às vésperas de uma prova também podem surgir pensamentos, como macacos que saltam de galho em galho e fazem um barulho danado, trazendo riscos para a concentração e o foco. É o que se chama de "mente de macaco", ou Dharma da Distração, segundo os budistas. Veja alguns deles e como incomodam a tranquilidade necessária para entrar num "estado zen", de menos ansiedade, pois são todos pensamentos que miram o futuro.

- ✓ Será que vou passar?
- ✓ Será que a prova vai ser muito difícil?
- ✓ Será que vai ter muita gente?
- ✓ Será que vai cair o que estudei?
- ✓ Será que vou encontrar as mesmas pessoas de sempre?
- ✓ Será que os cursinhos irão entregar água e caneta na porta da prova?
- ✓ Será que vou esquecer de levar algo?
- ✓ Será que vai dar tempo para responder tudo?
- ✓ Será que vai chover?

A **ansiedade** é justamente isso, o excesso de futuro misturado com o sentimento de falta de controle. É claro que com muitas dessas dúvidas e suposições não há qualquer motivo de se preocupar. Uma forma de esvaziar o balão do ansioso, que enche de expectativas, é lembrá-lo de "**saber controlar o que pode controlar, o resto deixa passar**". O que pode controlar é possível se prevenir, como levar para prova o que é necessário, um guarda-chuva caso o noticiário indique essa condição e a preparação adequada à prova. Fora disso, são circunstâncias sem qualquer controle e, portanto, ficar matutando sobre elas será péssimo para concentração.

Assim, é o momento para avenças, buscando harmonia junto com a voz interior e com aqueles que de algum modo estejam fazendo pressões externas. Convencionar que até a prova você deseja ter controle dos estudos e da sua rotina, sem distrações, como convites para festas ou reuniões familiares, é fundamental para chegar no grande dia e se sentir parte competitiva do seu desafio e não mero figurante ou um simples número para as estatísticas da banca.

57 Roteiro seguro para o dia da prova

Observo que muita gente cuida da preparação com muito carinho e de forma bem organizada. Meses de estudos e tudo dentro do cronograma ou *planner*. Porém, chega no dia da prova e não tem uma estratégia pronta para enfrentá-la. Mas precisa? É claro! Se a maioria das provas é de resistência, são cansativas e difíceis, como não se preparar, justamente, para o último dia decisivo? Por isso, montei um **roteiro seguro** tanto para concursos como para OAB. Siga este trajeto!

1. Se a prova for à tarde e se houver disposição para uma "espiadinha" pela manhã considere: (a) prova da OAB, estude ética; (b) prova de concurso, revise suas anotações mais importantes.
2. Chegar **1 hora e 30 minutos antes**. É um excelente tempo para o que chamo de "climatização" do ambiente de prova.
3. Abriram-se os portões, **não perca muito tempo**, vá procurando a sua sala. Sinceramente, não há benefícios nas reuniões entre amigos e colegas nos momentos antes da prova. Você pode captar alguma ideia ou impressão falsa sobre o exame ou outro assunto que o incomodará depois de "bater" o sinal. Assim, siga para a sua sala.
4. Em sala de aula, **concentre-se**! Feche os olhos e se desligue do mundo por alguns instantes, pois servirá para cortar o cordão umbilical das pressões da sua aprovação. Sinta a respiração e as batidas do coração. Depois aterrisse para a importância de estar ali para resolver a prova e considere suas conquistas anteriores (já tenha uma lista mental delas). Bateu o sinal? Esqueça a vida que corre fora da sala.

5. Com o caderno da prova na mão: (a) prova da OAB, **siga para ÉTICA**, pela sua importância; (b) prova de concurso, siga para a disciplina ou disciplinas que podem decidir sua aprovação.
6. Considere resolver depois as **disciplinas mais bem preparadas e de maior confiança**. É bom garantir no início não só a AUTOESTIMA necessária para as disciplinas menos estudadas como também a pontuação desejável antes de bater o cansaço típico por enfrentar tantas questões longas e complexas. Deixe as mais fracas para o final.
7. **RESPIRE.** Sem OXIGÊNIO não haverá eletricidade o suficiente para o seu *software* funcionar corretamente. CALMA é fundamental, sem esquecer que a "PACIÊNCIA é a MÃE DAS VIRTUDES" (Shakespeare).
8. **Não mude alternativa marcada**, JAMAIS! Não conheço histórias de pessoas que mudaram a alternativa e tiveram sucesso; ao contrário, milhares foram reprovadas devido à maldita alteração! Lembre-se de que é como **amor à primeira vista**: viu a alternativa correta, deixe-se apaixonar e case com ela.
9. **Em caso de dúvida**, ESPERE! Se você estiver em dúvida entre duas alternativas, deixe a questão para depois, pois é provável que ao final da prova você tenha se lembrado de informações suficientes para levá-lo a ter mais condições de escolher uma única alternativa. Você pode arriscar com as técnicas de "chute" do William Douglas[17].
10. **Leve a prova para casa**, se ela for disponível. Não importa se tem que ficar até o final, pois ela serve para ser analisada depois. Perder tempo em esperar? Duvido, faça as contas de quanto tempo você já perdeu em só ficar na "sala de espera" em consultório médico? Com a prova em mãos, fica mais fácil para eventuais recursos e, em caso de aprovação, para emoldurar e fazer um quadro do seu troféu!

Lembre-se de levar tudo o que é exigido e permitido pelo edital para a sua prova. **Água** é tão importante quanto a caneta com que você irá preencher a folha definitiva de respostas. **Açúcar** é o elemento que se esgota mais rápido no seu organismo, por isso que o doce acalma. Barrinhas de cereais, portanto, são importantes, especialmente, aque-

17 https://www.youtube.com/watch?v=_2dhRu_4lRc

las com sabores doces. Chocolate é bom? Não, é ótimo, mas derrete e suja. Coma antes de entrar na sala. E, falando em comida, cuidado com a refeição do almoço se a prova for à tarde. Uma feijoada ou macarronada só pode ser indigesta, não é? Almoce mais cedo e coma algo que não irá se arrepender depois. Um café da manhã mais tarde e reforçado pode ser o suficiente para o restante do dia.

Por fim, há um **exercício** que pode ser feito diversas vezes durante a prova para cuidar da ansiedade ou da distração. Use também quando estudar. Estique o braço e feche o punho de forma a não deixar qualquer poeira sair da sua mão. Sinta a pressão. Segure por instantes e depois solte. Uma sensação que correrá pelo braço ajudará a sentir a tensão e a flexibilidade, como uma onda que se forma e se desfaz. Traz sua mente lá do futuro para o presente, pois é no **aqui e agora** que a vida acontece.

58 A RESSACA E OS DIAS SEGUINTES

Quem sai de uma prova de concurso ou do exame da OAB tem a sensação de **desorientação**. Achava que era só comigo, depois, investigando melhor, vi que a maioria sai assim do local de provas. A razão é fácil de entender: depois de uma descarga alta de adrenalina, resta pouca energia mental para colocar em ordem os pensamentos. Você pode até sentir que esperava mais do desafio ou que ele estava acessível perto do que eram as expectativas, mas as primeiras palavras buscam o conforto do que todos esperam, dificuldade. Experimente dizer que a prova estava "fácil" para os outros que acabaram de sair para ver a reação deles.

A partir desse momento, considere o ciclo parcialmente concluído. A conclusão definitiva é quando não couber mais recursos e a lista final dos aprovados dessa prova ou fase estiver publicada. Na OAB, o gabarito preliminar segue no mesmo dia da prova, um avanço e tanto em relação aos concursos públicos. Para os oabeiros, o tempo de ansiedade é menor pelo resultado da 1ª fase, pois no próprio domingo já pode brindar pelo sucesso ou beber para esquecer o fracasso [se beber, não dirija!].

No entanto, o jogo só termina quando o juiz apitar, não é mesmo? Além da ressaca, os próximos dias são de especulação para possíveis **questões anuláveis** para quem precisa delas. Para quem depende de outra fase, como na OAB e em muitos concursos, depois da página virada da conquista, é preciso focar nos próximos compromissos. Quando não se tem o benefício de um gabarito oficial tão breve como na OAB, precisará recorrer aos extraoficiais dos preparatórios. Apenas observe para não se iludir em caso de uma vitória apertada, pois sempre tem o VAR para invalidar ou trazer uma interpretação diferente e estragar a festa.

Para os certames que exigem mais de uma fase de provas, é o momento de recuperação e descanso, qualquer que seja o resultado, pois ele não pode ser encarado como punição pessoal, mas como aprendizado. Sempre depois de um teste deve haver um **ponto de reflexão**. Se a dor da frustração for difícil de lidar logo nos primeiros dias, deixe para depois, mas revise e analise onde estão os estudos e para onde é possível seguir com eles. Para quem precisa ainda vencer outras batalhas para se declarar vencedor na mesma guerra, deve também encarar os ferimentos e cuidá-los o mais breve, pois eles podem revelar os pontos frágeis ou vulneráveis que podem interferir no combate seguinte.

Esse momento é uma etapa importante em qualquer preparação, seja para lidar com as emoções, seja para lidar com o lado funcional. Não pode ser uma ressaca eterna pelo sucesso nem mesmo um período de martírio com o fracasso. Encarar a realidade, qualquer que seja, é uma **forma terapêutica** de continuar em movimento em direção ao destino. Desejar que o tempo pare ou que a vida fique suspensa, curtindo ou chorando, não é saudável nem produtivo. Muitos tiram forças, justamente, desse período e saem com promessas que a próxima prova será melhor, ajustando um legítimo contrato com a aprovação.

Caso você venha a depender de algumas anulações para seguir para próxima fase da OAB ou concurso, considere o histórico da banca e da prova. Se ela quase sempre anula uma ou duas questões, mas você precisa de cinco anulações para se manter no jogo, é possível acreditar que isso acontecerá justo na sua prova? Milagres acontecem, mas não dá para depender toda vez somente deles. Somente se a sua prova tenha sido "diferente", em razão do que todo mundo está comentando, inclusive os professores e preparatórios, por erros crassos da banca, então, quem sabe o milagre esteja para acontecer?

E se você ficar dentro da "margem de erro", esperando justamente aquele número possível de anuladas para seguir para a próxima fase? Entrar de cabeça na preparação ou desistir logo e pensar em outro concurso ou na próxima edição da OAB? Como sou um pouco **pessimista moderado**, acabo aceitando a derrota mais cedo do que o esperado e, por esta razão, já perdi oportunidade de me preparar melhor numa segunda fase de concurso por não acreditar que anulariam "x questões". Como os resultados dos recursos demoram e, em geral, são próximos da prova seguinte, resta pouco tempo para se preparar. Então reflita melhor do que eu fiz e arrisque mais a sorte, no máximo uma pequena frustração irá bater na sua porta pedindo para entrar porque as anulações foram insuficientes.

59 Como é a 2ª Fase da OAB?

De acordo com a sistemática do Exame da OAB, a prova da **2ª Fase** é o último desafio a ser encarado pelo oabeiro, depois de ter sido aprovado com no mínimo 50% de acertos nas questões objetivas. Ela pode ser dividida em **duas partes distintas**:

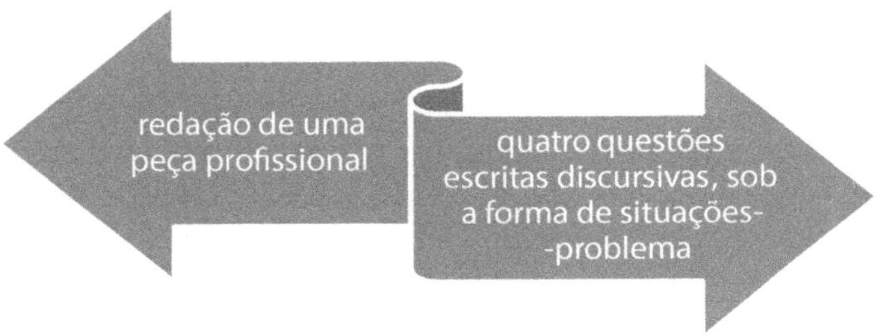

Cada uma delas têm a mesma pontuação, ou seja, 5 pontos do atingível 10. Para ser aprovado, no mínimo, fechar nota 6 na prova. Portanto, matematicamente, é impossível você gabaritar uma delas e zerar a outra e, ainda assim, alcançar a aprovação. Sendo assim, na teoria, ambas as partes têm peso igual, porém valores diferentes para os examinandos. Já explicarei esse paradoxo.

Primeiro, quero reafirmar que a 2ª fase da OAB é menos difícil que a anterior. Há três fortes razões para acreditar: [1] quem escolhe a disciplina dentre outras opções é você, ao contrário da 1ª fase; [2] a possibilidade de consulta no dia da prova; [3] o tempo de estudos mais dedicado. Muitos chegam na 1ª fase apenas com a fé e a coragem, diferente da 2ª fase, onde a aprovação anterior trouxe o compromisso para estudar. É fácil identificar isso na preferência do oabeiro quanto aos preparatórios: a maioria se inscreve em cursos na 2ª fase, o que não é a realidade da 1ª fase.

Retornando ao paradoxo, apesar das duas partes da prova terem o mesmo peso, a **maior preocupação** do oabeiro fica por conta da **peça profissional**. Ninguém tem dúvidas disso. Chega a ser discrepante tal diferença. Conclui-se por esse raciocínio ao perceber que muitos formandos ou bacharéis têm dificuldades com a prática profissional, ou porque não fizeram estágios condizentes com ela, ou, simplesmente, porque focaram mais nas notas na faculdade do que no aprendizado. Errar o **nome da peça** assombra a totalidade dessa gente, pois um "mero erro", leva tudo a perder.

Ocorre que nem só vive a peça da estrutura e a apresentação formal ou modelo. Veja que, dentro dos **quesitos** avaliados, a "embalagem" têm a menor pontuação. O conteúdo em si e a correspondência ao caso hipotético prevalecem na divisão dos pontos disponíveis. Em outras palavras, o conteúdo é mais importante do que a embalagem. Veja, então, que o enfoque equivocado compromete todo o esforço e a dedicação para essa prova, por falta de conhecimento das "regras do jogo". Muita gente se esforça e se dedica quase que exclusivamente nas peças, mas acaba reprovando. Sabe onde? Onde deu pouca atenção: nas questões!

Então, qual a dica principal para estudar? Procurar equilíbrio. Contemplar as **peças**, avaliar quais são as mais cobradas na sua área de escolha, conhecer o conteúdo programático, preferencialmente, o passo a passo para fazê-las (e não apenas decorar o modelo), aprender quais as situações são cabíveis e trabalhar bastante em cima do seu *vade*, para que no dia da prova possa achar os artigos para fundamentar. Quanto às **questões discursivas**, do mesmo modo quanto às objetivas, conhecer o que já foi cobrado e resolvê-las para identificar como os temas são abordados e quais são eles.

Mesmo que a banca tenha ao longo da sua história alterado o número de questões dissertativas na 2ª Fase, o **tempo** continua sendo um obstáculo perigoso a ser temido. Aqueles que dosaram erradamente a preparação terão grande dificuldade em fechar a peça como gostariam e, provavelmente, as questões dissertativas serão respondidas a "toque de caixa" com o tempo que restar. Esse é o relato mais comum entre os examinandos que saem da prova frustrados pela falta de uma **estratégia eficiente**.

Assim, a sua preparação precisa "atacar" **todas as frentes**, considerando o grau de dificuldade para a peça e as questões. As técnicas de estudos também se aplicam aqui, portanto, treinar muito as duas partes da prova e garantir tempo para elas não são opção, mas condição de aprovação! Em razão disso, nossos livros para 2ª fase destacam a mesma importância para as duas partes, trazendo modelos, passo a passo, teoria, peças e questões comentadas, além de cronograma, indicação das súmulas mais cobradas e material digital. Tudo isso na série **Passe na OAB 2ª Fase Completaço®** da editora Saraivajur. Há um volume dedicado para cada disciplina.

Observe, por fim, que a **prova prática** que você enfrentará não é exclusivamente de conteúdo processual, mas também de **direito material**. Assim, na sua preparação é necessário algum livro doutrinário que possa oferecer esse auxílio, pois o recheio das respostas e da peça precisa ter coerência com o fundamento legal e jurisprudencial a ser citado e desconhecer a base teórica pode tornar vazias suas explicações.

60 Ajustando o foco na 2ª Fase da OAB

Em razão da sua importância nas expectativas que quase todo acadêmico de Direito carrega, a 2ª fase da OAB precisa de mais atenção, apesar do aproveitamento das estratégias da 1ª fase. Como já foi visto, essa fase é feita de duas partes, a peça e as questões práticas. Ambas têm o mesmo peso, de acordo com as regras, porém, como se viu, a **peça profissional** é o terror que atormenta o sono dos oabeiros. A justificativa é simples: errar o nome ou a fundamentação, segundo o edital, zera a peça. Portanto, por um simples descuido toda a preparação pode ser perdida.

Assim, de acordo com as normativas, a indicação correta da peça prática é verificada no seu *nomen iuris* concomitantemente com o correto e completo fundamento legal usado para justificar tecnicamente a escolha feita. Não importa você gabaritar todas as questões e tirar zero na peça ou vice-versa, pois o máximo que alcançará será nota 5,0.

Desse modo, todo cuidado é pouco, e todos se socorrem dos **modelos de peças**, se não é para aprender, serve no mínimo para fotografá-los pela memória. De fato, a inexperiência em redigir peças é contornada por modelos pré-prontos. Como já foi dito, a embalagem é importante, mas precisa vir acompanhada de conteúdo. Importa destacar que

não existe apenas um modelo para cada peça ou aquele que deveria ser o "oficial" da banca. O aluno tem dificuldade de entender quando professores ou autores apresentam ligeiras diferenças de "estilos", mas pode ter certeza de que estão corretos, desde que os requisitos legais estejam previstos.

Particularmente, prefiro uma peça dividida por pontos para demonstrar clareza. Fica mais fácil avaliar – e redigir – uma inicial quando ela traz "dos fatos", "do direito" e "do pedido", por exemplo, em ordem sequencial para expor as ideias de forma organizada. A correção da peça e das questões discursivas leva em conta:

- ✓ a adequação ao problema apresentado;
- ✓ o domínio do raciocínio jurídico;
- ✓ a fundamentação e sua consistência;
- ✓ a capacidade de interpretação e exposição;
- ✓ a técnica profissional demonstrada.

Destaca-se que a mera transcrição de dispositivos legais, desprovida do raciocínio jurídico, não ensejará pontuação. Portanto, não basta citar só o artigo, solto no texto. Ele precisa vir dentro de um raciocínio. Assim, reforça-se a ideia de que o **conteúdo** é a parte fundamental para fins de pontuação.

Vamos pegar como exemplo um recurso de apelação cobrado na prova de Civil aplicada. Nosso objetivo é demonstrar um comparativo da pontuação. Veja como a banca avaliou e distribuiu a pontuação.

Formalidades
- Endereçamento = 0,2
- Partes = 0,2
- Cabimento = 0,1
- Pedir admissibilidade = 0,2
- Pedir provimento = 0,2
- Preparo = 0,1
- Fechamento da peça = 0,1

Conteúdo
- Fundamentação jurídica/legal = total = 3,2
- Pedidos quanto à fundamentação = total = 0,7

Considerando os **5 pontos** possíveis, somam-se 3,9 pontos correspondentes à avaliação do conhecimento aplicável ao caso hipotético do enunciado da peça. A pontuação restante [1,1] trata da soma dos tópicos envolvidos ao modelo, ou seja, a embalagem. Chega a ser tragicômico imaginar que se você acertar o nome da peça ganhará apenas **0,1**. Agora, se colocar outro nome ou fundamentação não compatível com o gabarito, a peça **zera**. Esse exemplo é didático para ensinar que os estudos precisam contemplar toda a estrutura da peça e que a preocupação com nome, apesar de ser relevante, não pontua tanto como se espera.

Preste atenção ainda às regras formais quanto à prova. Cor da tinta da caneta, a extensão máxima de linhas da folha, o espaço onde precisa redigir a peça e cada uma das questões, letra legível e não pode – de modo algum – identificar a prova. Atente-se que o **caderno de rascunho** é de preenchimento facultativo e não terá validade para efeito de avaliação, podendo o examinando levá-lo consigo ao final da prova. Assim, a sugestão é não fazer toda a peça no rascunho, mas colocar apontamentos ou ideias gerais do que está pensando a respeito. Colocar no papel muitas vezes ajuda a clarear o raciocínio.

Cuidar da **estética** da peça não é supérfluo, pois poderá valorizar sua correção. Lembre-se de que o examinador não tem apenas a sua prova para corrigir e o cansaço pode ser prejudicial. Busque não deixar parágrafos desalinhados, fazer letra inelegível, borrões, riscos desnecessários, português sofrível, enfim, um quadro desfavorável que pender contra sua avaliação.

Lembre-se ainda de que o **princípio da fungibilidade** não se aplica ao exame da OAB, pois, segundo a melhor doutrina, trata justamente de admitir o erro e tentar consertá-lo quando da preposição de uma peça por outra, por exemplo. Assim, nem pense em recorrer, caso não aceitem a sua peça por não ser aquela do gabarito, sob o pretexto desse princípio. Observe ainda para não inventar dados na peça que não estejam na situação-problema. É um erro grave e leva à eliminação por identificação da prova. Vejo que muitos se perdem distraídos na hora do fechamento da petição, colocando a data da prova ou a cidade onde estão realizando o exame. Coloque a data só se o problema exigir expressamente!

Diante das **questões dissertativas**, todas têm o mesmo peso e, em geral, são subdividas em mais de um item ("A", "B", "C") com a pontuação expressa ao lado. Um erro muito comum é o oabeiro esquecer de identificar a resposta com o respectivo item. Nesse caso, é zerada a resposta. Então se vai responder o "A", coloque antes de iniciar a referida letra. Como não é comum o pessoal perguntar o que irá ser cobrado nas questões, do mesmo modo que a ansiedade faz com a peça, sugiro que investigue o maior número de provas anteriores possível e encontre um padrão temático e o modo como é cobrado. Facilitará na hora de estudar as questões.

Essa dica também se aplica para as fases de concursos que exigem a prova discursiva. Busque resolver o maior número de questões que achar, pois elas darão direção e filtro em relação ao conteúdo programático. Se não achar muitas provas para o mesmo cargo, servem as questões que a banca escolhida já aplicou em outros certames, porém observe um nível de dificuldade similar. Também há livros de questões e peças comentadas para concursos.

Seguem, por fim, **dicas básicas** para um bom roteiro de prova dissertativa:

- ✓ Faça uma leitura geral de todos os problemas antes de começar a responder.
- ✓ Depois, quando for responder, faça uma leitura cuidadosa de cada enunciado, sendo que sublinhar palavras ou expressões ajuda bastante.
- ✓ Cuidado com a letra ao redigir para que ao menos seja entendível pelo examinador. Não precisa ser bonita.
- ✓ Escreva de forma objetiva e cuidado com a gramática.
- ✓ Errou? Faça um risco simples sobre a palavra ou frase.
- ✓ Observe o espaço para resposta, para não ultrapassar o limite de linhas.
- ✓ Se tiver caderno de rascunho, utilize para expressar ideias ou anotações, mas não use para fazer a resposta ou uma peça completa, pois pode faltar tempo para "passar a limpo".
- ✓ Caso não saiba a resposta exata, experimente tangenciar, pois deixar em branco é como nem tentar.

- ✓ Quanto às questões, busque responder primeiro àquelas que lhe parecem mais fáceis, deixando para depois as mais difíceis.
- ✓ Numa prova que reúne peça e questões, como na OAB e alguns concursos, comece pela peça.
- ✓ Um olho na prova e outro no relógio, sempre!
- ✓ Cuidado para não identificar a prova.

Mesmo com essas dicas, muita gente acaba me perguntando como poderia fazer uma melhor administração do tempo numa prova da 2ª fase da OAB, cujo tempo total são 5 horas. Há duas opções que dependerão da dificuldade da peça, pois, quanto mais complexa, mais tempo precisará para realizá-la. Assim, você pode ou dividir o tempo de 2,5 horas para cada parte da prova, ou reservar 3 horas para a peça e 2 horas para as questões (média de 30 minutos para cada uma). Mais de 3 horas para peça põe em risco a resolução das questões e a própria aprovação, portanto, mais uma vez, **cuidado com o tempo**!

61 Como são as outras fases nos concursos?

Como você deve saber, **nem todo concurso** vive de uma única fase, aliás, a maioria tem mais do que uma, a considerar as carreiras jurídicas ditas clássicas. Magistratura, MP, delegado de polícia e defensoria pública, todas têm muito mais do que uma prova objetiva preambular. Mesmo que haja concursos com apenas questões de "marcar cruzinha" (eliminatória e classificatória), provavelmente haverá a prova de títulos (classificatória). No Exame da OAB são duas fases eliminatórias e ponto final.

A fase da prova escrita é a mais popular, depois da objetiva em concursos, e, como na OAB, menos matéria para estudar, o que traz maior densidade e, portanto, exige profundidade na preparação. Ainda, diferente de marcar com um "x" a alternativa correta, onde pode se valer pela sorte do chute, escrever precisa desenvolver conteúdo e o modo de se envolver com essa condição é maior foco na aprendizagem. Peças processuais, sentenças, pareceres e questões dissertativas são mais comuns nessa fase escrita, mas há provas que exigem uma redação apenas.

Quanto à **prova oral**, não há dúvidas, é aquela que mais assusta os candidatos. É temida não só pela situação de ser enfrentado por uma banca julgadora, como sofrer com todos os sentimentos possíveis perante um público e a comissão. Se você não dorme (ou não dormiu) direito com a defesa do seu TCC, multiplique por muitas noites sem sono. Também conhecida como "prova de tribuna", é caracterizada pelo sorteio das perguntas, o que gera ainda maior ansiedade e preocupação do candidato[18].

Como se preparar para essa etapa? Além de uma boa resistência emocional diante de um possível branco ou comentário da banca que você possa não gostar ou se desestabilizar, é importante praticar a **oratória**. O nervosismo pode trazer "silêncios" e "gaguejos", que podem atrapalhar o raciocínio. Como resolver isso? Muito treino, seja na frente do espelho, seja na frente de outras pessoas, você precisará argumentar com dicção suficiente, postura respeitosa e humildade. A calma é fundamental para executar o que já se sabe.

A **fase física**, etapa muito comum nos concursos da polícia, é conhecida por Testes de Aptidão Física – TAF ou Prova de Capacidade Física – PCF. Elas reúnem diversos exercícios como natação, corrida, flexões na barra e no solo e abdominais. Esses são os mais frequentes. Novamente, o **preparo psicológico** é condição necessária para todo o resto. Lembre-se de que você precisará fazer o "mínimo" que consta no edital para alcançar a aprovação. "*No pain, no gain*!"

O **treinamento** precisa ser regular e focado nos exercícios que serão cobrados na prova. Também busque intensificar naqueles exercícios ou ciclos que você tem maior dificuldade. Por exemplo, você só sabe boiar, mas não sabe nadar. Ora, inevitavelmente, a piscina será seu ambiente de estudos! Também serve como dica o cuidado com os **hábitos alimentares**, porque todo condicionamento físico exige a observância desse fator. Consulte uma nutricionista que poderá ajudá-lo durante os treinos como também um educador físico para ajustar suas atividades e conquistar a vaga!

18 Há um vídeo muito didático que representa essa etapa tão temida de um concurso. Disponível em: https://www.youtube.com/watch?v=dFgwaNNJEJs.

Para você seguir a sua viagem e alcançar a estação emocional, é preciso passar por um teste para carimbar o "passaporte", caso contrário, o seu visto será negado. Bora responder? São assuntos que dizem respeito ao lado funcional. Preencha com "F" de falso e "V" de verdadeiro, ok? As respostas estão na nota de rodapé.[19]

01. ( ) Precisa ter QI alto ou nascer com uma genialidade superior para alcançar a aprovação na OAB e concursos.
02. ( ) Somente quem estuda, no mínimo, 8 horas por dia pode ter sucesso em provas.
03. ( ) Deve-se esperar o edital ser publicado para começar os estudos.
04. ( ) Os concursos públicos irão acabar.
05. ( ) Você só precisa de uma vaga para ser aprovado(a).
06. ( ) A aprovação só vem para quem estuda de domingo a domingo.
07. ( ) O Exame de Ordem é um monstro de sete cabeças.
08. ( ) Livros atualizados e material adequado é um grande passo rumo ao despertar do poder da aprovação.
09. ( ) Quem não tem experiência prática não tem chances de aprovar na 2ª fase da OAB ou em provas dissertativas.
10. ( ) Não é necessário estudar todas as disciplinas com a mesma intensidade.
11. ( ) Resolver questões de provas anteriores é perda de tempo.
12. ( ) "Sentar a bunda e estudar" basta para quem vive reclamando de distrações emocionais.
13. ( ) Não prestar atenção ao lado emocional na preparação é um erro que leva muitos à reprovação.

19 01.F- 02.F- 03.F- 04.F- 05.V- 06.F- 07.F- 08.V- 09.F- 10.V- 11.F- 12.F- 13.V- 14.V- 15.F- 16.V- 17.V- 18.F- 19.V- 20.V.

14. ( ) O maior concorrente habita em você.
15. ( ) Quem trabalha não passa em concursos nem na OAB.
16. ( ) O caminho da preparação para concursos e OAB é árduo e cheio de obstáculos.
17. ( ) A desorganização nos estudos e falta de planejamento são algumas das causas de reprovação.
18. ( ) É necessário estudar tudo o que está no conteúdo programático do edital para ser aprovado(a).
19. ( ) Pessoas sem recursos financeiros também são aprovadas.
20. ( ) Uns passam antes, outros, depois; só não passa quem desiste ou nem tenta.

III. "ESTAÇÃO EMOCIONAL" – CONSCIÊNCIA DAS EMOÇÕES E SENTIMENTOS

"Apesar de um alto QI não ser nenhuma garantia de prosperidade, prestígio ou felicidade na vida, nossas escolas e nossa cultura privilegiam a aptidão no nível acadêmico, ignorando a inteligência *emocional*, um conjunto de traços – alguns chamariam de caráter – que também exerce um papel importante em nosso destino pessoal."

[Daniel Goleman, **Inteligência emocional**.
Editora Objetiva, 2012, p. 60]

63 O LADO EMOCIONAL DA PREPARAÇÃO

O **lado emocional** da preparação é ignorado pela maioria dos oabeiros e concurseiros. Posso até isentá-los dessa responsabilidade, porque a própria psicologia, ciência que deveria se preocupar com as emoções, veio a prestar atenção somente na última década do século XX. Até então, as emoções eram o "patinho feio" das pesquisas desenvolvidas na área da saúde mental. Somente com a divulgação do trabalho de **Daniel Goleman**, que é jornalista por formação, dedicado à investigação científica, que o termo **inteligência emocional** ganhou *status* que tem hoje e o interesse dos psicólogos pelo tema.

Ao meu tempo de concurseiro, ainda quando as emoções não estavam na vitrine da ciência, elas eram as grandes vilãs das vésperas de prova. "Vai com calma". "Tranquilidade". "Não fique com medo". Esses eram os conselhos que tínhamos (e ainda continuam em voga). O que saísse fora de controle, para quem tinha forte esperança de aprovação, era culpa da tensão da prova. As emoções estavam sempre à espreita para derrubar o candidato durante a realização do teste. Ou seja, a importância durante a preparação era praticamente zero, mas, quando chegava o desafio, tornava-se o incômodo que ninguém desejava enfrentar.

Mesmo com o avanço das pesquisas, das descobertas relacionadas às emoções, principalmente, na memória e aprendizagem, dos transtornos mentais que podem justificar as reprovações, a crença da "**falta de estudos**" é preponderante para julgar quem não aprovou. Não apenas por parte dos professores, mas entre os estudantes. As redes sociais são testemunhas disso todos os dias, quando alguém "expert" comenta o fracasso de alguém com um "já pensou em estudar?" ou "basta estudar". Estudar é essencial, mas é apenas a metade da história para ser contada no sucesso e no fracasso.

Os memes dizem muitas coisas, inclusive verdades, por isso gosto dessa forma de comunicação. E tem um, em particular, que contextualiza essa situação.

SE FOSSE SÓ ESTUDAR TAVA TRANQUILO

COMPLICADO É JUNTAR COM CRISES EXISTENCIAIS,
BOLETOS PARA PAGAR, AUTOESTIMA, FAMÍLIA,
VIDA SOCIAL E AMOROSA...

A importância do **lado emocional** também alcançou os esportes de alta *performance*. Se antes o assunto ficava apenas entre os esportistas e seus *coaches*, agora a mídia passou a se interessar pelo assunto quando os grandes recordistas começaram a tornar públicas suas dificuldades em lidar com a saúde mental. "*Mens sana in corpore sano*" (uma mente sã num corpo são), famosa citação de Juvenal, poeta romano, traz a ideia do bem-estar físico e mental.

A **preparação para concursos e OAB** precisa beber da mesma filosofia. Provavelmente você irá se deparar ou conhecer pessoas que irão reclamar diante das seguintes situações:

- ✓ Ao resolver as questões sobre o que foi recentemente estudado, parece que os estudos evaporaram.
- ✓ Estudou dez minutos, mas parece que está há horas sem sair do mesmo lugar.
- ✓ Lê, relê, lê mais uma vez e as palavras parecem "não entrar" na cabeça.
- ✓ Assiste à videoaula, mas parece que o professor está falando em outro idioma ou a atenção está mais para a roupa e os gestos dele.
- ✓ Em toda prova ou simulado surgem os terríveis "brancos".
- ✓ É abrir um livro e o sono aparece.
- ✓ A concentração é o *crush* que nunca lhe responde ou demora para dar sinal de vida.
- ✓ Lavar a louça é mais divertido do que estudar.

Tenha uma certeza diante dessas situações: **o problema está no lado emocional** da preparação. Pode ser que a solução precise partir de profissionais da saúde mental, com psiquiatras ou psicólogos. Porém, é possível que esteja à frente do seu nariz, e o processo de autoconhecimento guiado por um mentor ou livro de autoajuda que se propõem a isso pode ser o suficiente para trazer luz ao caminho da aprovação. Às vezes, basta um pouco de incentivo e **motivação** para girar a roda. **Napoleon Hill**, um dos pensadores do século passado mais lidos na atualidade, conceitua motivação como "aquilo que induz à ação ou determina uma escolha. É aquilo que fornece um motivo. Um motivo é o 'anseio interior', dentro somente do indivíduo, que o incita à ação, tal como instinto, paixão, emoção, hábito, estado de ânimo, impulso, desejo ou ideia"[1].

Despertar-se para o **poder da aprovação** só irá funcionar se o lado emocional estiver em equilíbrio com o funcional, aquele onde a "arte de estudar" está relacionada. Quando a quantidade está cada vez mais dissociada da qualidade dos estudos, pode ter certeza, as emoções e os sentimentos podem estar envolvidos, sabotando a preparação. Ouvir do

1 HILL, Napoleon; STONE, W. Clement. **Atitude mental positiva.** Porto Alegre: CDG, 2015, p.139.

aluno ou leitor que estudou 8 horas, mas sente que adquiriu conteúdo como tivesse sido apenas 1 hora, dá indícios do problema.

Aprovar e reprovar não está apenas no ato de estudar. Aliás, ouso afirmar que a maioria dos aprovados em concursos e na OAB estudou menos que muitos que acabaram reprovando. A **concentração** na aprendizagem tem mérito indiscutível e ela está diretamente conectada com o que se passa no lado emocional. Como gosto de afirmar: "quando há concentração, o conteúdo circula pela corrente sanguínea; sem concentração, fica apenas na epiderme e qualquer banho leva ralo abaixo". Sinta-se à vontade em nossa estação emocional e use lenços caso for necessário.

64 PREPARAÇÃO SOB PRESSÃO

Desde crianças, somos movidos sob pressão, não é? Pode ser que os seus pais não tenham adotado uma linha dura, de pressionar por resultados ou atitudes, mas o sistema que vivemos estabelece parâmetros e eles precisam ser seguidos. Como negar que as notas no colégio não fazem esse papel, pressionando-nos a conquistar não só um mínimo para passar, mas também as mais altas? Ou quem prefere estar no grupo dos *losers* ou repetentes? Diante desse contexto, é possível distinguir **dois tipos de pressões**, a saber:

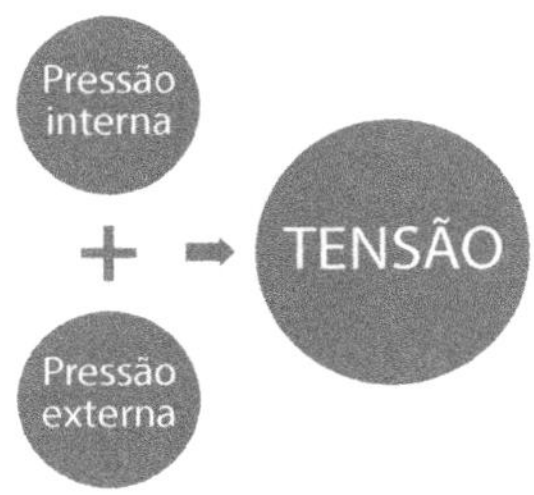

A **pressão interna** é aquela cuja força vem da **autocobrança** em superar desafios e conquistar objetivos. É a motivação inata que depende apenas de nós mesmos. Ela se alimenta das nossas necessidades, dos sonhos e também se deixa influenciar pelo o que os outros pensam de nós e das coisas. É o empurrão natural de dentro para fora para realizarmos as atividades. Você pode apenas contemplar os limites ao ficar inerte ou pressionar-se a alcançá-los e, quem sabe, quebrá-los. O que você deseja?

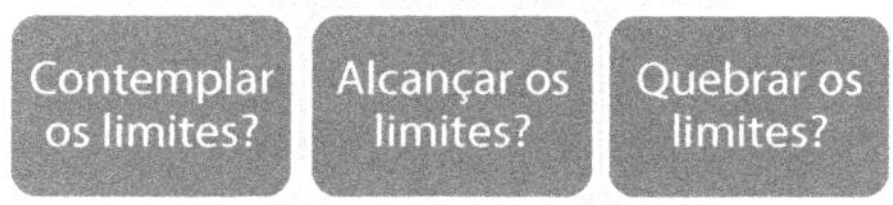

Por isso – no mínimo – temos que fazer por nós mesmos. Há uma expressão que resume esse sentimento: "*Do it yourself*". Ou seja, **faça você mesmo**. A ideia é que essa pressão sirva para empurrar-nos para frente ou para o alto, e por isso tem toda essa característica de ser motivacional e positiva. Sabe o que abastece a **força de vontade**? É a nossa motivação intrínseca, que nos faz acordar todos os dias e seguir em frente para realizar nossos compromissos e aproveitar a vida. Tenho um *post-it* colado ao lado da tela do meu computador com a frase: "**por que não?**". Ela é a expressão da minha pressão interna para vencer desafios e descobrir novos a serem vencidos.

Ocorre que muitas vezes somos levados por nós mesmos para baixo ou para trás, regredindo. De fato, é **como um estilingue**. Puxamos para trás com tanta força o elástico para sermos projetados bem à frente, mas não chegamos nem à metade do esperado ou nem saímos do lugar. Ocorre que, quanto mais fazemos **força**, maior é a pressão para chegar a um determinado lugar. Sendo assim, qualquer falha terá o tamanho da projeção. Já li que "sonhar grande e sonhar pequeno dá o mesmo trabalho"; é verdade, porém, o tamanho do tombo é proporcional à altura do sonho.

Ninguém também deseja que a pressão se torne obsessão. É importante manter uma coerência com a busca dos objetivos. A prova da OAB faz sentido para quem deseja advogar ou tentar um concurso que exija essa condição como tal. Se em algum momento esse desejo enfraquecer ou se apagar, não adianta ficar insistindo com algo que não faz mais sentido, não acha? Porém, por mais que uma reprovação possa ser dolorida, muitas vezes se torna provocativa e a única motivação para os estudos, custe o que custar. Nesses casos, a falta de um propósito digno pode levar a um desperdício de tempo e energia. Só o EGO ferido é pouco para valer a recompensa.

Portanto, de uma força positiva, a pressão interna pode ser excessiva e muito **autocrítica**. Lembra da *voz interior*? Ela não será complacente a erros e fracassos, levando a pensamentos automáticos negativos e distorcidos. Considere como perigosa nesses casos, já que pode ser responsável a levar a um quadro depressivo. É como varrer todos os dias e encher uma lata de lixo. Porém, sempre sobra um pouco e essa quantidade vai sendo varrida para debaixo do tapete. Ninguém irá notar no dia a dia, portanto, não irá atrapalhar nas atividades. Um dia, sempre no pior dia, será impossível não notar toda a sujeira acumulada e a explosão emocional virá. Portanto, não dá para ignorar toda a toxicidade da **ditadura do sucesso** ou das frustrações com as expectativas altas que não se concretizaram. Se estiver incomodando e interferindo no equilíbrio dos estudos, é melhor procurar ajuda profissional.

Já a **pressão externa** é a pressão social, tudo o que vem de fora. Vivemos numa sociedade de resultados e de expectativas, a começar pelos nossos pais desde quando nascemos. Todas as etapas não são somente esperadas, como também comemoradas: primeiros passos, retirada das fraldas, as primeiras palavras, contar até dez, a escolinha, os temas de casa etc. Todas elas são admiradas como **conquistas**, principalmente se forem dentro do momento "certo". Caso atrase qualquer uma delas, será motivo de preocupação.

Recebo muitas reclamações de alunos e leitores sobre as **cobranças familiares**. Se alguns podem considerar como um "porto seguro", outros, um "porto indesejado". Entendo que os pais, principalmente, cobram dos seus filhos resultados positivos, pois quais deles deseja um futuro ruim para sua prole? O problema é como se manifesta esse apoio. Basta imaginar sua torcida para um atleta ou uma equipe preferida. E, quando eles perdem, qual a sua reação? Reclamar, não é? É o que fazem muitos torcedores apaixonados que se posicionam na frente do estádio para cobrar melhores resultados de seus times.

Minha sugestão para lidar com isso é saber filtrar o que dizem. No fundo, todos os pais querem o bem dos seus filhos. Considerar essa crença é uma forma de reinterpretar o que querem realmente dizer quando comparam ou criticam. Por serem de gerações diferentes ou por falta de pouco conhecimento do que trata uma preparação, o "incentivo" deles pode ser prejudicial ou distorcido, portanto, muita paciência nessa hora. Percebe-se que o concurseiro recebe mais apoio que o oabeiro, pois se o primeiro tem concorrentes a vencer e ainda pontuar entre os melhores, o segundo precisa "apenas" fazer o mínimo para passar na prova.

Os colegas e amigos também geram pressão externa, seja incentivando, cobrando ou comparando com outras conquistas. Pense nas reuniões de ex-colegas da faculdade. Inevitavelmente, conversar sobre o que o pessoal anda "fazendo da vida" cairá nos assuntos sobre concursos e exame da OAB. Quem passou, quem não passou, qual cargo, se foi ou não de primeira são razões que justificam a ausência de alguns por sentirem vergonha ou estarem concentrados nos estudos. Eu mesmo acabo pressionando quando questiono "**se os outros passaram, por que você não pode?**".

A pressão externa segue nas relações de trabalho. Veja que um acadêmico, estagiário de escritório de advocacia, pode ser colocado contra a parede para ser aprovado na OAB até se formar, caso contrário, não terá espaço para ele continuar. Parece série televisiva de advogados, como *Suits*, mas a dramaticidade é a realidade de muitos diante da pressão da aprovação. E ela retroalimenta a **pressão interna**, pois quem está desempregado precisa logo pagar as contas e quem sabe as da própria família. Quem precisa quitar o financiamento de uma faculdade privada sabe que não tem o luxo de acumular reprovações.

A imagem da bola de neve que cresce ao descer uma montanha ilustra como as pressões podem se acumular e se misturar a ponto de se tornar um perigo real para a saúde mental de qualquer um. É preciso viver sob alguma pressão? Sim! Há quem renda melhor quanto mais pressionado está para fazer as coisas. Porém, como tudo na vida, é necessário limites. É importante, assim, identificar quais são as pressões que atrapalham ou que já passaram do permitido. Depois, perguntar-se se elas têm alguma razão ou fundamento e filtrá-las: será que fazem sentido?

Alguém dizer "vai estudar!" pode doer o coração e ferir os sentimentos, principalmente, para quem acredita que está dando todo gás do mundo. Mas será que não há alguma **ponta de verdade**? Será que não está faltando tempo nos estudos ou sobrando à frente da TV ou no smartphone? O "seu primo mais novo já foi aprovado" pode derrubar a autoestima de qualquer um, porém, será que não é uma pressão que faz justiça diante da falta de resultados para tanto tempo de estudos? Portanto, a pressão por si só não é ruim ou boa. Ela precisa existir para motivar, mas há limites que precisam ser impostos para não se tornar incoerente com o propósito perseguido.

65 Espelho meu, espelho meu, existe alguém que estuda mais do que eu?

A **rainha má** da fábula da Branca de Neve, diante do seu espelho, é uma cena icônica dos cinemas. Diz muito sobre várias perspectivas, em especial, da preocupação com as outras pessoas no que resulta nas comparações. As próprias redes sociais já fazem esse papel de "espelho". Todo mundo compartilha coisas lindas e belas sempre pelo melhor ângulo ou uso do último filtro da moda. Um prato de comida ou do restaurante, uma viagem ou passeio, foto da família ou do casal, da roupa linda que está usando, enfim, é o que chamo de "vitrines sociais".

O fato é que muitos acabam se nivelando com o que os outros fazem ou aparentam. Aliás, é até incentivado pelos influenciadores com o seu público quando querem vender algo que usam. "Quer viver a minha vida? Compre isso! Faça isso!". Sendo assim, tornou-se comum comparar-se com os outros. Nos estudos, mesmo antes das redes sociais, era normal ter o interesse do que o colega fazia para ter sempre a nota 10 no boletim. Num sistema competitivo que vivemos, desde a época dos "homens das cavernas", a ameaça à sobrevivência é a desculpa que os psicólogos evolucionistas dão para as comparações numa sociedade. Por certo, saber o que a concorrência está fazendo importa para incrementar estratégias para superá-la, não é?

Porém, nem sempre as **comparações** ajudam e por diversas razões. Primeiro, muitos não sabem filtrar o que de fato é verdadeiro ou apenas ilusão. As tais "cortinas de fumaça", estratégias que servem apenas para tirar o foco ou para confundir. Por exemplo, alguém afirmar que passou num concurso "sem estudar" doutrina, só com texto de lei. O que ela vende, afinal? Cadernos de lei seca. Porém, como já se viu, não serve para todo mundo nem para todos os certames.

Segunda razão, os **contextos pessoais**. Querer usar a mesma régua que mediu o sucesso de uma pessoa em outra, na maioria das vezes, não funciona. Por exemplo, posso afirmar que estudar por pequenas fichas de resumos leva a aprovação na OAB, como aconteceu comigo. Porém, fiz o exame em 1997, quando a prova tinha outra abordagem e um nível de dificuldade muito menor do que nos dias atuais. Os contextos são distintos ou por serem momentos diferentes ou pelas condições pessoais de cada um diante do mesmo desafio.

Muitas vezes, observo conflitos intermináveis diante das comparações. Reuni algumas frases retiradas das redes sociais e adaptadas que ilustram bem o abismo entre as justificativas das pessoas.

- ✓ "Mas eu estudei só quando o edital já estava publicado"
- ✓ "Meu colega passou de primeira"
- ✓ "Estudava só nas minhas folgas e fui aprovada"
- ✓ "Só fui aprovado porque zerei o conteúdo do edital"
- ✓ "Tive os melhores professores"
- ✓ "Comi o pão que o diabo amassou para aprovar"
- ✓ "Começava a estudar às oito horas da manhã e só encerrava às oito da noite"
- ✓ "Fiz dois cursinhos simultâneos"
- ✓ "Depois de ficar solteiro que consegui me concentrar e chegar à aprovação"

✓ "Juntei dinheiro o suficiente e passei um ano estudando sem parar até começar a ser aprovado"

Se fosse levar ao pé da letra cada justificativa anterior de quem foi aprovado, considerando todas elas verdadeiras conforme afirmaram seus autores, serviria para você? Mediria o que você anda estudando atualmente? Porém, é o que muita gente acaba levando para medir os próprios estudos e suas realidades. Portanto, meu objetivo nunca foi trazer com este livro uma receita pronta ou um prato congelado que basta colocar no micro-ondas e, em poucos minutos, fica pronto para servir. O que serviu para mim foi ótimo... para mim (num contexto e ao seu tempo).

A **autorrevelação** é o objetivo que trago desde a primeira linha e se os espelhos de outras pessoas servem para ajudar no destino da nossa viagem, que bom! No entanto, acredite mais na sua história e no reflexo que ela projeta na sua vida, pois, se alguém é responsável por essa caminhada, são apenas as suas pernas. O apoio é necessário e bem-vindo, mas é preciso encarar que estudar é um ato solitário na sua essência, pois, ao final, quem estará resolvendo a prova ou exame será você, ou já inventaram elas em grupo?

Acredito que a melhor comparação é o que você já fez e anda fazendo. É possível enxergar uma **evolução**? Passou a estudar melhor? Sente-se carregar menos culpas e mais resultados positivos? Vem aprendendo com os erros? A última prova que você fez foi melhor que a anterior? Segue, afinal, estudando? São perguntas que deveriam ser rotineiras para avaliar o trajeto já realizado e o que pode ser ajustado daqui para frente. O seu espelho poderá responder com mais precisão diante da sua realidade e não das outras pessoas.

66 Desculpas esfarrapadas e o seu emocional

Conheço duas frases ditas motivacionais, de autoria desconhecida, que envolvem a ideia central deste texto, as desculpas. Em geral, servem para o proteger o próprio emocional e não sofrer com a realidade. A primeira delas é: "**Quem não alcança o sucesso, alcança descul-**

pas". É o que acontece diante de uma derrota ou de um fracasso. Selecionei também algumas frases famosas, por serem populares, de quem é reprovado em provas. Será que você já usou alguma delas? Eu já!

- ✓ "Não passei porque não tinha tempo para estudar"
- ✓ "Não passei porque a prova foi injusta"
- ✓ "Não passei porque não caiu a matéria que estudei"
- ✓ "Não passei porque não tinha livros para estudar"
- ✓ "Não passei porque não fiz cursinho"
- ✓ "Não passei porque a prova foi confusa"
- ✓ "Não passei porque faltou sorte"
- ✓ "Não passei porque não era a hora"

Parece que terceirizar a culpa para fatos que não temos controle é uma forma bem-sucedida de que a reprovação não tem nada a ver com a gente, não é? Porém, pelas mesmas situações fáticas, outras pessoas são aprovadas, então como lutar contra essa **distorção cognitiva**? É aceitar que, "apesar de tudo" ou da força contrária do destino, desculpas não servirão para ajudar no recomeço dos estudos. Se você tiver justificativas para tudo que der errado e nenhuma delas é de sua responsabilidade, como reavaliar para consertar?

Quando as pessoas dizem que "não têm tempo" é como se não fosse um problema delas. Ora, não seria falta de administrar o próprio dia? Será que elas estão dispostas a acordar uma hora mais cedo ou dormir uma hora mais tarde para estudar? E quando dizem que a "prova foi difícil" como justificativa? Toda prova parte da premissa que será difícil, mas o grau de dificuldade quem define é aquele que a enfrenta. Assim, para alguns, pode ser mais complicada do que para outros. A subjetividade, portanto, está relacionada à preparação, não é verdade?

A segunda frase é: "**Seja mais forte do que sua melhor desculpa**". Quando estamos conscientes de que uma desculpa serve apenas para apagar uma parte de um incêndio, fica mais fácil ser realista diante dos erros que foram cometidos. Essa força a que a frase se refere é a da honestidade e da coragem diante dos próprios erros e, a partir delas, enfrentar o que de fato atrapalhou a conquista do objetivo almejado. Às vezes, dividir a culpa da reprovação com alguma desculpa fica mais leve para levantar da queda. Se for para servir como bengala psicológica, é aceitável, desde que não vire uma prática comum.

Finalmente, não deixe para creditar ao "Sr. Destino" os resultados que colhe. "Não era a hora", "Deus não quis" ou "Faltou sorte" são explicações tão vagas que dificultam o processo de aceitação no caso de um fracasso. Como começar ou seguir os estudos se a sorte ou qualquer outra entidade pode "desejar" que você, no final, não alcance a aprovação? Por que você e não o outro candidato? Quando estamos diante de coisas inexplicáveis é até possível acreditar na interferência de algo sobrenatural, porém, uma reprovação tem muitas possibilidades para se investigar. Aceite qualquer que seja o resultado para lidar melhor com ele.

67 Sim, senhor!

"Sim, senhor!" ("Yes Man", 2008) é o título de um filme do ator Jim Carrey, que interpreta um sujeito que diz "não" para tudo em sua vida. Suas crenças fazem com que ele perca muitas oportunidades, impedindo de experimentar novas emoções. Ele vive rodeado por grandes frustrações na sua pequena zona de conforto. Até que um dia ele é levado a participar, contrariado, de um evento motivacional de autoajuda. Por sua vez, esse desafia a todos da plateia a dizer "SIM" para a vida e para todas as questões cotidianas que enfrentarem dali para adiante. Então uma "mágica" acontece ao personagem de Carrey, que começa a aceitar todos os convites que lhe fazem. No início, ele até hesita, mas depois se torna padrão dizer "SIM" para tudo. Sem mais *spoilers*, é altamente recomendável assistir.

Como se sabe, é muito cômodo dizer "NÃO". A tal **zona de conforto** é um lugar como a própria expressão designa: confortável. Porém, essa sensação é o que parece. Pense em todas as oportunidades que você disse "NÃO" e depois se arrependeu, pois se achava numa posição segura e controlável. Ter a sensação de controle é o que muitos justificam para estabelecer barreiras ao redor. Um exemplo clássico é "não gosto de sair". Ora, "sair" é arriscar-se para um ambiente que pode perder o controle, não é? Quem prefere se recolher ao que é apenas confortável não gosta de desafios.

Para quem tem uma **rotina cheia** e com pouco tempo para estudar é muito fácil (e conveniente) dizer "NÃO" para as chances de aprovação num concurso ou para OAB. Por experiência própria, quando assumi o cargo de advogado numa estatal depois da aprovação de um concurso, prometi para mim mesmo que seria breve, pois meus sonhos miravam posições mais altas. Depois de criar a minha rotina, logo tinha bastante tempo para continuar os estudos. Porém, o que aconteceu? Acomodei-me na minha zona de conforto. Alguns colegas, que também tinham aquele concurso como "trampolim", seguiram adiante estudando e logo passaram em outros, mas eu ainda ficaria por quase cinco anos.

Assim, dizer "NÃO" é muito fácil para os estudos, pois há dezenas de justificativas e desculpas esfarrapadas para permanecer onde se está e que, na maioria das vezes, ao contrário do que se pensa, é desconfortável. Para quem dorme no chão, pergunte se é confortável. Depois ofereça um colchão. Repita a pergunta. Depois entregue um travesseiro e, assim, sucessivamente. Portanto, o conforto é muito relativo e contextual. Como advogado, minha remuneração não era ruim, nem o meu trabalho, dava para pagar os meus boletos e viver dignamente. Muitos colegas seguiram. Poderia ser melhor em todos os sentidos? Com certeza! Mas custei a acreditar nisso e a minha saúde mental cobrou esse preço com juros acumulados.

É preciso, então, que estejamos mais dispostos a dizer "SIM" para as oportunidades que a vida nos oferece, e progredir é uma delas. **Estudar é progredir**, pois o conhecimento abre portas e janelas. "Evolução" é a melhor palavra que define para mim **felicidade**, mas, para tanto, é necessário acreditar, nos movimentando com sentido e direção, não de forma aleatória e sem esperanças. Diga "SIM" para você! **Positive-se!** Pois, como o guru do filme, o palestrante Kurt W. Mortensen tem toda a razão quando afirma que "**a negação é um lugar alegre onde podemos esconder nossas fraquezas para proteger nossa autoestima**".[2]

2 MORTENSEN, Kurt W. **As leis do carisma**. Editora Best Business, p. 18.

A quem me diz que NÃO quer nem tentar estudar porque tem medo de sofrer com as reprovações ou nem resolver questões prévias, por temer um resultado negativo, só posso afirmar que **quem nunca tenta nunca falha**. Aprender com os erros faz parte da nossa experiência humana. Olhar para frente não significa ignorar o passado, mas considerar todo o aprendizado que ele constrói para que no presente se possa ajustar o que precisa ser feito para alcançar um futuro melhor. Quem tenta se blindar das emoções negativas acabará, mais cedo ou tarde, sofrendo de forma acumulada. Há uma lição que diz muito sobre isso: "**Os três melhores professores são o coração partido, o bolso vazio e os fracassos**".

68 Você tem medo de quê?

Em outro momento, afirmamos que, em dez anos de Exame de Ordem, mais de **1 milhão** de participantes fizeram a prova. Desse número, foram aprovados, depois das duas etapas, **660 mil** pessoas, ou seja, **60%** alcançaram o certificado de aprovação. Ou seja, ao final das contas, a cada 10 inscritos, 6 puderam gritar "PASSEI!". Mesmo assim, o fato de muita gente ter que repetir a prova mais de uma vez acaba dando a entender que o exame é algo, terrivelmente, difícil de superar.

De fato, a cada edição é possível lotar um estádio de reprovados, mas quem desiste de torcer pelo seu atleta ou time do coração depois de uma derrota? Eu mesmo continuei pisando várias vezes no estádio do tricolor gaúcho, após vexames, rebaixamentos e perdas de campeonato para o maior rival, o colorado. Fico imaginando se o time tivesse fechado diante desses fatos, quantos outros títulos eu e o meu filho deixaríamos de comemorar? E, se eu tivesse desistido de torcer por ele, teria deixado de comemorar as vitórias, não é? É impossível só vencer. Portanto, aprender a lidar com as derrotas faz parte do jogo da vida.

O Exame da OAB já foi assunto em novelas, pauta de entrevistas e discussões em auditórios televisivos, manchete em noticiários de horário nobre, reprisados à exaustão em redes sociais, inclusive de esquetes de comédia. Basta jogar o assunto numa roda de conversas de acadêmicos de Direito que qualquer outro tema será irrelevante, como a política do país, a insegurança, a corrupção, futebol, etc. Na verdade, é apenas matéria que rende notícia e especulação. Já percebeu que os concursos públicos não agitam tanto quanto? Exceto quando há muitas vagas a serem ofertadas ou se ocorreu algo muito errado.

Portanto, ter **medo da reprovação** não pode paralisar os estudos nem impedir que se façam provas. Há quem tenha medo até de resolver questões durante a preparação, pois não quer saber de errar ou de se confrontar com uma realidade que não gostaria de ter ciência. O resultado de uma prova NUNCA irá definir sua inteligência, pois há quem teme se achar uma "pessoa burra" diante do fracasso. Há testes psicológicos para medir inteligência, mas provas ou exames não foram feitos para isso, tão somente, para selecionar **quem está apto** a conquistar uma vaga.

Essa "aptidão" é uma mera medida se o candidato estava ou não preparado para o teste que enfrentou. Ainda assim, talvez não seja a melhor forma de selecionar, mas é o que se tem no momento. Basta lembrar tantas provas que você já fez que o resultado ficou muito aquém do que realmente estava preparado. Por outro lado, quantas notas máximas não conquistou, mas que não refletia bem os estudos?

E o **medo da concorrência**? Sabe-se que concursos com alta densidade de candidatos assustam os concurseiros iniciantes ou mal preparados. É difícil de ignorar que para uma vaga haja 100 ou mais disputando. Dependendo da pessoa, se tiver apenas 5 ou 10 concorrendo à mesma vaga já é o suficiente para travar nos estudos. O medo de perder para alguém alguma coisa sua, ou que deveria ser, pode ser que venha desde a infância. Basta ver a reação de uma criança quando outra toma o seu brinquedo. Há quem aprenda a perder; outras, não. Além disso, tem a ideia de a inveja de outra pessoa conseguir aquilo que você também está tentando conquistar. É um misto de emoções que atrapalha pessoas mais sensíveis ou não preparadas emocionalmente.

Por isso, há concurseiros que prestam mais atenção nos outros do que em si próprios, pois acreditam que seus piores adversários são eles e não como levam os estudos no dia a dia. É como se fossem criar a argumentação para que numa provável reprovação os culpados já tenham sido identificados: a "forte concorrência". É claro que existem seleções em que o pessoal está muito bem preparado, como concurso para magistratura, delegado e MP. Porém, o concurseiro experiente sabe que precisa vencer números, mas que estejam relacionados à prova. Ele identifica qual a pontuação de cada prova que o último candidato fez, o ponto de corte, e luta para superar aquele mínimo. É como ocorre nos esportes: **superar o recorde**, sem se importar com quantos estão tentando quebrá-lo ao redor do mundo.

Veja que, nos **concursos de beleza**, há uma única vencedora: a rainha. Milhares de meninas (e meninos), quando se inscrevem, não pensam que há outras mais bonitas que elas, pois certamente estão convencidas disso! Porém, comprometem-se a buscar a coroa, porque acreditam que possam vencer com seus próprios méritos e que a mais bela nem sempre é quem ganha. A **autoestima** é a fonte que impulsiona a levar os sonhos a se concretizar. Se outras conseguiram, por que não poderia também conquistar? Essa segurança é a beleza que importa!

Por outro lado, há quem aproveite o **medo para lutar** e não fugir. É assim desde o princípio da humanidade, pois, como é uma emoção que serve de sobrevivência, ela leva a fugir, lutar ou paralisar. Sabe aquela frase, **"se está com medo, vai com medo mesmo"**? Pois, então, quem usa o medo como gatilho para enfrentar as adversidades, o que se chama de "coragem", irá seguir adiante sem pestanejar. Mas será que lutar é sempre a melhor saída? Tem aquele velho ditado e que não dá para tirar o seu mérito: "melhor ser um covarde vivo do que um corajoso morto".

Como toda emoção, é preciso saber lidar com o medo. Não é ruim ter medo, como qualquer **emoção negativa**, pois ele serve como alerta. O problema é quando paralisa. Fugir ou lutar são ações que bem calculadas nos mantêm vivos. Se a opção é fugir, por exemplo, desistir de determinado compromisso, como um concurso ou o exame da OAB, é preciso racionalizar para chegar a essa decisão. Quando desisti de fazer seleção para magistratura, sem nem mesmo tentar a prova, eu já sabia que não queria o papel de julgar, mas de defender uma das partes. Então, "fugi" para outros desafios.

Assim, a possível motivação no "se está com medo, vai com medo mesmo" não é a melhor solução para todos nem para tudo. Se está com medo, pare e escute a razão. Investigar o medo ajudará a combater o que lhe é frágil e pode estar escondido, principalmente, as crenças limitantes. Além disso, o medo pode disfarçar outros mais profundos. Veja que o medo da concorrência, por exemplo, pode esconder o medo de que os próprios estudos estejam muito fracos. Depois de **superar o**

medo e ele quiser voltar para assustar, você poderá enfrentá-lo cantando "ei medo, eu não te escuto mais" (Jota Quest).

Você pode ainda enfrentar outros medos relacionados às provas e exames. Os mais comuns são o medo:

- ✓ Do que as pessoas irão pensar sobre "só estudar"
- ✓ De não ter mais idade para estudar
- ✓ De esquecer a matéria
- ✓ De errar e fracassar
- ✓ De não aprender o suficiente
- ✓ De não dar tempo para estudar ou terminar uma prova
- ✓ De perder tempo estudando
- ✓ De investir muito ao estudar
- ✓ Do julgamento alheio
- ✓ Das responsabilidades que estudar exige
- ✓ De ter medo

Reitera-se que investigar o que está por trás do medo é um ótimo caminho para enfrentá-lo para que não se torne tão grave, como uma **fobia**, o que já passa a ser um transtorno mental e que exige ajuda profissional. Assim, ter medo não é o problema em si, mas como lidar é o que fará a diferença. Por exemplo, qualquer um que irá fazer uma prova ou um exame vai levar o **medo de reprovar** consigo, pois é normal sentir essa emoção. Porém, se não souber controlar de modo a acreditar que o "friozinho na barriga" desperta não mais que atenção, ele pode se tornar uma nevasca interior, paralisando os pensamentos e o coração. E sua aprovação vai morrer de hipotermia!

69 "Recomeçar": o verbo que ninguém gosta de usar

Estamos acostumados a ouvir, por outras pessoas, que determinado amigo, parente ou colega estaria **recomeçando a sua vida.** O que você logo pensa? Que aconteceu uma tragédia pessoal, não é? Mas o que importa é que essa pessoa tenha saúde e irá "dar a volta por cima". Ou seja, é um pensamento de **compadecimento**, de "pena". Quando saí da iniciativa pública, precisei recomeçar minha vida profissional e fui advogar. No início, nunca é fácil e até engrenar levou algum tempo. Então surgiu a vida acadêmica e aos poucos, abraçando os desafios que ela colocava, migrei por completo para uma carreira a qual me orgulho de pertencer. Não há dúvidas de que alguém disse: "O Marcelo está recomeçando".

A verdade é que a minha vida é cheia de **recomeços** e está tudo bem. O mais antigo que tenho memória, porque me marcou muito emocionalmente, é quando terminei o 1º grau. Estudei cerca de dez anos no mesmo colégio e agora iria iniciar em outro, com novos colegas e professores, novos pátios e quadras de futebol. Mudaria de um colégio administrado por irmãs católicas para outro, de irmãos. E não foi nada fácil esse recomeço, porque logo na primeira semana sofri *bullying* e tive que lidar com um valentão da escola. Para minha sorte, minha faixa laranja do judô ajudou a mobilizá-lo e ele aceitou a rendição e, no final, ficamos amigos.

Acredito que apenas o verbo **desistir** seja tão forte quanto **recomeçar**, pois em ambas as situações desperta sentimentos de atenção dos outros. Como muitos dizem, "se você está cansado, aprenda a descansar, não a desistir". Num mundo altamente competitivo, quem **recomeça** traz a ideia daquele que já perdeu tudo e quem **desiste** é aquele que acabou de perder tudo. A diferença seria sutil, mas ambas passam uma percepção de fracasso. Também pode **recomeçar** quem "deu um tempo" em determinado objetivo, não propriamente pela perda, mas pela distância que ele se encontra. Precisa, assim, tomar um fôlego para continuar.

Então, *desistir* pode ser a **primeira decisão** antes de recomeçar. Diante dessa percepção, vamos ilustrar o seguinte caso, baseado em fatos reais. Uma acadêmica do Direito, prestes a concluir a faculdade, arrisca-se no Exame da OAB porque a maioria dos seus colegas seguiu o mesmo destino. Por ser muito jovem, não se posicionou no que realmente gostaria de fazer depois da formatura. O que de fato a movia era a urgência de ganhar dinheiro para quitar sua dívida com a faculdade do seu crédito educativo. Não passou na sua primeira prova, na segunda, nem na terceira, mesmo tendo sido uma aluna regular em algumas disciplinas, estudiosa em outras.

Enquanto isso, a pressão para resolver sua pendência financeira com a faculdade aumentava. No dia de um dos exames, recebeu um folheto de concurso que informava que em breve um edital seria publicado para cargos administrativos da prefeitura da sua cidade e que exigia apenas nível superior. A remuneração era atrativa para quem estava sobrevivendo da venda de docinhos e trabalhos acadêmicos na sua antiga faculdade. **Desistiu** da OAB e **recomeçou** seus estudos para tal concurso e que exigia disciplinas que até o momento não tivera contato. Descobriu que português e raciocínio lógico não eram tão difíceis como propagavam e o aprendizado da legislação municipal foi tranquila em razão da faculdade. Resultado? Aprovada entre os primeiros!

No entanto, quando comunicou aos antigos colegas e familiares que tinha **desistido** de fazer o Exame da OAB para tentar outros concursos, muitos a criticaram de forma indireta: "– Você é que sabe". Outros tiveram apenas a sensibilidade de ficar em silêncio, mas pensativos: "Como assim, desistir?". Há quem pense que quem faz a faculdade de Direito tem, no mínimo, a "obrigação moral" de enfrentar a prova da OAB. A nova servidora pública da prefeitura, com a estabilidade e com a remuneração que poucos advogados empregados em início de carreira têm, foi ser feliz com o "fracasso" de ter desistido do exame.

Veja que aos 45 anos de idade ingressei na faculdade de psicologia. Muita gente ficou surpresa, pois tinha um "nome" no Direito, currículo, livros publicados, um público, uma carreira, etc. e tal. Recomeçar? **Rótulos não definem** uma pessoa. Como se sabe, é preciso se autoexplicar pelas decisões que toma e, para minha surpresa, acabei influenciando outras pessoas a revelar que também tinham vontade de realizar outros cursos superiores e algumas acabaram se matriculando de fato, inclusive, em psicologia.

Como você já sabe, desisti de fazer vestibular para medicina depois de várias reprovações até entender que não seria feliz com o curso. Em razão dessa desistência, segui para o Direito e fiz a minha carreira. Enquanto se tem saúde e vontade, desistir e recomeçar não tem idade limite. Assumir paixões, na vida curta que temos, é aceitar riscos e a **flexibilidade é uma qualidade**. Não desisti do Direito, mas não posso incrementar minha trajetória com outras possibilidades? Quando estamos diante de perguntas como "o que você fará daqui a 5 anos", o melhor é ter um propósito claro, o que não precisa ser imutável. O alfabeto não tem 26 letras? Se o plano A não funcionar, há outras 25 letras para vingar.

70 Só estudo, algum problema?

Ser alvo de julgamento ou especulação de outras pessoas passou a ser comum e, com as redes sociais, parece que não há mais limites. Todo mundo gosta de opinar ou julgar a vida dos outros, é claro. No mundo das seleções públicas, revelar que "só estuda" parece ser pecado ou motivo para se envergonhar, justo no ambiente em que os estudos deveriam ser valorizados. A seguinte cena é constrangedora para a maioria que vive a se preparar para provas e exames.

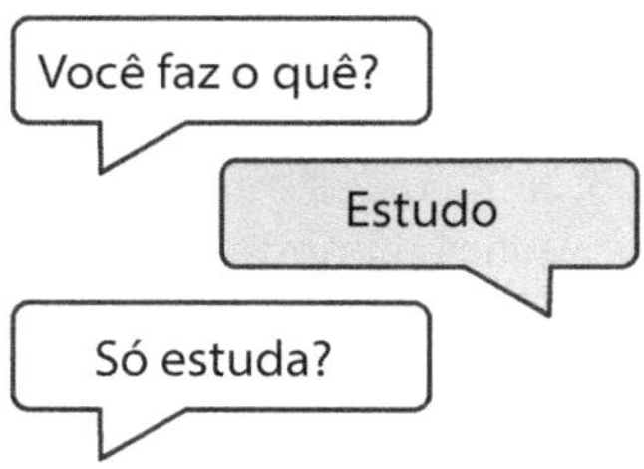

Mesmo que o seu "horário de expediente" seja muito maior do que a média do trabalho no país, ao acordar mais cedo e dormir mais tarde, quem "só estuda" sofre não só de *bullying* como também de *self bullying*, isto é, experimenta a autocondenação. E as pessoas sofrem mesmo! "Eu deveria estar trabalhando, mas estou estudando." Como se estudar não fosse produtivo. Agora pergunta para quem precisa enfrentar uma jornada laboral diária de oito horas e ainda deseja passar em um concurso: "Eu deveria estar estudando, mas estou trabalhando". Ademais, há quem não tenha outra alternativa a não ser estudar.

Confesso que também fiz parte da classe dos concurseiros com dedicação exclusiva, aqueles que somente labutam em estudar. Nesse período, dediquei-me aos estudos graças ao "**pai**trocínio". Morava com os meus pais e com o apoio deles – detalhe importante – fui viver a "profissão" de **concurseiro**. Lembre-se de que essa situação não pode ser eternizada, pois o propósito é passar da condição de concurseiro para concursado em menor tempo possível. Mesmo com o apoio da família, recordo que muitas vezes me sentia mal. Quem vive dos estudos para as seleções públicas tem a sensação que não está sendo útil para a sociedade. Ao menos, com a OAB na mão, fazia alguns pequenos trabalhos para não depender apenas de ajuda financeira, mas não queria perder o foco nos estudos. Veja o **paradoxo**: quando estava estudando, pensava em ganhar dinheiro; quando estava trabalhando, pensava em estudar. Sempre ouvi de concurseiros que o ideal era ter um turno para os estudos e outro para trabalhar, porém, parece-me uma situação ilusória.

Também a **autocobrança** é mais constante em relação a quem ainda tem outros compromissos além de estudar. Assim, quando saía com meus amigos ou viajava para descansar, o sentimento de culpa me acompanhava. "Deveria estar estudando", pensava eu. É muito difícil lidar com isso para aqueles que têm o privilégio de se dedicar aos estudos. Porém, não é produtivo, pois acaba prejudicando de forma emocional toda a preparação. Os momentos de folga e descanso são tão importantes quanto estar diante dos livros e das aulas. Sem eles, o mecanismo todo leva a "entrar em parafuso", ficando emocionalmente desorientado.

Quanto mais tempo passa, o "só estuda" sobe de nível de julgamento: "já passou?". Mesmo que a pergunta seja mera curiosidade do interlocutor, é inevitável a indisposição que causa. Para quem já ouviu, como eu, mais de uma vez, gera uma **pressão interna** que pode se tornar insuportável e encher o balão da ansiedade até estourar! Se o desejo da aprovação fortalece a sua motivação, por outro, bombardeia seu íntimo com a exigência de resultados.

Pois bem, qualquer que seja o desafio a ser enfrentado, **estudar não é tarefa fácil**. Se você já estuda **8 horas por dia** ou se prepara para esse desafio, força! Manter um ritmo de estudos e preparação constante exige muitos sacrifícios (financeiros e de tempo). É um **trabalho literalmente árduo**, a que poucos conseguem se dedicar mesmo que tivessem todo o tempo disponível. Ademais, ser estudante não é profissão, não tem direitos garantidos, apesar do trabalho difícil que é.

Estudar é uma **bênção**; infelizmente ainda muito poucos, no país em que vivemos, têm condições de completar uma faculdade, quiçá dedicar-se completamente aos estudos. Estudar é **gratidão** pelas condições que temos e outros, não. Estudar é **enriquecedor**, porque a sabedoria é o nosso bem maior, nossa impressão digital, portanto, é única e que nos distingue dos demais. Estudar é **aprendizado** que se constrói para evoluirmos como pessoas.

Assim, se há disponibilidade e possibilidade de dedicar-se aos estudos, **aproveite** sem pensar duas vezes. Orgulhe-se dessa condição tão excepcional que muitos gostariam de vivenciar. Lembre-se de que nem todo trabalhador é feliz com seu emprego e muitos sofrem por não conseguir oportunidades ou opções melhores. Portanto, valorize esse momento com os seus estudos e dedique-se para, em breve, conquistar a sua profissão.

71 Seja f*, o mundo tá cheio de nota 7

As provas e exames servem para selecionar. A crença comum é que quem alcança a aprovação são os melhores, os esforçados ou que tiveram mais "sorte", não é? Prefiro indicar como vitoriosos os mais **bem preparados**, pois são aqueles que têm maior eficiência nos estudos e na hora do teste. Esses não precisam ser os melhores nem os mais esforçados, mas quem irá ignorar um pouco de sorte? O jogador estrategista é quem entende muito bem as regras do jogo, observa que tipo de jogada os vencedores já utilizaram, sabe valorizar suas virtudes e evoluir nas fraquezas. A imagem que ilustra muito bem é a do pequeno Davi contra o gigante Golias.

Esta frase, "seja f*, o mundo tá cheio de nota 7", bem popular no mundo motivacional, serve para indicar, em nosso contexto, que, não basta fazer o que a maioria faz, tem que ir além. É preciso **agir como exceção**, pois a média dos candidatos não é aprovada. A concorrência pode servir de baliza, mas o mínimo nunca poderá ser o parâmetro para estudar. Na OAB, em especial, o pessoal estuda para acertar a pontuação necessária para ser aprovada. Por que não mirar em valores superiores para ter uma folga, caso as coisas não saiam como planejadas? Do mesmo modo para concurseiros: estudem como se o cargo fosse mais difícil. Quer tentar uma vaga de analista num tribunal? Resolva questões para magistratura!

Para deixar de ser a "maioria" que reprova ou que fica classificada fora do número de vagas, é preciso arriscar mais, testar os próprios limites e deixar de ruminar as dificuldades. Há uma frase que é atribuída ao famoso cientista Albert Einstein: **"Insanidade é continuar fazendo sempre a mesma coisa e esperar resultados diferentes"**. Ora, as pessoas não param de reclamar que os resultados positivos não aparecem, mas continuam fazendo as mesmas coisas. Elas não se permitem a autorreflexão, como avaliar se o turno para estudar é o melhor, se é necessário mais tempo ou dedicação, se o ambiente é o ideal ou se a técnica utilizada é a mais eficiente.

Todos têm dificuldades, uns mais, outros menos, mas seguir repetindo ou remoendo que elas impedem qualquer avanço é o que a maioria faz. Não ter dinheiro ou tempo para estudar é o comum. Mas o que fizeram aqueles que alcançaram a aprovação sem dinheiro ou tempo que gostariam para estudar? Será que ficaram **"vegetando no sofá da vida"**, como já advertiu o Papa Francisco diante de uma plateia de milhares de jovens na Jornada Mundial da Juventude?[3]

Caso você ainda esteja na faculdade, aproveite e **tome as rédeas** da sua formação jurídica acadêmica; alimente a curiosidade dos temas apresentados em sala de aula, pesquise, discuta, questione, leve dúvidas para o seu professor, antecipe-se nos assuntos que serão propostos e ministrados. Se já é bacharel, avalie seus estudos, seus programas, a carga horária, seus objetivos reais de vida (ganhar dinheiro ou ser feliz numa carreira ou ambas as coisas), seu comprometimento com as metas. Faça uma **autorreflexão** rotineira.

Não é preciso nascer com **talento nato** para gostar de estudar ou porque está escrito nas estrelas que você ingressará na magistratura. Esportistas de renome internacional só alcançaram o sucesso porque sabiam que precisavam ser diferentes e agiram como exceção. Comprometeram-se com os **resultados**. O que o impede de alcançá-los? De fato, não quero que sejam apenas espectadores da vida de vocês nem mesmo passageiros, mas os condutores dela! E, se não der para ser "f*", que seja acima da média.

3 A frase do Papa foi: "Não vegetem no sofá da vida". Disponível em: http://g1.globo.com/mundo/noticia/2016/07/nao-vegetem-no-sofa-da-vida-pede-francisco-a-jovens-na-polonia.html.

Em primeiro lugar, não é vergonha alguma de quem já prestou **inúmeras vezes** o Exame de Ordem ou provas de concursos e ainda não passou. Para OAB, segundo as estatísticas, a média é que entre duas a três inscrições o acadêmico deverá fazer até ser aprovado. Deduz-se, então, que o prazo para ser aprovado é de **1 ano**, pois é o período em que se realiza esse número de edições do exame. Mas é uma média, e, como toda média, há números que transitam fora dela, para menos ou mais.

Em segundo, **reprovar faz parte**. Só não reprova quem não tenta. Cair e levantar é a primeira lição que aprendemos ainda quando crianças. No judô, aprende-se a cair primeiro antes de conhecer os golpes. E se tem algo que nos habituamos desde o início é fazer testes. Você saberia dizer quantas provas já realizou desde o colégio? Certamente, todos saímos experts em enfrentar provas. Por baixo, só na faculdade de Direito, em cinco anos, serão mais que 100 provas e trabalhos avaliativos. Considere quem ainda precisa enfrentar vestibulares superconcorridos em medicina e que leva anos até ser aprovado numa universidade pública.

William Douglas sempre defendeu a máxima que "concurso é até passar", pois é difícil estabelecer uma média de tempo até atingir o que se deseja. Há quem leve anos, outros, meses. Outros dizem que é preciso fazer dar certo até dar certo. Claro, ninguém deseja que você fique **eternamente** realizando provas até alcançar a aprovação, caso contrário, este livro (e todos os outros similares) não faria sentido algum. Ficar "refém" da situação, sem reagir, repetindo e repetindo, não leva a lugar algum. Acumular cicatrizes não é legal, não é? Tudo tem o seu tempo e momento.

Se a vergonha é insuportável, está na **hora de mudar**. Mas mudar de uma única vez! O que **você aprendeu** com todas as derrotas até aqui? O que você irá fazer a partir da leitura desta obra? Como e quando irá colocar em prática todas as dicas? Será que não há uma barreira invisível que torna seus estudos sem efeito? Portanto, não há como seguir desejando o futuro sem **reavaliar** sua caminhada no passado e tomar decisões no presente! Muitos me perguntam "até quando continuar tentando". Cada caso é um caso, mas, na minha vida, quando "empaco", paro para observar o que fiz para merecer o que desejo e quanto falta até atingir o que desejo. E, por fim, avalio se vale a pena continuar a tentativa. Tem funcionado, por isso, não me constranjo quando preciso desistir de algo para ir atrás de outros objetivos.

Porém, não aceito uma única opinião, que eu não possa conquistar o que quero, ou seja, não será por um "NÃO" que mudarei de ideia. Imagino se tivesse aceito o que o "destino" reservou para mim, quando os cursinhos da minha cidade não me chamaram para dar aulas, pois não tinha experiência. Ou quando as editoras locais não quiseram publicar o meu primeiro manual para OAB. Quando você "coloca algo na cabeça", quem poderá impedir que não aconteça? Unicamente, você!

Disse **Júlio Cesar**, imperador romano, aos seus soldados: "Os covardes morrem muito antes de sua verdadeira morte". Aos meus alunos e leitores, a retórica é mais simples, mas não menos verdadeira: "Covarde é quem não se deu a mínima chance de ter sucesso". Então não tenha vergonha das suas derrotas, nem de desistir e recomeçar, caso seja a opção mais sensata. Porém, é vergonhoso quando as desculpas precisam proteger da responsabilidade das falhas.

73 Sentimento de culpa pesa muito?

Tratamos da culpa em outros momentos, mas vamos reuni-la aqui, pois o tema tem tudo a ver com a estação emocional. O que é **culpa** para você? Em geral, lembramos como uma incômoda sensação de responsabilidade por ter agido (ou deixado de agir) de uma forma que gerou prejuízo material ou moral para si ou para outra pessoa. Esse sentimento pode evaporar mais rápido do que se imagina ou fixar raízes em nossas mentes e corações. Resumindo, a **culpa dói**.

A culpa aparece em muitos momentos quando decidimos pela preparação para as seleções públicas. Sintetizando, **sentimos culpa** quando:

- ✓ Trocamos o horário destinado aos estudos pela diversão.
- ✓ Deixamos de assistir a uma aula por outros prazeres, como dormir ou comer.
- ✓ Não cumprimos o cronograma que fizemos.

- ✓ Somos levados pela opinião dos outros e acabamos sofrendo com a decisão tomada.
- ✓ Abrimos uma prova e nos damos conta de que se tivéssemos estudado um pouco mais, seríamos aprovados.
- ✓ Perdemos tempo, preocupados com o que os outros irão dizer.
- ✓ Nossas respostas são "só estudo" ou "não passei ainda".
- ✓ Precisamos pedir dinheiro emprestado, pois só os estudos não pagam nada.
- ✓ Temos tempo, mas desperdiçamos com distrações.
- ✓ A aprovação nunca vem, apesar de tudo o que achamos que fazemos e nos dedicamos.
- ✓ Alguém nos dá um choque de realidade sobre os nossos estudos.
- ✓ Os resultados dos simulados ou da resolução de questões não são como esperados.
- ✓ Pensamos em desistir ou dar um tempo.
- ✓ Nossos amigos e colegas estão sendo aprovados, mas nós não.

Como o medo, a culpa deve ser tratada como um **alerta**. Mas diferente, na culpa olhamos para trás e não para o momento presente. Ou foi algo que fizemos ou deixamos de fazer, portanto, diz respeito ao **passado**. Já o medo, estamos numa posição que podemos avaliar a situação e lidar de forma instantânea com ele, exceto, quando é excessivo, mas daí se trata de fobia. A culpa custa mais tempo para dissipar, por isso, que ela pode levar para outros estágios mais preocupantes se não for tratada adequadamente.

A culpa pode virar **angústia**, um gatilho para sensações piores até levar à depressão. Portanto, todo cuidado é preciso e identificar a origem pode ser um jeito de lidar com ela. Por exemplo, quando segui estudando depois do término da faculdade, em vários momentos me sentia culpado por estar naquela situação. Sabia que tinha o apoio dos meus pais, porém, era inevitável o sentimento. Por isso, conversava com eles nas crises de identidade para acalmar a alma e ganhar fôlego.

Poderia ter varrido para debaixo do tapete essas crises, porém, ao acumular, poderia concluir que eu era um imprestável, principalmente, diante das reprovações.

Assim, não deixe para amanhã a culpa que lhe incomoda hoje, pois ela já é um alerta de algo que não deu certo, e para que continuar mantendo esse sentimento dolorido? Investigar os fatos subjacentes é uma forma de como lidar. Quem está de dieta, mas resvala ao se esbaldar com um rodízio de churrasco, não terá sossego algum durante os dias seguintes com a culpa de ter cedido. Se alguém convidar essa pessoa para outro rodízio, qual resposta ela precisa dar? Se o sentimento de culpa pesa muito, é importante observar o que foi colocado na balança.

74 Uns passam antes, outros, depois

Se pudesse reunir apenas três lições de tudo o que aprendi na minha jornada como aluno e professor, elas estariam reunidas aqui:

- ✓ Há dois lados em toda preparação, a funcional e a emocional.
- ✓ Todo mundo tem o poder da aprovação.
- ✓ Em qualquer prova que seja, precisamos vencer o adversário que habita em nós.

São por elas que é possível afirmar, "uns passam antes, outros, depois". Ou seja, a questão se resume ao tempo da aprovação, pois ela está disponível para quem decide, realmente, conquistá-la. Quando você alcançará? Antes ou depois? No entanto, qual é o parâmetro: antes ou depois do quê? É você que deve responder a essa pergunta. Como sugestão, você deseja alcançar a aprovação:

- ✓ Antes de se formar.
- ✓ Antes de casar.
- ✓ Antes de acumular uma dívida impagável.
- ✓ Antes da concorrência.

- ✓ Antes que seus pais o expulsem de casa.
- ✓ Antes de se achar conformado(a) com a situação de só estudar ou que concursos ou a OAB não sejam sua "praia".
- ✓ Antes dos 50 anos.
- ✓ Antes que a "casa caia".
- ✓ Antes que a prima mais nova seja aprovada.

Acredito que, se os dois lados da preparação estiverem em equilíbrio e de acordo com o mesmo objetivo, o poder da aprovação será despertado para calar o adversário que habita em cada um, e o "antes" será o mais breve do que se possa imaginar. Qual a diferença de quem passou antes do que os outros? **Preparação!** Na Bíblia não tem a expressão "bem-aventurados"? Aqueles que alcançarão Deus e o reino dos Céus (Mateus 5). Em provas, os "bem-preparados" são aqueles que conquistarão a aprovação e o reino dos aprovados. Amém!

Nossa missão é **antecipar a sua aprovação** do tempo que poderia se esperar para quem ignora o poder que tem e da importância da relação das emoções com os estudos. "Estudar até passar" tem que ser ponderado, interpretado no sentido de se ocupar o máximo com os estudos quando se tem o tempo disponibilizado a eles. Não abro mão da regra do **"CDF"**: **Concentração** + **Dedicação** + **Foco**. Esses elementos podem ser extraídos das perguntas a seguir.

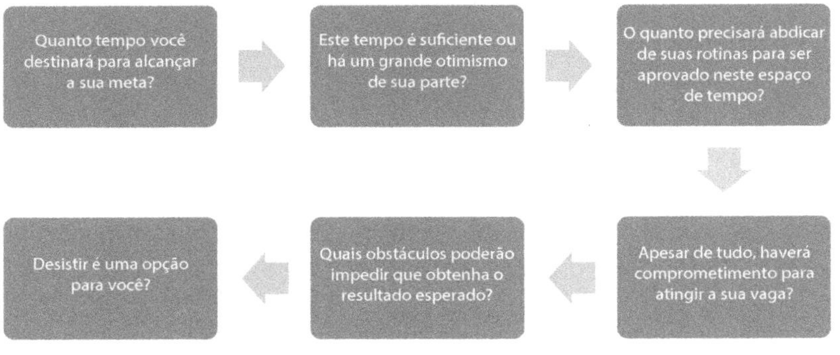

Se todos têm o **poder da aprovação**, a única incerteza é quando ele será despertado a tempo da prova que você irá enfrentar. Por isso, que **uns passam antes; outros, depois**.

75 Regra do CDF

Uma das frases favoritas entre os estudantes é **"foco, força e fé"**. Por quê? É uma reunião poderosa de fatores que podem influenciar não só a preparação como a aprovação. Seria foco no objetivo, força para lutar e fé para vencer. Eu ainda incluiria "café" não só para rimar, como também para dar energia necessária para os estudos. Apesar de a junção desses elementos ser importante para a maioria, se fosse escolher melhor, eu ficaria com o acrônimo CDF, que não é "cabeça de ferro", aquele que estuda muito.

Se perguntar para qualquer concurseiro ou oabeiro qual é o maior problema que ele tem quando precisa estudar, certamente, ele responderia que é falta de **concentração**. Num mundo cheio de distrações externas, como redes sociais, plataformas de *streaming*, as maravilhas que a internet oferece e os jogos, realmente, não é fácil para os estudos competir com tudo isso. Apesar de essas atrações estarem fora da sua cabeça, é nela que a tentação está provocando o desejo. "Eu poderia estar assistindo ao novo episódio da minha série favorita, mas estou aqui diante de atos administrativos para estudar."

Já as distrações internas são aquelas representadas por pensamentos furtivos, pela voz interior tagarela, preocupações e expectativas que geram ansiedade. As **emoções** também fazem esse papel. Quem consegue se concentrar quando está triste por um término de relacionamento ou por acumular reprovações? Insistir numa leitura ou em videoaulas nesse estado emocional é total perda de tempo. Então, é desnecessário reafirmar a importância da concentração, quando ela é unânime entre os estudantes. Ela representa qualidade nos estudos.

A **dedicação** também diz respeito à qualidade e, segundo a definição do dicionário Oxford, é a condição de quem se entrega e se sacrifica por algo. É a manifestação de amor e apreço. Não basta demonstrar que está estudando 8 horas por dia, precisa ser verdadeiro o empenho e a devoção aos estudos. Pense em outra coisa que você adora se dedicar a fazer. Por exemplo, dedico-me a fazer *playlists* no Spotify e mantê-las atualizadas, incluindo ou retirando canções que gosto de escutar. Gasto um bom tempo com elas e tento deixá-las perfeitas para mim. Considere o que você se dedica com tanto prazer e aplique aos estudos. Talvez, no início, não seja fácil, mas ao mergulhar nessa tarefa encontrará mais razão do que obrigação.

E, por fim, **foco** é o elemento comum aos três "Fs". Sem direção, ninguém vai a lugar algum que faça sentido. É como estar perdido no meio do deserto. Particularmente, eu ficaria desesperado. E a falta de esperança é perigosamente desoladora. Você encontrará foco quando souber o que procura. Se o seu desejo é passar num concurso público, para o cargo de delegado de polícia, o foco será ajustado à preparação adequada a esse desafio. Essa será a sua realidade. Como diz o Mestre Yoda, **"o seu foco é a sua realidade"**.

Quando o foco se torna poderoso, entramos num estado de transe mental. É o que os psicólogos chamam de *flow* ou fluxo, conceito criado pelo húngaro Mihaly Csikszentmihalyi. Você está há horas estudando, mas não sente o tempo passar. Traduzindo esse sentimento, a pessoa realiza uma tarefa ou atividade e se sente totalmente absorvida por ela em razão do prazer, da energia e do foco. Sinto-me assim quando palestro, tenho uma leitura instigante, escrevo um livro e produzo minhas listas de músicas.

Concluindo, os três elementos se inter-relacionam e se retroalimentam pelas características que têm como denominador comum â sua **atenção**, tão disputada por tudo e por todos. Nem o seu dinheiro tem tanta procura como tem o que você faz com o seu tempo. E se tem algo que precisamos admitir é que você tem o **controle dela**!

76 Quem precisa se preocupar com a autoestima?

Vejo com grande preocupação aqueles que se autossabotam quando precisam mostrar suas medalhas e cicatrizes de batalhas. "Essa aqui conquistei com pura sorte". "Essa outra, tiveram pena de mim e me entregaram". "Essa não conta, foi resultado de esforços coletivos". "Essa cicatriz feia aí nem dói". Percebo que não valorizam a própria história, porque a dos outros são mais bonitas e grandiosas.

Esse é o contexto de quem sofre da **síndrome do impostor**. Ela não é uma doença catalogada, mas um sentimento que as pessoas têm quando se enxergam como **fraudes**. A expressão foi cunhada pela psicóloga Pauline Rose Clance e ela a define como a junção de duas grandes causas: as exigências da sociedade quanto ao sucesso e as comparações inevitáveis com os outros. Eu mesmo poderia ter caído nessa armadilha quando desisti da magistratura. Ao ser nomeado advogado de uma empresa pública, poderia ter enxergado insignificância à minha aprovação comparada aos meus colegas que se tornaram juízes. Além disso, estudei em colégios particulares, numa faculdade de renome e tive tempo para me dedicar para concursos, o que as pessoas esperariam de mim? Certamente, o sucesso numa carreira melhor e mais rentável.

A questão está na **autoestima**, que é uma avaliação subjetiva positiva ou negativa que a pessoa faz de si a partir de vários fatores, como emoções e crenças. Em geral, ela é dividida em alta ou baixa e reflete diretamente em nossas vidas. Na **baixa autoestima**, percebe-se insegurança, falta de confiança, medos excessivos, desânimo e desmotivação. Estudar nesse estado emocional é improdutivo, pois muitas barreiras mentais são atravessadas a ponto de impedir a aprendizagem. Por exemplo, diante deste pensamento:

> "Por que vou perder o meu tempo estudando, se as pessoas não acreditam em mim?".

As pessoas podem lidar com esse pensamento intrusivo de dois modos e eles estão vinculados à autoestima.

Baixa autoestima

- É verdade, sou incapaz, uma verdadeira fraude. Tudo o que faço não dá certo. As reprovações são prova disso. Para que continuar tentando?

Alta autoestima

- Se as pessoas não acreditam em mim, o problema é delas. Não enxergam o meu potencial. Não é por acaso que cheguei onde estou, entre vitórias e derrotas, à espera de um novo desafio.

Quando relacionado o **poder da aprovação** com a autoestima é justamente para demonstrar que todos nós o temos. O simples fato de pensar em "poder" é uma forma de incentivar a lutar contra o complexo de inferioridade e a negatividade do autojulgamento. O **empoderamento** é a melhor palavra que define o que busco ensinar aos meus alunos e leitores. Ele eleva a autoestima para lidar com pensamentos que podem arrastar para baixo, como as comparações, julgamentos alheios, as generalizações e a falta de autocompaixão. Lembre-se: você não chegou de graça até aqui, tem uma história a preservar e um futuro a seguir.

77 Empoderar-se!

A palavra **empoderamento** foi emprestada da administração para os movimentos sociais da atualidade. O "empoderamento feminino" é um deles. É a atividade ou ação para se tornar poderoso. A admiração aos super-heróis na ficção é justamente pelos poderes que carregam. O meu preferido sempre foi o Super-Homem, pela força que tinha e a capacidade de voar. Esse é o sucesso que eles fazem no cinema e nas séries. Mas será que nós, meros mortais, não temos os nossos **superpoderes**?

Por um bom tempo, a lista dos livros mais vendidos era recheada de títulos com a palavra "poder". Para exemplificar alguns, "O poder do hábito", de Charles Duhigg; "O poder do agora", de Eckhart Tolle; "Poder sem limites", do Anthony Robbins; "O poder da ação", do Paulo Vieira; e "O poder do pensamento positivo", escrito por Norman Vicent Peale. Todos eles retratam determinadas habilidades humanas ou qualidades como poderes. É o que também enxerguei quando percebi que a aprovação era um poder disponível para quem faz provas e testes. Não precisa nascer com ele, como Clark Kent, basta querer se empoderar!

Ainda investigo por que quando somos crianças acreditamos que temos poderes e depois, já adultos, achamos uma bobagem de roteiristas de Hollywood. Talvez pelas dificuldades do cotidiano, quando precisamos depender de nós mesmos para enfrentá-las. Mesmo assim, a palavra poder é um ímã, pois, todo mundo, lá no "fundinho", gostaria de ter alguns. Diante das qualidades que você tem, quais são os seus poderes relacionados aos estudos? Poder da concentração? Do foco? Da dedicação? Do raciocínio? Ou da memória? Aproveite esse momento de reflexão e escreva abaixo os seus três mais relevantes, sem precisar ter uma ordem.

Os poderes que tenho!	
01	
02	
03	

Agora, considere aqueles outros três poderes que você gostaria de ter quando está estudando ou relacionado aos estudos. Pense nos poderes dos seus amigos, colegas e familiares que admira quando se trata de passar em provas e exames. Poder da resiliência, de se recuperar de uma reprovação e seguir adiante? Da sorte, porque sempre acertam na dúvida numa prova? Da fé, pois nunca deixam de acreditar que serão aprovados? Da blindagem emocional, pois sabem regular as emoções mesmo diante de grande estresse? Da sabedoria, porque sabem o que fazem? Veja a sua necessidade e anote abaixo.

Os poderes que gostaria de ter!	
01	
02	
03	

Como se sabe, os super-heróis vivem dos seus poderes, mas também não deixam de estar atentos aos seus pontos fracos e aos principais adversários. *Superman* sofre com a *kryptonita* e tem diversos arquirrivais, entre eles, Lex Luthor. Em contato com essa pedra ficcional, ele se torna mais frágil que os humanos e Luthor sabe disso, além de ser esperto e um grande vilão. E você sabe qual é a sua *kryptonita* e seus vilões? Eu sei quais são os mais mortais para todos os concurseiros e oabeiros:

- Preguiça
- Inércia
- Superego

- Negatividade
- Procrastinação
- Culpa
- Medo
- Ansiedade
- Distrações

Não queira salvar o mundo antes de ser o herói ou a heroína de sua própria história! Empodere-se com o **poder da aprovação** para conquistar a tão sonhada vaga no serviço público e a carteirinha da OAB.

78 O MUNDO DOS ANSIOSOS

O psiquiatra brasileiro, e um dos mais lidos, **Augusto Cury** tem um livro cujo título é um ótimo aviso: **Ansiedade – como enfrentar o mal do século**. Tirado das suas palavras, vivemos uma sociedade urgente, rápida e ansiosa, que adoece coletivamente. Os professores reclamam de seus alunos, cada vez mais agitados e alienados. Muitos sofrem por antecipação. Sabem dirigir carros, mas não aprenderam a dirigir as próprias emoções e pensamentos.

O livro **Mentes ansiosas**, da psiquiatra **Ana Beatriz Barbosa Silva**, também traz a preocupação de que a ansiedade está adoecendo as pessoas, em especial, os jovens, e faz a correlação necessária com o medo, ambas faces da mesma moeda, levando ao estresse e dele a possíveis transtornos. O TAG – Transtorno de Ansiedade Generalizada é um deles e se caracteriza por um estado permanente de ansiedade, trazendo consequências somáticas como taquicardia, sudorese, arrepios, dores musculares, sensação de asfixia, fadiga, perturbação no sono, entre outras.

Para piorar, de acordo com a OMS, já de algum tempo o Brasil é o país mais ansioso do mundo. Portanto, estamos diante de uma pandemia chamada **ansiedade**. Há muita gente que procura remédios para driblar, enquanto outros, terapias e formas alternativas de levar uma vida equilibrada. É importante deixar claro que a ansiedade por si só não é um problema. Veja que é normal sentir-se ansioso diante de uma prova importante. Ela ajuda a trazer foco e atenção para o desafio. O problema é quando a ansiedade se torna excessiva e disfuncional, e a prova se torna uma ameaça.

Enxergo na sensação da **falta de controle** um dos combustíveis que incendeiam a ansiedade. Se ela é o excesso de pensamentos no futuro, é justo por que sofremos com a ausência do controle dos fatos. Quem não vive sempre procurando controlar a própria vida? As circunstâncias são as inimigas desse objetivo. "E se a OAB resolver fazer a prova mais difícil do mundo?". "E se tiver 1.000 candidatos por vaga?". "O que os outros irão pensar e falar de mim?". São exemplos de pensamentos que roubam a atenção e se forem insistentes minam todo e qualquer esforço de estudar.

Então o que fazer? Há muitas técnicas e livros dedicados ao enfrentamento da ansiedade. Particularmente, acho didática e eficiente a estratégia **A.C.A.L.M.E.-S.E.** Ela é uma técnica do psicólogo **Bernard Rangé**, mais outro brasileiro envolvido com a saúde mental e de grande renome. Fácil de entender, ela é prática e simples de lembrar. Você pode usá-la inclusive durante a realização da prova. Repita quantas vezes quiser e adote para sua vida.[4]

A	• Aceite a ansiedade
C	• Contemple as coisas a sua volta, tirando a atenção de dentro de você
A	• Aja com sua ansiedade
L	• Libere o ar dos pulmões
M	• Mantenha os passos anteriores
E	• Examine seus pensamentos quando ocorre o episódio ansioso
S	• Sorria! Você está fazendo o seu melhor
E	• Espere o futuro com aceitação

4 Você pode encontrar na internet vídeos explicativos e textos sobre essa estratégia. Ela está bem descrita no livro **Vencendo o pânico**, de Bernard Rangé e Angélica Borba, editora Cognitiva.

Você teve algum dia estressante na última semana? É difícil não ter quando conceituamos **estresse** de forma ampla, incluindo todas as experiências indesejadas. Faltou luz? Estresse. Sinal ruim da internet? Estresse. Demoraram para entregar a comida? Estresse. Comprou on-line e entregaram o produto errado? Estresse. Os amigos não respondem rapidamente a conversa em texto? Estresse. A aula do professor é chata? Estresse. Ou seja, tudo gera... estresse!

Na verdade, estresse vem a ser uma palavra que foi tomada do campo da física e diz respeito a uma força aplicada ou pressionada sobre algo. Lembra de outra palavra, **tensão** e, quando se está tenso ou o ambiente, não é nada bom, não acha? O responsável por dar outro sentido à palavra **estresse**, como resposta do corpo a qualquer exigência que lhe é feita, foi o endocrinologista **Hans Selye**. Ele dividiu o estresse em **dois tipos**:

- ✓ **Eustresse** – o estresse bom
- ✓ **Distresse** – o estresse ruim

Não sabia que existia um estresse bom? Pois, então, tem até livro que busca desmistificar esse assunto: **O lado bom do estresse**, da psicóloga **Kelly McGonigal**. O fato é que precisamos de uma dose diária, saudável em níveis apropriados, pois aumenta a eficiência e desempenho. A própria autora afirma que a **resposta ao estresse** ajuda a encarar os desafios, pois concentra a atenção, aguça os sentidos, aumenta a motivação e mobiliza a energia. Além disso, ajuda o cérebro a aprender e a crescer. Ela defende que são as crenças negativas que temos quanto ao estresse as responsáveis por nos prejudicarmos, segundo as pesquisas. Há até um termo para a "coragem de crescer com o estresse", *hardiness*.

O concurseiro e o oabeiro, usualmente, encontram as **fontes estressoras**, aquelas que causam estresse, nas pressões, nas situações em que se perde o controle, na urgência e na falta de tempo. Os excessos também fazem parte desse pacote, como estudar demais. A reação a elas é o que se pode chamar de respostas adaptativas que o corpo emite, como o cansaço, a irritação, a enxaqueca, as alergias, os problemas gastrointestinais, a dificuldade de concentração, entre outras. Atente-se a esses sintomas, inclusive ao **estresse emocional**.

Voltando às lições de McGonigal, para concluir este capítulo, há **3 etapas** para praticar uma nova mentalidade quanto ao estresse:

1º) Reconhecer o estresse.
2º) Reconhecer que o estresse é uma reação a algo importante.
3º) Aproveitar a energia fornecida pelo estresse em vez de gastá-la com ele.

80 O LUTO DA REPROVAÇÃO

Reprovar é fácil, difícil é lidar com isso, não é? Quando era concurseiro e enfrentava provas com "sangue doce", porque sabia que não tinha estudado o suficiente, ficava frustrado com o resultado, mesmo que fosse o mais evidente. É como jogar na Mega-sena, apesar de as chances serem zero vírgula e dezenas de outros zeros, sempre há uma esperança de que fique milionário da noite para o dia. Esse é o hábito dos **concurseiros de plantão**: fazer a "fezinha" a cada jogo.

Assim, saber lidar com a reprovação é essencial para alcançar a aprovação, caso contrário, a **dor emocional** do fracasso nunca deixará de ser passageira a ponto de retornar aos estudos para o próximo desafio. Uma reprovação é uma perda. Perda de chão, da autoconfiança, da segurança, das certezas, do controle, um pouco da esperança e da sensação da perda daquele tempo comprometido aos estudos. Os planos acabam sendo adiados; outros, desistem depois de uma reprovação. Há muitos sentimentos envolvidos, mas a **tristeza** interfere em todos eles. Por isso, é necessário passar pelo **processo de luto** para recuperar-se da perda.

Na psicologia, o enfrentamento do luto da morte de alguém, que é uma perda, resume-se a 5 **estados mentais**, que seguem uma ordem (ou não) e podem coexistir, a saber:

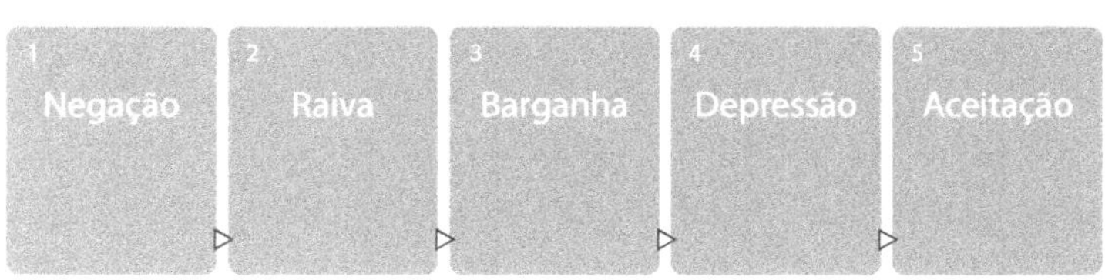

Adaptado ao nosso contexto, **negar** é não aceitar a reprovação. Tais pensamentos, "como não passei depois de estudar tanto" e "não acredito que não passei", são comuns. O fato de não concordar com a resposta do gabarito oficial, mesmo que ninguém enxergue motivos para anular, também faz parte desse primeiro estado mental. Depois vem a **raiva**. "Maldita banca!" e "prova injusta" são desabafos que se ouvem ou se leem muito. Ela pode ser direcionada à própria pessoa como "por que não estudei mais" ou pela situação que vive durante a preparação. Recorrer à bebida ou às drogas é uma possibilidade.

Em seguida, vem a **barganha**. É uma estratégia mental para contornar a reprovação, como acreditar que a banca irá anular as questões necessárias para passar. Em geral, parte de uma negociação consigo ou com uma entidade superior, tipo "se Deus quis assim, é por que tem algo melhor me esperando". A seguir, vem a **depressão**, como um choque de realidade. Quando cai a ficha que a perda é definitiva. Há um sofrimento intenso diante do fracasso. "Sou burra", "um fracasso em pessoa" e "nunca vou passar" são pensamentos que identificam a fase.

Por fim, a **aceitação**. É quando se percebe que a vida segue com (e sem) reprovações. É a forma de conviver com a derrota pessoal. "Outras provas virão" é um exercício mental que acalma e projeta a continuidade dos estudos. Importa dizer que o luto não é algo ruim, mas necessário, um processo que ajuda a retomar a vida e as atividades cotidianas. Essas fases podem ser simultâneas e funcionar diferentes para cada pessoa, mas, em geral, é uma forma de enxergarmos como lidamos, emocionalmente, com uma perda.

81 Mudar para melhor

Escrevemos antes que "reprovar é fácil, difícil é lidar com isso". Mudar diante de uma reprovação está num patamar acima. Há muitos livros sobre **mudança**, talvez o mais popular seja **O poder do hábito**, de **Charles Duhigg**. A premissa é que todos nós temos hábitos ruins que desejamos mudar, porém, sentimos que não temos forças para enfrentá-los e a rotina é mantida, fortalecendo a zona de conforto. Para ilustrar, quem pretende acordar mais cedo para estudar, mas não consegue fugir da tentação de ir dormir tarde depois dos prazeres da Netflix? Precisa de verdadeira coragem para mudar!

Duhigg, como repórter investigativo, encontrou padrões em muitas histórias de sucesso e de pesquisas na área da psicologia sobre os hábitos.[5] Didaticamente, enxergou um "***loop* do hábito**" e que representa como ele se manifesta. Há 3 estágios claros: a deixa, a rotina e a recompensa. Ele se inicia com uma "deixa" (um estímulo) captada pelo cérebro e que leva a uma rotina (física, mental ou emocional) em busca de uma recompensa. E, quanto mais tempo permanece este *loop*, mais automático fica o hábito. Entender como os hábitos funcionam já é um bom passo em direção a mudança, pois eles podem ser substituídos e alterados.

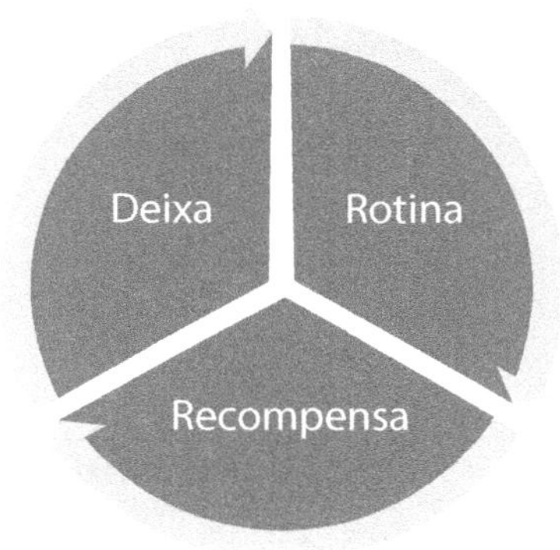

Ocorre que há hábitos **bons e ruins**, e o nosso cérebro não sabe diferenciar tão bem como imaginamos. A ótima notícia é que podemos transformar um hábito *ruim* em *bom*. Mas, para tanto, é necessário reconhecê-los e identificar o seu *loop*, substituindo uma das suas variáveis (deixa, rotina e recompensa). Você saberia reconhecer seus **hábitos ruins** ao estudar ou quanto à preparação em si? E quais **hábitos bons** você gostaria de implementar?

Muita gente gostaria de ter o hábito de estudar pela manhã, mas não consegue render, porque acorda tarde. Será que a única "deixa" é o despertador do relógio? Quem percebeu que não adiantava apertar no botão "adiar" ou soneca do despertador para mais 10 minutos de

5 DUHIGG, Charles. **O poder do hábito**. Rio de Janeiro: Objetiva, 2012.

sono investiu num curso preparatório com aulas ao vivo pela manhã, uma forma de comprometer-se à "rotina" de estudos. A "recompensa" de quem estuda pela manhã, além do aprendizado, é finalizar os estudos em um ótimo momento, a hora do almoço.

Veja que os **momentos de tédio** são a "deixa" para o acesso às redes sociais, tornando-se rotina, pois a recompensa está nos *likes*, *emojis* e na vida alheia que invade nossas telas. Por outro lado, quem não reclama da falta de tempo para estudar? Para mudar esse hábito, aproveite a mesma "deixa", mas substitua por outra rotina, a leitura, e terá a recompensa de não carregar a culpa de não estar estudando. Em vez de pegar o smartphone, carregue um livro para estudar ou resolva questões pelos aplicativos ou on-line.

Em nossa obra **Você + feliz**, ensinamos os estágios da mudança a partir do método dos psicólogos **James Prochaska**, **John Norcross** e **Carlo Diclemente**, cujo livro foi bestseller internacional. A importância do que denominam "espiral da mudança" é que o sujeito transita entre as fases, progredindo ou regredindo diante do que deseja mudar e manter. Perceber em qual estágio está é condição para funcionar o método. Considerando como desejo de mudança a "forma de estudar" diante de reprovações, veja no quadro a seguir.

Estágios	Características
Pré-contemplação	O concurseiro ou oabeiro não pretende mudar sua forma de estudar, porque acredita que as reprovações não estão ligadas a ela.
Contemplação	Percebe que a forma de estudar não é a melhor e, se quiser resultados diferentes, precisa mudar.
Preparação	A pessoa está comprometida a mudar e estabelece um prazo para começar.
Ação	Inicia uma nova forma de estudar, alterando o comportamento em busca de recompensas.
Manutenção	A pessoa trabalha para consolidar os ganhos e manter-se focada.

Por fim, os autores incluem ainda um último estágio, o da **conclusão**, o que não importa para o que desejamos mudar. De fato, mudar para melhor todo mundo quer, mas poucos fazem. Quantas pessoas você conhece que gostariam de largar o cigarro, a bebida, de gastar dinheiro com supérfluos, de passar muito tempo nas telas, entre outros hábitos indesejáveis? Só a força de vontade é muito pouco para algumas rotinas tão enraizadas. Tem uma frase de autoria desconhecida para contextualizar e finalizar: "a mudança que você quer está na decisão que você não toma".

82 Procrastinação não combina com ação

Uma das maiores dificuldades que um candidato enfrenta para estudar é a **procrastinação**. É o famoso deixar para amanhã ou empurrar com a barriga os compromissos, mesmo sabendo do prejuízo que causará ao deixar para última hora. Às vezes, os procrastinadores são chamados de preguiçosos ou medrosos por evitarem enfrentar a tarefa à qual deveriam. Outras, eles mesmos se defendem como perfeccionistas ou planejadores, para atender o desejo de não realizar a atividade ou para postergá-la a um prazo indeterminado.

Afinal, o que estaria por trás da procrastinação? Em geral, as **emoções negativas**. É uma forma de alívio imediato para não precisar sentir tristeza, medo, ansiedade e proteger a autoestima. Percebe-se que, quanto maior o desafio for, mais tempo levará para se envolver de fato com ele. Há quem passe a vida planejando, mas nunca coloca em prática os planos com medo de dar errado ou de passar vergonha ao julgamento alheio. Em vez de sofrer a curto prazo, prorroga qualquer sentimento contrário para longe da vista.

Segundo a psicologia, a procrastinação é qualquer forma de evitação ou o adiamento de uma ação que gere prejuízos para a vida da pessoa e, quando "crônica", pode ser um problema a ser tratado com profissionais da saúde mental. Conheço muitas pessoas que gostariam de passar num concurso e ter uma vida tranquila. Porém, segundo elas, como não têm tempo disponível para estudar, o sonho não sai do papel. E, mesmo que você demonstre dentro da rotina delas que há espaço para iniciar os estudos, não se comprometem em mudar a vida. Lembra dos estágios da **pré-contemplação** e **contemplação** da mudança?

A procrastinação também tem muito a ver com os hábitos e o desconforto na realização de tarefas. Veja que mesmo diante do que a ciência já comprovou e o que os professores repetem todo santo dia, há alunos que evitam resolver questões de provas anteriores por medo de fracassar. Até prometem que irão fazer simulados e chegam a investir numa assinatura em sites de questões, mas jamais entram na rotina. Alguns até começam, mas logo desistem. É como aqueles que já deixam a academia paga por um ano, porém, depois de algumas semanas, resta só a promessa de voltar.

Outra situação comum é quando o aluno se depara com as disciplinas difíceis. Essa dificuldade tem muito a ver com o emocional, pois em geral são matérias de que não gosta e precisam ser aprendidas com a "força do ódio". É a forma de interpretar e rotular que condiciona a preparação. Se você detesta Direito Administrativo, quanto mais próxima estiver a data para uma aula, maior será a ansiedade de ter um dia péssimo ou o medo de concluir que é um "caso perdido". O que muitas pessoas fazem? Não assistem e deixam para outro dia qualquer. Fugir dessa tarefa evita o desconforto momentâneo, porém, o sentimento de culpa permanece. Quando não puder mais evitar a matéria, o estresse e a pressão aumentam e pelo fato de estar às vésperas de uma prova, porque deixou por último, prejudica toda a preparação.

Há diversas dicas na internet entre vídeos e textos para lidar com a procrastinação, pois é um tema bastante popular. Como pode ser tratado como um hábito, sugiro seguir as dicas que tratamos sobre mudanças, reconhecendo as deixas, a rotina e as recompensas. Nem todo atraso ou replanejamento é um ato de procrastinar: é necessário ter prejuízo cognitivo e emocional. Todo "adiar por adiar" precisa ser investigado, bem como perceber se não está preso a um **ciclo da procrastinação**.

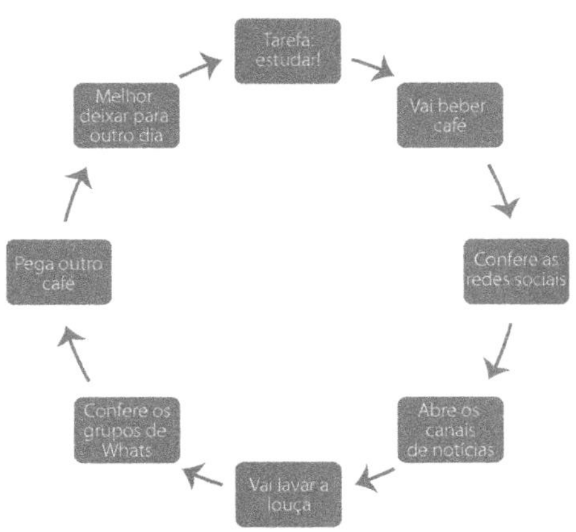

83 Cinco "síndromes" que todo estudante sofre

Todos aqueles que estão se preparando para provas e exames têm o seu próprio **"divã particular"** para refletir e desabafar. Muitos recorrem a psicanalistas e terapeutas em geral, outros, a professores, mentores e amigos para compartilhar as angústias do momento em que se encontram. Esse divã tem sido substituído, frequentemente, pelas redes sociais, onde há tantos que se encontram em situação igual ou no mesmo barco. É a forma de lidar com o "casamento" com os livros, as aulas, cronogramas e tudo que diga respeito a concursos públicos e exame da OAB.

A nossa experiência diz que são **cinco as "síndromes"** ou as principais queixas que todo estudante de algum modo irá reclamar ou sofrer durante a preparação. É claro que há outras, mas estas realmente incomodam ou interferem na emocional do concurseiro ou oabeiro. Enxergá-las ajuda a identificar o problema e a resolvê-lo, visto que muitos não conseguem perceber quais os sinais ou sintomas que estão sequestrando a concentração e o foco. Certamente, você reconhecerá alguma das síndromes abaixo.

1 **Síndrome da inutilidade**

"– Você só estuda?". É a pergunta que todo concurseiro ou oabeiro precisa estar preparado para ouvir quando relata a rotina de estudos. De tanto ouvir, começam a se sentir como desocupados na vida, que não têm outra coisa a fazer a não ser estudar. A sensação é de que não produzem algo para a sociedade, portanto, são legítimos inúteis.

2 **Síndrome da burrice**

"– Você já passou?". Ora, se você "só estuda" ou se prepara há anos, como ainda não conseguiu alcançar a aprovação? Bem, essa combinação de síndromes torna o estado de espírito do estudante totalmente afetado e doente. Agora, quem ainda trabalha busca responder afirmando que "não tem tido tempo" para estudar, como se a justificativa fosse sincera, porque sabemos que muitos são aprovados em condições mais adversas do que quem está labutando e se preparando para provas e exames.

3	**Síndrome da injustiça**

"– Por que só comigo?" O Universo conspira só contra determinado estudante; por exemplo, em toda questão objetiva, se sobrarem apenas duas alternativas para responder, ele marcará sempre a errada. Sempre falta uma questão certa para ser aprovado. Sempre se esquece da matéria, justo no momento da prova. Ou, ainda, as datas das provas em que se inscreveu serão no mesmo dia ou as matérias que estudou não foram objeto de questionamentos.

4	**Síndrome da comparação**

"– Lembra da sua prima mais nova, pois é, ela passou!" Não há como se esquecer de que os outros estão fazendo ou conquistando, sempre alguém irá lembrar e comparar com os seus resultados ou com a sua vida. Não importa quantas diferenças existam, para os julgadores o que importa é apenas o resultado final: estar aprovado ou reprovado. Infelizmente, de tanto compararem, começará a desconfiar até que a sua sombra está melhor que você.

5	**Síndrome da ignorância**

"– Estudando para provas e exame? Tenho uma dica infalível para você!" É inevitável que alguém sempre irá surgir com todas as respostas ou propostas de sucesso, mesmo que essa pessoa nunca tenha sido aprovada ou tentado fazer uma prova. Ela acreditará que você ainda não alcançou a aprovação ou porque não está estudando, ou porque não conhece um método infalível que alguém está vendendo. Você chegará à conclusão de que tais percepções, no fundo, têm uma mensagem subliminar: você não passa porque é ignorante.

Qualquer que seja a síndrome que mais lhe incomode, importa indicar que elas podem ser questionadas por você diante da importância que dá, respondendo: "Eu só estudo, e daí?", "Não passei ainda, mas vou passar!", "Injustiças acontecem com todo mundo.", "Que bom que a minha prima mais nova passou.", "Fique com você suas dicas." Manter alta a autoestima é um santo remédio, não acha?

84 Sofrimento por antecipação

Será que a próxima prova vai ser mais difícil? Será que o concurso terá muitos candidatos por vaga? Será que o edital irá trazer muitas vagas ou se chamarão mais gente além delas? Qual será o ponto de corte? A OAB irá acrescentar novas disciplinas ou uma nova fase? Qual será a banca organizadora? Vai dar tempo para estudar ou fazer a prova? Será que irão anular alguma questão?

Questões como essas são muito frequentes e têm o poder de minar o emocional de qualquer candidato. Elas não apenas surgem e logo desaparecem, o que seria o ideal, pois nesse caso refleti-las num momento apropriado seria providente para não atrapalhar na hora dos estudos. No entanto, elas sequestram a atenção diariamente de quem precisa se dedicar para passar. Qual o efeito que elas trazem? **Sofrimento por antecipação**. A consequência direta é alimentar a ansiedade, pois os pensamentos estão lá no futuro, mas a dor está no presente.

Dizer para você "não sofrer por antecipação" é o mesmo que dizer "não pense num macaco segurando uma bola vermelha", porque não será produtivo. É claro que as preocupações antes exemplificadas são naturais, pois somos curiosos aos fatos importantes envolvidos em nossas vidas. Quando resolvo tirar férias na praia e alugo uma casa para daqui a dois ou três meses, alguns pensamentos passam a me acompanhar. Será que irá chover? Será que a casa é igual às fotos do anúncio? Será que o mar vai estar bom? E assim por diante.

A diferença entre pensar no futuro ou sofrer por ele é o que pode tornar patológico ou preocupante a experiência e convivência com os fatos que não se tem controle na maioria deles. O sofrimento pode estar no **pessimismo** e ele tornar a vida um estresse só. Basta se inscrever num edital para que o cotidiano se torne um inferno com pensamentos negativos de que tudo dará errado. Verifique as formas de responder a todas as perguntas iniciais deste texto.

Perguntas	Aluno 1	Aluno 2	Aluno 3
Será que a próxima prova vai ser mais difícil?	SIM	NÃO	NÃO SEI
Será que o concurso terá muitos candidatos por vaga?	SIM	NÃO	NÃO SEI
Será que o edital irá trazer muitas vagas ou se chamarão mais gente além delas?	NÃO	SIM	NÃO SEI
Qual será o ponto de corte?	ALTO	BAIXO	NÃO SEI
A OAB irá acrescentar novas disciplinas ou uma nova fase?	SIM	NÃO	NÃO SEI
Qual será a banca organizadora?	A MAIS CHATA	A MAIS FÁCIL	NÃO SEI
Vai dar tempo para estudar ou fazer a prova?	NÃO	SIM	NÃO SEI
Será que irão anular alguma questão?	NÃO	SIM	NÃO SEI

Que tipo de aluno você se encaixaria antes? No 1, 2 ou 3? Qual deles você acredita que sofreria mais de ansiedade com essas dúvidas a respeito do futuro? Você conseguiria identificar quais deles é mais otimista ou pessimista? E as respostas do aluno 3 dizem que ele é desinformado ou porque não está muito preocupado diante desses fatos? Diante das perguntas não há respostas certas ou erradas dos alunos 1, 2 e 3, porém resta claro o modo que eles lidam com informações que não têm controle. Essa dificuldade acaba refletindo emocionalmente e, portanto, atingindo o **lado funcional** dos estudos. De fato o aluno 1 é o mais pessimista, o 2 é o mais otimista e o 3 é o descansado ou desinformado.

Não sofra por antecipação, não vale a pena. Aceite que muitas coisas estão fora do nosso controle, inclusive nossos próprios pensamentos. Eles têm o péssimo hábito de nos colocar em situações difíceis e querer que a atenção esteja na próxima refeição antes de saborear aquela que está na sua frente. É resultado de milhares de anos de preocupações com o instinto de sobrevivência da nossa espécie. Porém, hoje está mais fácil estabelecer o que é um problema de verdade ou apenas uma imaginação. **Desfruta o presente** e *carpe diem*!

85 Você sabe usar a sua inteligência emocional?

Como você já deve saber, porque já escrevi antes, a expressão **inteligência emocional** ganhou repercussão quando Daniel Goleman lançou um livro com esse título. Ela já existia antes e era conhecida por psicólogos. A inteligência emocional nada mais é do que saber lidar com as próprias emoções ("intrapessoal") e quando relacionadas a outras pessoas ("interpessoal"). No livro de Goleman, aprende-se que, para desenvolver a inteligência emocional, é preciso ter **habilidades em cinco áreas**:[6]

O **autoconhecimento emocional**, como a própria expressão indica, é o processo no qual você conhece como funcionam suas emoções e com isso desenvolve uma qualidade de vida muito melhor. Quanto mais você se conhecer, mais possibilidades irão se abrir, pois ficarão mais claros seus limites e suas qualidades pessoais. Por incrível que pareça, muitas pessoas não sabem dar nome às emoções, apenas "sentem". O problema é confundi-las, como o amor e o ódio, cuja fronteira é mais fraca do que se possa imaginar, apesar de serem emoções antagônicas.

O **controle emocional** diz respeito à habilidade de monitorar as emoções, regulando-as. Quanto maior esse controle, mais fácil é lidar com fatores estressantes, por exemplo. Aqueles que têm pouco domínio emocional, geralmente, destacam-se — de forma negativa — na multidão. Quem nunca testemunhou uma briga ou discussão de trânsito? Percebe-se também na justificativa das decisões erradas, o tão comum "foi no calor da emoção". Já quem sabe administrar melhor as próprias emoções têm mais resiliência para suportar as adversidades da vida e se relacionar com os outros.

A **automotivação** trata da capacidade de se motivar a partir de estímulos próprios, não externos. Veja estas duas situações. Alguém que acorda às oito horas da manhã para estudar somente porque a mãe

6 GOLEMAN, Daniel. **Inteligência emocional**. 2. ed. Rio de Janeiro: Objetiva, 2017.

cobra resultado. Agora, há quem acorde sozinho em busca dos próprios sonhos. Qual deles exerce melhor a automotivação? Como na música de Geraldo Vandré, "Quem sabe faz a hora, não espera acontecer".

O **reconhecimento de emoções de outras pessoas** é a chave para a empatia (que não é a mesma coisa que simpatia). Empatia é a compreensão emocional da outra pessoa. Imagine a tristeza de alguém depois de uma reprovação. Você pode perceber e estender a mão para confortar e ajudar essa pessoa a sair desse momento de dificuldade. No entanto, outros podem nem dar qualquer importância, porque "todo mundo reprova algum dia". Julgar outra pessoa pelas próprias emoções não é ser empático.

Por fim, a **habilidade em relacionamentos interpessoais** é quase uma "arte", em razão do seu valor nos dias atuais. Em outras palavras, não adianta ter diplomas e títulos, mas não saber conversar com as pessoas. Em razão da popularidade das redes sociais, percebe-se que muita gente não consegue passar um único dia sem ter discutido com alguém que nem conhece. Entretanto, não sabem elas que cada vez mais os perfis são avaliados por recrutadores e pelos próprios empregadores. Saber respeitar os sentimentos dos outros se tornou uma qualidade rara nas relações virtuais.

Portanto, a inteligência emocional diz a respeito a essas habilidades, que podem ser aprendidas e mais bem desenvolvidas com treino e dedicação. Não há dúvidas de que ela tem um grande papel para quem está se preparando para provas e exames, pois só Q.I. ou ter conhecimento do conteúdo objeto da prova não adianta diante de tantas adversidades emocionais, resultado de pressões, grande estresse, ansiedade, entre outros fatores que interferem no psicológico.

86 Casos de família

Não sou consultor de casais nem tenho pretensão de apresentar na TV o programa "Casos de Família" temático para concurseiros e oabeiros, mas já ouvi muito sobre "perrengues" em relações familiares, de amizade e amorosas devido à necessidade de uma das pessoas precisar se dedicar aos estudos. Parece ser engraçado, às vezes é, como no caso que contei do casal que colocou o sexo como meta para gabaritar questões, mas abala emocionalmente quem deveria estar concentrado em aprender.

Não há como ignorar a **influência externa** quando precisa se recolher para uma atividade individual, exceto se os estudos forem em grupo. Já vimos que as pressões podem ser internas ou externas e que as distrações podem acontecer longe dos pensamentos ou da voz interior. Por exemplo, os oabeiros sentem mais pressão familiar do que os concurseiros por resultados, visto que o exame da OAB passa a ideia de uma prova sem concorrentes e, portanto, mais fácil.

A situação problemática, aqui contextualizada, são as interferências dos outros ou a falta de sensibilidade em relação a quem precisa estudar. Experimente dizer "não" aos amigos que o convidam para uma festa ou uma confraternização na casa deles numa sexta à noite ou uma viagem para a praia? Além disso, e a aflição de que eles possam nunca mais convidá-lo para sair ou viajar? O fato é que cada um carrega as suas próprias dores e, na maioria das vezes, quem está de fora não percebe muito bem isso, parecendo insensível.

Poderia ser algo banal, mas o tema é relevante para aqueles que precisam equilibrar os relacionamentos e as amizades com os estudos. É a típica situação do **coração dividido** com os dilemas que precisa carregar. Além disso, não basta decidir qual compromisso aceitar, porque você pode viajar com os amigos ou namorado(a) para curtir um descanso, porém, a cabeça não sai do seu local de estudos e não se diverte. Aliás, retorna com a alma pesada das toneladas de sentimento de culpa.

Há situações que levam ao **limite**. Vou ilustrar um caso baseado em fatos reais sem indicar nomes. Ela, recém-formada em Direito, estava decidida a ser aprovada como oficiala de justiça. O namorado já era advogado e tinha uma boa renda, enquanto ela só estudava com a ajuda dos pais. Ele queria viajar nos finais de semana, passar as férias na praia e sair logo depois do expediente para "comemorar a vida". No início, ela acompanhava, porém, percebeu que precisava se dedicar com mais vigor, pois as notícias davam como certa a publicação do edital para breve. Ela começou a evitar as saídas e explicou o porquê a ele, que concordou contrariado, pois queria aproveitar a "vida de casal". Mesmo assim, continuou insistindo para saírem mais, mas ela negava e pedia para que ele respeitasse esse momento. No final, ele se disse cansado de esperar, que precisava ver o lado dele e terminou o namoro.

Por outro lado, vejo muitos casais em que um dos parceiros apoia o outro a estudar, pois o sonho realizado de um contagia o outro a viverem juntos um sucesso compartilhado. Além disso, se os **dividendos da aprovação** serão um incentivo para o casal, mais ainda a compreensão e paciência precisam ser aliadas a ele. No caso anterior, ela poderia ter encerrado a relação, mas quem está mergulhado numa preparação pouco percebe o que está na superfície. Se a separação for a solução, quem sabe antes de tomar essa decisão, avalie o seu parceiro ou parceira, que ainda não compreendeu sua condição de concurseiro ou oabeiro. Veja se ele ou ela:

- ✓ **sabe o quanto é importante sua dedicação para alcançar a aprovação?**
- ✓ **conhece os seus sonhos ou a sua ambição profissional?**
- ✓ **tem dúvidas da sua capacidade?**
- ✓ **tem medo de que você supere ou alcance uma posição de mais destaque, inclusive, financeiramente?**
- ✓ **tem ciúmes das suas pretensões?**
- ✓ **pensa ou avalia que as vitórias serão compartilhadas pelo casal?**
- ✓ **tende a agir de forma negativa às suas atividades?**

É possível que uma dessas situações, ou combinadas, desperte sua preocupação de que o **amor esteja atrapalhando** suas pretensões. Também é possível que você não esteja sendo transparente em "abrir o jogo", porque tem receio de magoar a sua paixão. Como se sabe, a falta de comunicação é um dos **principais motivos** de separação, visto que muitos acreditam que sabem "ler a mente" do outro e, portanto, omitem o que sentem ou pensam. As palavras ficam presas na garganta, já que o outro "deveria" saber o que se passa conosco, não é assim?

Não desejo que você precise optar por um namoro ou uma amizade em razão dos estudos, mas se for imprescindível para alcançar sua aprovação, quem sabe já não era a hora de ter encerrado por outros motivos que estavam sendo relevados pela força da vontade da união? Essa **autorreflexão** sempre será necessária quando seu objetivo maior estiver sendo sabotado por alguém, mesmo que seja quem você goste muito. Como quem acredita nas circunstâncias do destino, "quem sabe não era para ser"? *C'est la vie* diriam os franceses, ou "é a vida", não acha?

Caso o coração fique vago ou abra espaço para novas amizades, que tal se **apaixonar** pelos estudos e se casar com a aprovação? O **amor próprio** é condição para que depois se possa dividir sua atenção com outras pessoas. Não tenho dúvidas também que a remuneração e a estabilidade do cargo público e a carteira da OAB deixam as pessoas mais atraentes e bonitas. Caso não funcione, ainda tem as simpatias para São Valentim e Santo Antônio, padroeiros do amor.

87 Pensar só positivo não adiantará se o agir for negativo

Quando você vê um copo com a metade da água, enxerga um copo meio cheio, meio vazio ou apenas um copo com água? Esse é o clássico "teste" para se verificar se a pessoa é **otimista** ou **pessimista**. Se enxerga meio cheio, ela é otimista; meio vazio, pessimista. Mas será que só depende do copo ou a sede também não é responsável em avaliar o valor do conteúdo? Imagine-se no deserto. Qualquer copo com pouca água será muito, não acha? Então, a situação é mais complexa do que parece.

Há muitos livros de autoajuda que incentivam uma mentalidade positiva, como se poderia esperar. **Napoleon Hill** e **Norman Vincent Peale** são dois autores clássicos nesse gênero e que fazem ainda grande sucesso, mesmo seus livros tendo sido escritos nas décadas seguintes da 2ª Guerra Mundial, pois quem não desejaria ler sobre positividade e otimismo? Mais recentemente, a própria psicologia trouxe estes assuntos para dentro de seus laboratórios e experimentos sociais para validar o que o senso comum já sabia.

De fato, consumimos muito material motivacional para dar aquele empurrãozinho quando mais precisamos. Este livro mesmo tem esse espírito de celebrar autoestima, inspirar o autoconhecimento e ajudar no desenvolvimento pessoal e profissional. Porém, não posso, simplesmente, dizer que você alcançará a aprovação porque acorda e vai dormir com o **pensamento positivo** na mente. Ocorre que a internet está cheia de frases com conteúdo de positividade, breves calmantes instantâneos que alimentam o estado de espírito. Porém, como uma refeição rápida, não é possível viver só de *miojo* ou *fast food*, pois não faz bem em excesso. É o que se denomina "positividade tóxica".

Particularmente, acho "fofas" estas frases:

- ✓ "Que a gente sempre carregue fé, amor e pensamento positivo todos os dias"
- ✓ "Treine sua mente para ver o lado bom de qualquer situação"
- ✓ "Pense positivo, pense que você pode e que você é capaz de coisas maiores"
- ✓ "Todo pensamento positivo te impulsiona na direção certa"
- ✓ "Cultive pensamentos bons, rodeie-se de pessoas positivas e fique de bem com a vida"
- ✓ "Seja positivo, paciente e persistente"

Porém, **pensar só positivo não adianta se o agir for negativo**. Adormecer e sonhar com o sucesso todos os dias é gostoso, embala qualquer noite. No entanto, acordar e ficar inerte à realização desse sonho não servirá para nada, além do sofrimento da ansiedade e das expectativas não realizadas. É como eu digo, **"querer é poder adormecido, agir é poder acordado"**. Portanto, enquanto não sair do pensamento positivo para o agir positivo, seguindo o que já foi detalhado neste livro, por exemplo, será apenas um desejo e precisará ter muita paciência para que ele se realize por conta própria ou por obra do acaso.

Se você é como muitas outras pessoas que, ao contrário, vivem sob uma nuvem carregada de negatividade, atrapalhando também o dia a dia, pode seguir os conselhos de **Allan Percy**, especialista em literatura de autoajuda. No seu livro **As vantagens de ser otimista**, ele apresenta **12 propostas simples para estimular o otimismo**. Considere como seu tema de casa, mas sem deixar a realidade dos estudos de lado, certo?

- **Corrigir a postura** – influencia o estado de ânimo
- **Modular a voz** – mais energia, por favor

- **Concentrar-se na solução, não no problema** – mais foco no que precisa ser feito
- **Ser sempre positivo** – não desperdice energia com o negativo
- **Rodear-se de amigos** – em especial, quem te joga para cima
- **Praticar a gratidão** – seja grato ou grata pelas pequenas coisas
- **Aprender algo novo** – já pensou em aprender a tocar ukelele?
- **Ter pequenas metas e grandes objetivos** – metas diárias cumpridas e colecionadas enchem o cofre dos objetivos maiores
- **Viver sem endividar-se** – observe seus limites financeiros, um estresse a menos
- **Entrar em contato com a natureza** – leve o cachorro para passear ou dê uma volta no parque somente para admirar
- **Destacar o que é bom, relativizar o que é ruim** – focar na sua evolução
- **Não analisar** – tenha uma visão ampla da vida e não apenas nas dificuldades que ela oferece

88 Estudando com emoções positivas

Para profissionais da saúde mental, como psicólogos e psiquiatras, a distinção entre emoções positivas e negativas serve para que as pessoas possam identificar de forma mais fácil o que sentem, porque todas elas são importantes fontes de informações. Por exemplo, a raiva é uma emoção "negativa", porque provoca uma sensação de mal-estar; já a alegria é "positiva", pela satisfação e bem-estar que oferece.

Considere estudar pela **força da raiva** e pela **força da alegria**. Qual dos dois modos de ver a mesma matéria será mais produtivo? Você pode até ter mais energia com a raiva, porém, ela desgasta mais tanto fisicamente como emocional, além de não conseguir se sustentar por muito tempo. Não nos referimos à "explosão de raiva"? Porém, pergunte a alguém que já passou por isso se lembra de algo durante essa explosão. Quase nada, porque a capacidade de concentração é prejudicada. E crises recorrentes de raiva fazem muito mal para a saúde, pois o cérebro libera **cortisol**, dito hormônio do estresse. como em outras emoções fortes e negativas, vide o medo e a ansiedade.

Determinadas "doses" de emoções negativas não podem ser ignoradas como importantes na aprendizagem. Pense em uma prova ou um exame que está se aproximando. Se não houver um pouco de **medo** de que será difícil, é provável que não dê tanta atenção como deveria e deixe de lado os estudos para curtir o lazer. Desprezar a dificuldade de um desafio é um erro fácil de ser cometido, o famoso "entrar de salto alto". Pode ser dito a mesma coisa sobre a **ansiedade** e até a **culpa**, que serve de bússola moral. A própria **raiva** pode inclusive ser valorizada quando diante de uma injustiça, como uma reprovação, e sirva de motivação para dar a volta por cima.

O que importa dizer é que as emoções influenciam no processo da aprendizagem, cada uma do seu modo. O psicólogo **Marc Brackett** tem um dos melhores livros sobre emoções, especialmente, na área da educação, **Permissão para sentir**. Segundo ele, "vincular a emoção ao aprendizado garante que os alunos considerem relevantes as informações dadas em sala de aula. É o que ajuda os estudantes a descobrir seu propósito e sua paixão, é o que impulsiona sua persistência".[7] É que as emoções influenciam a atenção e a memória e juntas são responsáveis pela capacidade de aprender.

Quanto às emoções positivas, a alegria está associada a neuroquímicos do bem-estar, como a **serotonina** e a **dopamina**, uma influência positiva sobre o comportamento e pensamento. Veja que quando estão em níveis baixos, o risco a depressão, pessimismo e apatia é grande. Estimulá-las é o grande desafio da **Psicologia Positiva – PP**; se você ainda não ouviu a respeito, é uma das novas vertentes, entre outras, que se preocupa com o bem-estar por meio das emoções positivas. Quem não gostaria de ter mais motivação e satisfação em viver?

7 BRACKETT, Marc. **Permissão para sentir**. Rio de Janeiro: Sextante, 2021, p. 38.

A verdade que foi ela a responsável pela minha matrícula na graduação de psicologia, depois de me enveredar pelo *coaching* e concluir a pós-graduação em PP. Todo mundo tem problemas das mais diversas espécies e dimensões, mas ajudar as pessoas justo pelas forças pessoais que já têm e potencializá-las foi determinante por essa paixão. Não é coincidência que este livro tem o objetivo de despertar o **poder da aprovação**, algo positivo que acredito que todos têm. Considere os cinco princípios ou elementos básicos da PP, que de acordo com o seu criador, o psicólogo **Martin Seligman**, representa o modelo "PERMA":[8]

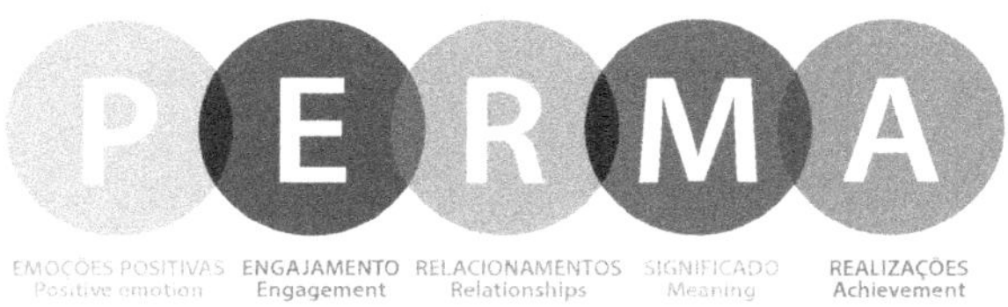

Essa é a base da teoria do bem-estar de Seligman, cujo objetivo é aumentar o florescimento a partir do cultivo desses elementos, das virtudes e das forças de caráter. E florescer, como despertar, é expandir as potencialidades e características positivas. A sua aplicação à educação também justificou muitas pesquisas que trouxeram uma nova percepção ao aprendizado ao promover as emoções positivas, o engajamento ou *flow*, a estabelecer relacionamentos sociais positivos, o autoconhecimento quanto ao significado ou sentido da vida, e, por fim, sentir satisfação às realizações conquistadas. Diante dessa percepção, nasceu a **educação emocional positiva**.[9]

Para concluir, pois já perceberam que se me derem mais espaço e tempo escrevo um livro todo sobre o assunto, permita-se **estudar feliz**. Qualquer que seja a matéria ou disciplina, estudar é uma bênção e poucos, em nosso país que a educação pública é precária, têm a oportunidade de investir nos sonhos por meio da leitura, da realização de um curso superior, de um preparatório ou do tempo necessário para tanto. Em todas as matérias há dificuldades, porém, qualquer que seja, estão longe de despertar fortes emoções negativas a ponto de sabotar

8 SELIGMAN, Martin. **Florescer**. Rio de Janeiro: Objetiva, 2011.

9 A psicóloga Miriam Rodrigues é pioneira no país com o seu livro **Educação emocional positiva**, pela editora Sinopsys.

toda uma jornada. Como já escrevi, não precisa "morrer de amores", porém, dê uma segunda, terceira ou décima chance ao que você estuda. Você quer uma prévia das emoções positivas?

Divirta-se estudando. Tenha **entusiasmo** e **paixão** no que você está se dedicando. Lembre-se da **gratidão** de ter o privilégio de estudar. Tenha afeto ao seu material de estudos. Busque **ânimo** quando precisar e sinta **satisfação** ao cumprir suas metas. Seja **vibrante** e tenha **orgulho** das suas conquistas e tentativas, mesmo que frustradas. **Anime-se** com a evolução e seja feliz por estar no caminho certo!

Não poderia deixar de trazer a história dos dois lobos para finalizar. Um certo dia, um velho índio contou ao seu neto a eterna batalha entre dois lobos que acontece no interior das pessoas. Um deles é mau e representa a raiva, a inveja, o ciúme, a tristeza, a cobiça, a arrogância, a culpa, o falso orgulho, o ressentimento e o ego. O outro é bom, por que é a alegria, a paz, o amor, a esperança, a serenidade, a humanidade, a bondade, a empatia, a generosidade, a compaixão e a fé. Então o neto pensou e perguntou ao seu avô: "qual dos lobos vence?". O avô suspira e responde: "aquele que você alimentar".

89 QUANDO A FELICIDADE BATE À SUA PORTA

Muitos que estão estudando, preparando-se para o exame da OAB e para provas de concursos, esperam que a **aprovação** seja a felicidade que tanto desejam. Não só pela conquista, mas por tornar a vida mais feliz. Com a carteira da OAB e a nomeação no serviço público, finalmente, poderão ser felizes. É como se todas as fichas da aposta estivessem sendo arriscadas nesse momento. Mesmo os mais otimistas, que acreditam que a "sorte" irá brilhar, temem alguma circunstância que possa estragar a realização desse sonho.

Por vezes, é difícil controlar a **ansiedade** quando nossas expectativas são altas demais para determinada jogada, projeto ou decisão. Sinto-me assim mais do que deveria quando estou escrevendo um livro e aguardando sua publicação. Credito muito a conclusão de um trabalho a minha felicidade como escritor, porém nem sempre se perpetua esse estado como gostaria que fosse. É o que se denomina **adaptação he-**

dônica ou hedonista, que pode ser traduzida para capacidade de nos adaptarmos, rapidamente, a uma nova situação.

Pense na expectativa de comprar um carro novo ou de realizar uma viagem tão aguardada. São situações ótimas, não são? Seremos por muito tempo felizes com essas conquistas. Porém, não é o que a ciência diz. O fato é que nos habituamos facilmente depois da ocorrência de importantes acontecimentos em nossas vidas. O carro novo se tornará apenas mais um carro e qual será a sua próxima viagem? Há um pico de felicidade e depois retorna a níveis estáveis. Essa é uma forte razão cientifica de estarmos sempre em busca da felicidade.

O fato é que acreditamos muito em crenças equivocadas do que pode trazer felicidade. O dinheiro é uma delas. Para muitos, ele traz justo o contrário, a infelicidade. Como já foi escrito antes, há quem espere uma **aprovação para ser feliz**. Os famosos "serei feliz *quando...*" ou "serei feliz *se...*". Porém, os estudos indicam que tudo isso não passa de mito. Quem melhor desvendou isso foi a psicóloga e cientista **Sonja Lyubomirsky**. Segundo ela, o que determina a felicidade são as circunstâncias, a atividade intencional e o ponto decisivo. Essa seria uma "fórmula da felicidade". Eles são representados pela sua importância no gráfico abaixo:[10]

Sintetizando, o que a autora busca representar no gráfico, "ponto decisivo" é o que herdamos de nossos pais. A felicidade está no DNA?

10 LYUBOMIRSKY, Sonja. **A ciência da felicidade**. Rio de Janeiro: Elsevier, 2008.

Sim, é uma predisposição genética, porém não é tudo: é apenas a metade da justificativa de sermos ou não felizes. A "atividade intencional" é o que podemos escolher e fazer, e acabamos sendo gratificados. Quando decidimos ser felizes, 40% do total diz respeito a essa vontade e disposição. E, por fim, as "circunstâncias" tratam dos acontecimentos da vida, tanto negativas como positivas. Comprar um carro novo, uma aprovação num concurso, um casamento, uma doença, a perda de alguém querido, são alguns exemplos.

A própria autora tem um livro dedicado aos **mitos da felicidade** e logo na página de abertura ela traz uma citação do filósofo Sócrates e que sintetiza o seu trabalho de pesquisa: "Aquele que não está contente com o que tem não se contentaria com o que gostaria de ter".[11] Sendo assim, há quem mantenha a felicidade do lado de fora da vida, esperando que a aprovação seja o barulho da campainha dessa visita tão ilustre, mas a convidada não para de bater na porta todos os dias para entrar. Portanto, para essas pessoas, não adiantará serem aprovadas para alcançar a felicidade, pois permanecerão infelizes em outra realidade.

Diante disso, **40% da nossa felicidade** estão em nossas mãos e não no que muitos julgam ser como acontecimentos extraordinários ou exclusivamente na genética de nossos pais. "Nascer para ser feliz" (atividade intencional) e "nascer feliz" (ponto decisivo) são coisas diferentes. Então, neste contexto, faço o desafio: **você sabe o que o deixa feliz?** Saberia anotar **5 coisas** agora, de vez, que tornam sua vida mais alegre? Tome o tempo que precisar, mas não siga a leitura sem preencher a lista abaixo, ok? Não há necessidade de uma ordem preferencial, apenas a listagem completa.

1	
2	
3	
4	
5	

Agora olhe para essa lista. O que ela pode te dizer? Há pontos em comum? Há quanto tempo você não pratica o que está nela? Eu tenho a

11 LYUBOMIRSKY, Sonja. **Os mitos da felicidade**. Rio de Janeiro: Odisseia, 2013.

minha própria lista e quando percebo que não a estou praticando, distancio-me das razões que movem o sentido da minha vida. A lista é flexível, pois se modifica com o tempo e com as prioridades que acredito sejam melhores para o contexto que estou vivendo. Ao tempo deste livro, para exemplificar, a minha lista está na nota de rodapé.[12] Veja que são coisas simples e de custo baixo. Então, o que lhe impede de ser feliz?

A situação financeira precária é um problema que atormenta muitas famílias brasileiras, infelizmente, pois gera grande estresse e ansiedade para uma vida melhor. Quem estuda para vencer essa condição precisa entender que as emoções regulam a aprendizagem e, se se deixar levar pelo ambiente negativo que vive, atrapalhará o plano de superar logo o seu contexto. Portanto, é preciso achar motivação diária em coisas positivas, como contemplar a natureza num parque, no exercício físico de uma caminhada ou corrida (ótima fonte de dopamina) e no aconchego da família e amigos (serotonina, o "hormônio da felicidade").

Em razão da ciência, desejo que você considere a felicidade em todos os momentos durante a sua jornada até o destino pretendido. Comemorar pequenas metas alcançadas é mais prazeroso e útil do que esperar a alegria de uma meta "acumulada". Para que esperar um brinde de espumante somente no final do ano ou sábado e domingo para se divertir? Faça de todos momentos especiais, mesmo que pequenos. É como já disse o escritor Robert Brault: **"Aprecie os pequenos acontecimentos, pois um dia você talvez olhe para trás e compreenda que eram grandes acontecimentos"**.

90 Emocionalmente conscientes

Minha **missão maior** neste livro é levar a despertar o poder da aprovação, nosso destino final. Você já deve estar bem ciente disso. Mas quem conduz e tem o controle dessa viagem é você, pois sou o mero GPS que sugiro os melhores caminhos e rotas. Porém, tenho algo a revelar e deixei para o fim, mesmo que tenha deixado possíveis *spoilers*

12 (i) a leitura e escrita, pois são inseparáveis; (ii) assistir a filmes e séries; (iii) acompanhar o meu filho crescer; (iv) curtir o clima da praia; (v) ouvir música e fazer minhas *playlists*.

pela nossa jornada: tornar a sua preparação **emocionalmente consciente**. Em outras palavras, o objetivo era fazer você perceber e acreditar o quanto as emoções são relevantes e necessárias enquanto estuda e realiza provas.

Se você perceber melhor, essa direção está desde o subtítulo da capa: **"inteligência emocional"**. Poderia ter sido completo, como "inteligência funcional e emocional", já que ambos os lados são indispensáveis. Porém, o propósito maior era essa consciência quanto às emoções e a relação que elas têm com o processo de aprendizagem. Como escrevi, a maioria dos professores estão focados nas funcionalidades da preparação, que foi o foco da primeira estação. Mesmo que as frases e gestos motivacionais que eles buscam junto aos alunos possam estar nos dois lados, é no emocional que julgo o meu maior interesse em expandir a todos alunos e leitores. A psicologia, apesar da sua relutância inicial ao tema, pois tinha olhos só para o comportamento e o pensamento, é a sua base científica atual.

É verdade que muitos acham uma bobagem esse negócio de emoções ou que elas mais atrapalham do que ajudam. "Basta estudar que chega lá" ou "*No pain, no gain*", sem dor, sem ganho. Para eles, a força é determinante entre quem vence e quem perde. Já vimos em inúmeros exemplos e situações que cogitar só estudar sem estar preparados emocionalmente para eventualidades, pressões, frustrações e obstáculos, derruba até o mais forte candidato. Gosto de uma frase do **Mike Tyson**, grande campeão do boxe, que ilustra isso: "todo mundo tem um plano até levar um soco na boca". Ele sempre foi temido pelos adversários, porém, acabou sendo derrotado para si próprio ao perder o equilíbrio das suas emoções.

Reconhecer as emoções e saber o que elas querem dizer sobre você diante das suas relações e atividades, em especial, seus estudos, é como abrir um baú de tesouros escondidos. Sua **riqueza emocional** está contida na forma de lidar com elas e com o que originou. Por exemplo, ao identificar que há um medo constante de não saber se a preparação será suficiente para chegar no dia da prova em condições de aprovação, é preciso fazer o quê? Apenas sofrer ou tentar distrair esse medo com supérfluos, entorpecendo-se com remédios, bebida ou comida? Nem um nem outro. Pode tentar fazer um *checklist* mental ou colocar no papel este esquema padronizado da **"consciência emocional"**.

Que sintomas eu sinto?

- intranquilidade, insegurança, mal-estar, dores físicas.

Que emoção é essa?

- Medo.

Medo de quê?

- De não saber se os meus estudos serão suficientes para lutar por uma vaga ou passar na OAB.

O que posso fazer a respeito?

- Pensar melhor sobre essa informação.

Como lidar com essa informação?

- Fazer simulados e provas anteriores, pois poderão me indicar com mais precisão como os meus estudos estão.

Chegar até aqui não é para quem pode ou apenas quer. É para quem tem coragem de agir e enfrentar todos os obstáculos que estão na trajetória até o destino que planeja e deseja alcançar. As dificuldades não são só de ordem prática e objetiva, como as funcionalidades de estudar, também se fazem presentes nas reações emocionais e de como lidar com elas. Como alguém já escreveu: **"coragem não é ausência de medo; coragem é caminhar no medo"**.

IV. "O DESTINO" – HORA DE DESEMBARCAR

"Nenhum ser humano e nenhum destino podem ser comparados com outros; nenhuma situação se repete. E em cada situação a pessoa é chamada a assumir outra atitude."

[Viktor E. Frankl, **Em busca de sentido**. Editora Vozes, 2018]

91 Enfim, o destino

É hora de desembarcar, porque o destino chegou. Particularmente, adoro essa palavra pelos significados paradoxais que traz. Ele tanto pode trazer a ideia de um futuro que envolve uma sucessão inevitável de acontecimentos como também a conclusão de uma direção já tomada. O destino pode ser tanto aleatório como resultado de uma vontade. "**Maktub**" significa em árabe "já estava escrito" ou "tinha que acontecer", ou seja, há o sentido da predestinação.

Quem procura uma agência de viagens está em busca de um destino para as férias ou um feriadão. Pode também pesquisar por conta própria sobre um lugar onde deseja chegar e aproveitar. O meu destino nas férias de verão, como da maioria dos brasileiros, é na praia. A minha, preferencialmente, é nas areias catarinenses pela minha memória afetiva de muitas viagens anteriores, já que sou gaúcho e vizinho de estado. Portanto, minha direção é predefinida e não obra do acaso. Não dirijo sem rumo, sem saber aonde quero chegar. Calculo um tempo aproximado de percurso, revejo as condições da rota, onde irei parar para esticar as pernas e a previsão meteorológica.

Porém, nem sempre é como desejamos ou planejamos, pois o "destino quis assim". Quando entrei na faculdade de Direito, meu destino era ingressar no serviço público e me aposentar nele, como meus pais. Porém, o destino quis, pelos seus próprios mistérios, que eu tomasse outra direção e aqui estou para alertá-lo de que tudo pode sair diferente do que foi planejado. Já teria dito o filósofo alemão **Arthur Schopenhauer**, "o destino embaralha as cartas e nós as jogamos".

Por outro lado, pelo fato de ter escolhido um destino, depois de tê-lo investigado, investido tempo e dinheiro, não significa que seja de fato aquilo que tenha gerado expectativas. É comum e frustrante se arrepender das escolhas. Seja uma viagem, uma relação amorosa, um cargo público, uma profissão, um curso de faculdade, todos estamos vulneráveis a um futuro ilusório ou que fez falsas promessas. Às vezes, ignoramos os sinais e seguimos cegos rumo à decepção e que poderia ter sido evitada. Outras, são tão evidentes como "dar murro em ponta de faca". Insistimos com a dor, mas seguimos com o sofrimento. Malditas emoções!

Antes de desembarcar, este é o alerta. O **destino** pode estar aqui ou em qualquer outro lugar. Também não precisa ser apenas um ou já traçado na maternidade, parafraseando **Cazuza**. Ele pode ser reescrito ou adaptado diante das condições ou resultados, como fazem os GPS ao recalcular rotas e caminhos quando necessário. Além disso, há destinos maiores e outros menores, cuja grandeza está relacionada à distância a ser percorrida. Independentemente, ao significado que precisará dar ao destino, uma coisa é certa entre os sábios: **a jornada é mais importante que o destino**.

92 O DESTINO ALCANÇADO

A **aprovação** é o destino esperado por aqueles que estão batalhando em provas de concursos e exame da OAB. E peço licença aos concurseiros, porque utilizei em grande parte do livro, para simplificar, como sinônimo à classificação e, consequentemente, à nomeação. É isso que todos querem cumprir com a sua jornada de estudos. É como diria o capitão Nascimento, **"missão dada é missão cumprida"**.

Alcançar o destino é a satisfação de ter concluído o caminho. De saborear os louros da vitória. Para quem já tem em casa o seu diploma do ensino superior, fica mais fácil experimentar esse gosto da realização. Se é o seu caso, considere o seu tempo de faculdade. Pare e pense sobre todas as dificuldades que surgiram pelo caminho, inclusive de ordem extraclasse. Quantas vezes você pode ter pensado em desistir ou viu colegas largando o curso. As influências externas que quase ou realmente comprometeram seus estudos. A morte de alguém querido, amigo ou familiar. O rompimento de um relacionamento ou o desgaste de uma crise financeira. Os momentos tensos pré-prova ou de apresentações de um trabalho frente à turma. A possível frustração com as notas, professores e colegas. A falta de vínculo com o próprio curso diante das expectativas reservadas a ele.

A conquista sempre faz lembrar a superação, não é? Mas nem sempre um voo sofre turbulências a caminho do destino. Achar que foi fácil ou difícil não desmerece aonde você chegou. A diferença será o que você fará no seu destino e quais serão os próximos. Como já foi referido antes, a aprovação é apenas uma parte importante da sua vida. Há ainda outros roteiros para serem escritos. Conquistou a carteira da OAB? Quais serão os futuros passos? Na advocacia ou seguindo a rotina de preparação, mas agora para um cargo público? Uma pós-graduação ou um período sabático para repor a energia? O fato é que uma aprovação não responde a todas as dúvidas, apenas conclui um ciclo. Como um divórcio conclui um ciclo matrimonial. A vida continua e precisa ser vivida dentro do seu propósito. Lembra quando perguntei qual era o seu **objetivo de vida**?

Este texto destinei àqueles que encontrarão a aprovação ao final do arco-íris. É o tesouro sonhado por todos que se submetem a provas e exames. Ele pode transformar vidas como também desencadear desilusões. “Não era isso que esperava” ou “esperava mais” são típicas frases de quem chegou ao destino esperado, mas se decepcionou com o ambiente e as expectativas. Há quem não dure o período de estágio probatório no cargo público e já peça exoneração. Outros pegam a carteira da OAB, ingressam num escritório e pouco depois abandonam a carreira jurídica. Ou seja, o objetivo de vida deles nunca foi a aprovação, pois ela não traz “garantia vitalícia” de que a pessoa que investiu nela será feliz para sempre. Desse destino, novas conexões poderão ser feitas para outros onde se possa encontrar o que procura. Esteja ciente disso, é o que desejo para você.

Para quem o destino já estava escrito nas estrelas, aproveite a beleza do seu brilho e realize seus planos maiores com a advocacia ou o cargo no serviço público. Não que a felicidade estivesse condicionada a eles, mas se esperou o tempo, muitas vezes mais do que o suficiente, para investir em bens e na realização de outros sonhos, chegou a hora de usufruir os benefícios da sua profissão. Para alguns, a vida muda por completo, para outros, nem tanto. Não importa o quanto será relevante esse novo ciclo que iniciará em sua vida, desde que leve com você que nunca é tarde para repensar novos destinos, mas não demore, porque **viver é urgente**!

93 O DESTINO INCERTO

"Não existe destino incerto para quem sabe qual o caminho a tomar." É uma bela frase para quem, ao final da trajetória, não alcançou o destino esperado e encontrou a reprovação. Pode haver diversos motivos e causas que impedem aquele momento que todos aguardam para comemorar o resultado do que fora investido em tempo e dinheiro. Mas não é deles que vamos nos preocupar aqui, pois durante toda a nossa viagem estiveram em pauta. Quero deixar uma palavra sobre a atitude a ser tomada diante da **reprovação**.

Nós vimos as fases do processo de luto, que envolvem como lidar com a perda e as emoções envolvidas. Sim, a reprovação é uma perda da autoconfiança. Há outros prejuízos, como a desorientação. Quando sentimos que perdemos o controle da situação, os efeitos podem ser devastadores. Imagine planejar uma viagem de automóvel, colocar todos os dados que tinha no GPS e seguir ouvindo as suas músicas preferidas até um destino inédito para você. Porém, ao indicar que chegou a ele, você reconhece que não era onde deveria estar. "O GPS deve estar maluco", pensa você. Era para estar à beira do mar, mas não enxerga qualquer sinal de uma praia próxima, ao contrário, parece um cenário de filme de terror adaptando alguma obra de Stephen King!

Quando se deposita confiança em algo ou alguém, é provável que as preocupações se dissipam a eles, criando um elo autossustentável. Assim, ao acreditar nos seus estudos e em você, pode ser que muitos sinais passem despercebidos do perigo que pega carona na sua viagem até a esperada aprovação. Para ilustrar, há quem não faça simulados ou questões de provas anteriores de forma suficiente para avaliar os estudos. Quem dirige sabe que precisa conferir a calibragem dos pneus, o nível do combustível e fazer revisões periódicas. Mesmo assim, não está isento de problemas que possam ocorrer durante o caminho.

Ao chegar ao destino que não era o esperado ou desejado, não há muitas opções a fazer. Você pode chorar em todas elas e está tudo bem, mas espera-se uma atitude a tomar.

[1] Retornar pelo caminho que fez e solucionar os erros cometidos.
[2] Procurar outros caminhos e tentar novamente o destino desejado.
[3] Estacionar na zona de conforto.
[4] Desistir e avaliar outros destinos.

Não posso dizer o que é certo para você, pois **quem define o seu destino são as suas decisões**. O máximo que posso fazer, caso você opte em continuar tentando chegar à aprovação numa prova de concurso ou no exame da OAB, é indicar retornar pelo caminho que fez e avaliar quais foram os erros cometidos na preparação. Eu não acredito como válida a opção de iniciar do zero, sem considerar o conhecimento adquirido durante o trajeto. Deletar é perda de tempo e de oportunidade para evoluir a partir dos erros. Pode parecer mais doloroso reconhecê-los, mas não queima pontes com seu passado.

Para concluir, se você estiver diante de um destino incerto, após uma reprovação, não siga. Se a dúvida só aumentar diante de caminhos que não levam a lugar algum, procure a ajuda de um profissional. Um psicólogo ou psicóloga é a pessoa certa para estar perto de suas angústias, fobias e tudo que esteja além da sua compreensão. Pode ser que seu GPS esteja avariado e nem saiba, pois acredita em outros fatores que o estejam levando sempre ao mesmo destino indesejado. Será um investimento melhor do que este livro, pode apostar!

94 Uma questão de fracasso ou sucesso

O **fracasso** já foi e ainda é uma palavra proibida entre motivadores e em muitos livros de autoajuda. Talvez ela atraia maus presságios ou que seja uma profecia autorrealizável caso seja pronunciada. É como se referir àquele que não pode ter o nome dito na saga de Harry Potter. Melhor não dizer para não o invocar, não acha? **Norman Vicent Peale**, no seu clássico **O poder do pensamento positivo**, pede para adotar o princípio de "não acreditar em fracassos", mas as justificativas dele não me convencem.

Vivemos numa sociedade que privilegia as **trajetórias de sucesso**. Sabe por que uma história de superação é linda? Porque, apesar dos obstáculos e dificuldades, no final a pessoa vence. É por isso que muitos livros que retratam biografias vendem muito. Veja o próprio cinema. Quem espera que o herói morra ou saia derrotado no "the end"? Só se os roteiristas estão preparando uma sequência onde, numa reviravolta, o mocinho vence ou ressuscita. Nos esportes, o pódio não tem apenas três lugares? Para o último não tem espaço, não é? O "melhor" e o "mais" no contexto social são títulos que privilegiam seus detentores. Comparar faz parte da nossa evolução, em razão dos nossos genes que lutam pela sobrevivência. Não é por menos que somos descendentes do **Homo Sapiens** e não dos mais fortes, porém ignorantes e desafortunados **Neandertais**.

Hoje as redes sociais são o espelho da sociedade, suas vitrines de gente perfeita, fotos com toneladas de filtros e frases de paz e amor. A exposição das conquistas e vitórias estão por toda parte, em especial, no Instagram. É por isso que pequenos desabafos chamam tanta atenção pelo incômodo que provocam. Não há lugar para fracassos, negatividade ou erros, só se for dos outros. Eles servem para cancelar quem os cometeu. Chorar ao vivo que não passou numa prova? Muitos comentarão ou pensarão: "Senta na cadeira e estuda!" ou "Quer se aparecer". Ora, os mesmos que aplaudem a exposição positiva desprezam a negativa.

Um dia subi no palco para uma palestra para mil e quinhentas pessoas e entreguei um papel ao mestre de cerimônias quando ele lia que eu "era isso", "era aquilo", "tinha isso" etc. e tal. É como se diz por aí, "quem vê o close não vê o corre". Naquele papel tinha uma lista dos meus fracassos. Confesso que ele se assustou, mas pedi que lesse. O tema da minha apresentação era "às vezes você ganha, às vezes você aprende"[1]. É também o título de um pequeno livro, escrito por **John C.**

1 Ela está completa no meu canal do Youtube.

Maxwell, o qual recomendo a leitura. Ninguém está livre de fracassos nem poderia viver só de sucessos. Essa é a questão que precisa ser refletida.

Quando olho para trás e vejo a coleção de fracassos ao tentar passar no vestibular de medicina, percebo que é apenas um ponto de vista. O outro me diz que eu tive sucesso ao reprovar, pois os caminhos me trouxeram até aqui neste livro. O fracasso da minha experiência no serviço público também foi responsável por me levar a empreender na área de preparatórios e investir na carreira docente. O fim do meu primeiro casamento permitiu que eu conhecesse a mãe do meu filho. **Fracassos e sucessos** são apenas partes de histórias que se conectam, não contam tudo nem definem ninguém.

Você pode correr atrás do sucesso, qualquer que seja a sua definição para ele, a partir dos métodos, fórmulas, equações, segredos, princípios, leis e gatilhos que vendem a farta literatura que existe a respeito. O mesmo pode ser dito a respeito da procura da felicidade. No entanto, nessa corrida entre sucesso e felicidade, o que deveria chegar primeiro? Se respondeu felicidade, você está no rumo certo, pois ela leva ao sucesso mesmo diante de fracassos. Seja feliz, apesar das conquistas e derrotas, porque a felicidade sim irá lhe definir.

Para finalizar, até um dos homens mais bem-sucedidos do mundo, como Bill Gates, fundador da Microsoft, enxerga nos seus próprios fracassos a principal lição a ser aprendida sobre o assunto. **"É genial festejar o sucesso, mas é mais importante aprender com as lições do fracasso."**

95 Desistir para seguir em frente

Minha vida é cheia de fracassos, mas não posso achar que as minhas desistências, depois de muitas tentativas, podem ser consideradas como tais. Porém, muita gente acredita, simplesmente, que **desistir é fracassar**. Veja estas frases que tirei da internet ou do senso comum: "Não desista!", "Você consegue.", "Vai dar certo.", "Bora lá.", "Desistir não é uma opção.", "Nunca desista.", "O segredo da vida é não desistir.", "Desistir nunca, render-se jamais.", "Você só irá fracassar se desistir."

Hoje posso concluir que desistir de algo ou de alguém – **menos de você** – também abre outras portas e oportunidades. Um exemplo na minha vida foi ter desistido da medicina para seguir no Direito. Outro muito claro para mim foi quando desisti dos concursos públicos para seguir a jornada do empreendedorismo. Todo dia alguém desiste de alguma coisa, seja uma profissão, uma carreira, um relacionamento e está tudo bem. Às vezes é pensado, outras, no calor das emoções. Desistir é, antes de mais nada, decidir por uma direção, mesmo que ela não seja tão evidente num primeiro momento. Pode ser a troca de uma situação por outra, mesmo que seja a certeza dos estudos pela incerteza do futuro.

Assim, discordo de quem acredita, e tenta influenciar, que quem desiste precisa sofrer no **purgatório do julgamento alheio**. Jamais! Avaliar as causas que podem levar à desistência é o que mais de sensato precisa ser feito. Então, antes de desistir, coloque na balança os prós e contras da sua decisão. Caso penda para os contras, está na hora de desembarcar e procurar outra viagem para concluir. Há quem desista logo na primeira tentativa frustrada; outros, depois de um longo período sem achar o destino desejado. Como em provas e exames, a dificuldade é inerente à trajetória de estudos, é esperado que as reprovações possam virar rotina e há quem não suporte essa frustração.

Quero deixar claro que **desistir é uma opção** para quem busca a aprovação na OAB ou em concursos. Veja que muitos alcançaram a aprovação e, mesmo com o sabor da vitória, acabaram desistindo de seguir com o que conquistaram. Portanto, desistir antes ou depois será uma questão de tempo se a dúvida estiver no que você deseja. Estudei dois anos para passar em medicina e poderia ter sido o dobro, caso não tivesse me dado conta de que a minha vocação não era aquela. Conheço quem estudou sete anos até passar no vestibular e mais cinco para virar médica, além de outros dois anos para virar especialista numa área. Quando é vocação, paixão, propósito ou destino, você me dirá – com razão – **desistir não é uma opção!**

96 No momento certo, na hora certa

Entre acertos e erros, aprovações e reprovações, decisões e omissões, a vida não para. Já cantava **Cazuza**: "Mas se você achar que eu 'to' derrotado. Saiba que ainda estão rolando os dados, porque o tempo, o tempo não para". É verdade, se demorar para piscar os olhos em janeiro, logo é carnaval, páscoa, dia das mães, dos namorados, dia dos pais, das crianças e já é Natal. A sensação de os dias passarem mais rápido é real com a progressão da idade e, quando se percebe, os 20 anos ficaram para trás e os 40 já estão em contagem regressiva, e logo as velas do bolo indicam que são 60.

Não temos o controle de muitas coisas, nem por isso precisamos sofrer com a ansiedade, por exemplo. É como já escrevi, **"saber controlar o que pode controlar, o resto deixa passar"**. Pergunto então, o que você pode controlar? O destino? O seu tempo? A sua atenção? Suas emoções e pensamentos? Veja o seu tempo. O quanto ele está nas suas mãos ou nas de terceiros. Mesmo que possa ter um certo controle da sua rotina, você sabe controlar de forma eficiente o que lhe cabe? Não sou poeta, mas às vezes até tento.

Quem não reclama de falta de tempo?
Quem não busca por mais tempo?
Quem não faz várias coisas ao mesmo tempo?
Todo este tempo acumulando tempo,
Você está usando a seu favor
Ou apenas passatempo?

Pois bem, dizem que "no momento certo, na hora certa, tudo dará certo". É um bom modo otimista de se pensar e acreditar. Serve como remédio eficiente para dor de cabeça ou ressaca de uma reprovação, por exemplo, mas com o tempo, o organismo acostuma e passa a não mais funcionar. Questionar quando é esse momento e qual a hora certa é como ler a bula do remédio para procurar quanto dura o seu efeito analgésico. Mas, pergunto, será que não é possível nos colocarmos diante desse destino, sem depender de uma "ajuda" invisível e que pode nunca vir com a sorte, as orações, os mantras ou apenas com a força do pensamento positivo?

Não tenho dúvidas de que, em grande parte dos acontecimentos, somos os responsáveis em nos colocarmos nas situações certas ou erradas. Coloque-se no lugar de alguém que estuda "meia-boca", mas acredita que há grandes chances de aprovação no concurso para promotor. Depois de sucessivas reprovações, ela justificará que "no momento certo e na hora certa" vai conseguir o que tanto deseja. Mas será? Diria **Albert Einstein** a essa pessoa: "loucura é querer resultados diferentes fazendo tudo exatamente igual".

Por outro lado, quem percebe que há uma franca evolução nos resultados, crescendo entre reprovações, alcançando as primeiras aprovações e melhorando a colocação na lista de classificação, logo a nomeação acontecerá. É uma questão de tempo, porém, sob domínio do candidato. Essa pessoa está se colocando no momento e na hora certa por seus próprios esforços, mesmo que possa ter ajuda de suas crenças espirituais. Pode ser aquela "sorte" que os outros afirmam ter quando estudam mais e melhor. Despertar para o **poder da aprovação** é também acreditar que **viver o futuro só vale a pena se o presente estiver colaborando com ele**.

97 O QUE O ESPORTE PODE ENSINAR

Admito que não sou esportista e muito menos atleta amador, no entanto, gosto de torcer e conhecer quem está competindo. Minha curiosidade se encanta com as histórias tanto de vencedores como de perdedores, porque sei que nesse meio há muitas lições para serem aprendidas e quem sabe replicadas em nossas vidas. As trajetórias de superação, em especial, dos nossos atletas brasileiros nas Olimpíadas são comoventes, ainda mais de um país que pouco dá suporte financeiro a eles.

A preparação para concursos e OAB tem muito o que aprender com esses heróis, ainda mais quando há muitas particularidades comuns entre treinar para uma prova e para uma competição esportiva. **Qualidades** como determinação, foco, persistência, concentração, competitividade, resiliência, autoconhecimento e paixão são aquelas que se espera ver no estudante e no atleta para vencer seus desafios. Percebe-se que muitos concurseiros e oabeiros já adotam alguns **princípios do esporte** de alto rendimento, como "NO PAIN, NO GAIN" (sem dor, sem ganho) e "treino duro, jogo fácil".

Superar os próprios limites é o que muitos buscam em primeiro lugar. Depois, querem quebrar recordes e conquistar o lugar mais alto do pódio. Esse desejo é compartilhado pela maioria e, para garantir isso, o regime de estudos é dedicado e organizado como todo esportista disposto a ser campeão se envolve em seu treinamento. **Michael Phelps**, nadador estadunidense, já aposentado, é o maior medalhista de todos os tempos nas Olimpíadas, conquistando 28 medalhas, sendo 23 de ouro! E, na primeira vez que participou numa prova olímpica, ficou apenas em 5º lugar. Numa entrevista, afirmou que:

> *Para alcançar meus sonhos, tinha de encontrar um caminho. Meu treinador, Bob Bowman, me fez escrever meus objetivos e me comprometer a ser dono deles. Ele me mostrou como enquadrar e visualizar meu sucesso, para imaginar resultados que outras pessoas acreditavam ser inalcançáveis ou mesmo impossíveis. [...]*
>
> *A expressão "não posso" foi eliminada do meu vocabulário. Não tinha "estou cansado" ou "estou com dor". Era assim nos sete dias da semana, o ano inteiro, durante cinco anos. Transformei todas as dúvidas e desafios em combustível, motivação e força. [...]*
>
> *O sucesso não é algo que se mostra aos outros, seja por estar no pódio, seja por provar que os céticos estavam errados. Trata-se de estar à altura dos desafios que você propõe a si mesmo: você deve satisfazer esse impulso fundamental que é ver onde pode ir, para testar os limites do que pode alcançar. É aí que mora a verdadeira grandeza. [...]*
>
> *Tudo o que você quer está aí para ser alcançado. Para chegar até lá é preciso percorrer o caminho.*[2]

Além disso, tem a **questão emocional** envolvida, cada vez mais em evidência, principalmente, depois da Olimpíada de Tóquio. Nela, **Simone Biles**, atleta estadunidense, uma das maiores ginastas de todos os tempos, desistiu de participar da maioria das provas que estava cotada a conquistar a medalha de ouro em razão da sua saúde mental. Nas suas palavras, "Acho que a saúde mental é mais importante nos

2 Disponível em: https://placar.abril.com.br/esporte/michael-phelps-treinei-nos-365-dias-do-ano/.

esportes nesse momento. Temos que proteger nossas mentes e nossos corpos e não apenas sair e fazer o que o mundo quer que façamos".[3]

Carregar o **peso do sucesso** que os outros esperam de nós não é para qualquer um. E passa a ficar mais pesado ainda quanto maior é a expectativa e os investimentos despendidos. Quem se dedica, exclusivamente, aos estudos tem maior responsabilidade na conquista do que quem divide o tempo com outras atividades. Em razão disso, ao contrário de que muitos possam acreditar, quem "só estuda" está mais vulnerável em lidar com as emoções diante das pressões por um resultado positivo.

E, misturar esportes com estudos, será que é aconselhável? Cada vez mais há evidências de que a aprendizagem tem ganhos efetivos quando se praticam atividades físicas. Melhora o funcionamento cognitivo, o humor, a concentração e o bem-estar, além de maior disposição para estudar e menor incidência de problemas de saúde. Experimente correr ou caminhar num parque ou se exercitar numa academia e veja os resultados. Pode parecer cansativo fisicamente, mas nada como **uma mente sã num corpo são!**

98 FÉ... TODO SANTO DIA

Apesar de ter nascido numa família cristã praticante, ter seguido todos consagrados como batizado, primeira comunhão, crisma e casamento, estudado em colégios de freiras e irmãos, e grande parte da minha formação acadêmica ter sido em uma universidade católica (PUCRS), tenho a minha própria fé e crenças sobre espiritualidade. Acredito em Deus, mas o seu conceito é muito particular meu. Tenho minhas ideias a respeito das religiões, mas respeito todos os credos se eles pregam o bem, a paz e o amor. Rezo para agradecer e, quando é para pedir algo, que seja feita a vontade de Deus.

Considero-me **crente**, porque, se não for mera coincidência, acredito que o acaso e o inexplicável devem ser obras divinas. Quando acreditamos, por exemplo, que quando "uma porta se fecha outra se abre",

3 Disponível em: https://www.bbc.com/portuguese/geral-57990804.

temos a esperança de que o destino nos reserva algo melhor. Respeito se você pensa diferente, mas minha crença está que o **Universo tem suas leis** e elas foram escritas pelo **Grande Legislador**, Deus. Qualquer que seja a sua religião ou espiritualidade, ter fé parece ser o último recurso antes de perder a esperança. Sem ela, qualquer força parece não ter sentido nem direção.

Quando chegamos a um beco sem saída ou passamos a duvidar de nosso futuro, logo abraçamos a **esperança** como apoio para não cair num poço de tristeza que pode não ter volta. Nesses casos, nos socorremos à fé para iluminá-lo e alcançar aquela caixa vermelha de emergência escrita: "Quebre aqui". Ao rompê-la, esperamos um sinal divino de como retornar à superfície e seguir em frente. É possível que o problema seja de saúde mental e a urgência não permita esperar e se parta para soluções mais práticas, como uma terapia, por exemplo. A própria psicologia e a medicina reconhecem que a espiritualidade, não como sinônimo de religião, pode ajudar na recuperação do paciente.

Na Bíblia, a **Constituição Universal**, há muitas passagens sobre a fé, em acreditar não apenas no que se enxerga, mas além da própria visão. Admiro a história de um pai que, desesperado com o seu filho possuído pelo maligno, sem saber mais o que fazer, vai ao encontro de **Jesus**. Então, na sua santidade, diz-lhe: "Se tu podes crer, tudo é possível ao que crê" (Marcos 9:23). O pai, em lágrimas, responde: "Eu creio, Senhor! Ajuda a minha incredulidade" (Marcos 9:24). E, assim, Jesus salvou o filho do pai incrédulo, que não acreditava em mais nada.

Martin Luther King, que não era só um pastor protestante como também se tornou um mártir dos direitos humanos, dizia que: "Fé é pisar no primeiro degrau, mesmo que você não veja a escada inteira". É o que os concurseiros e oabeiros fazem ao iniciar os estudos, pois eles não enxergam toda a preparação. Podem até criar cronogramas, fazer planos, comprar um curso preparatório, cujas aulas finalizarão às vésperas da prova, porém, é apenas um exercício de imaginação e de expectativas. Acreditarão em cada degrau se esse for construído de forma sólida, mas, se hesitarem quanto a que os estudos não são suficientes, não haverá fé que sustente a queda que logo se avizinha.

Então, só ter fé não alimenta sozinha uma longa jornada. Lembra-se de quem confiou cegamente no seu GPS e chegou ao destino que não era o desejado? Estar ciente dos obstáculos não é ignorar a fé, mas preservá-la para que seja um sentimento permanente de um local seguro que o coração possa repousar e motivar-se a seguir batendo por um destino que acredita que alcançará. Serve como uma conexão. É como dizem: "Fé é como Wi-Fi. É invisível, mas tem o poder de conectar você com o que você deseja".

99 SE A VIDA É UM SOPRO, TENHA DIREÇÃO À FELICIDADE

"Ikigai" é uma palavra japonesa e que, segundo **Ken Mogi**, descreve os prazeres e sentidos da vida. "Iki" é viver e "gai" é razão. Portanto, razão de viver. De acordo com o neurocientista e escritor japonês, o *ikigai* está no reino das pequenas coisas, como uma mulher de 102 anos segurar a pequena tataraneta no colo ou beber um café logo no início do dia. Também está nos grandes objetivos e conquistas, como o chef de restaurante que é certificado pelas estrelas Michelin.[4]

Quando terminei de ler o livro de Mogi, perguntei-me se eu tinha o *ikigai* na minha vida, um propósito e uma "razão de ser" para acordar motivado todas as manhãs a fim de cumprir com o meu destino. Concordei que era possível eu ter, mas que ainda precisava observar melhor o que de fato sentia como pertencimento, uma emoção positiva poderosa. Eu já sabia que o meu "chamado" era ajudar as pessoas, mas a missão ainda estava longe de afinar o foco. A psicologia acabou trazendo sentido de direção para o que esperava dela. Aprendi outra palavra japonesa que trata também do assunto, **"datsusara"**, que é usada quando um trabalhador assalariado deixa o emprego para correr atrás das próprias paixões.

Como se sabe, esse fenômeno é cada vez mais comum, pois as pessoas estão se dando conta de que viver o sonho acordadas, mesmo que financeiramente não seja o que se espera, compensa mais do que um salário num emprego que não lhe traz a realização de propósito. É como os pesquisadores já concluíram: o trabalho é visto como emprego, carreira ou vocação. As pessoas encaram emprego como uma utilidade para pagar boletos e sobreviver. Já a carreira, é um trabalho em progressão, onde há ambição para alcançar diversas recompensas. E, por

4 MOGI, Ken. **Ikigai**. Bauru, SP: Astral Cultural, 2018.

fim, a vocação, onde há prazer e gratificação por realizar o trabalho, independentemente, da questão financeira.

Viktor Frankl, psicólogo e criador da logoterapia (*logos* quer dizer sentido), preocupou-se com a frustração e o vazio existencial, que impedem a **felicidade plena**. A frustração diz respeito à preocupação se a "vida vale a pena ser vivida" ou do sentido da existência. Já o vazio é um estado de tédio, de não saber o que fazer com o tempo que tem disponível. Infelizmente, ambas as situações atingem a muitas pessoas, levando a depressão, vícios e outras doenças cognitivas.[5] Conforme ele adverte, o sentido da vida difere para cada pessoa e a cada momento. Assim, não adianta comparar com o que as outras pessoas têm como sentido nem com o que você acreditava há dez anos. De fato, a vida irá lhe perguntar diversas vezes qual é o sentido e, possivelmente, em diversas, a resposta será o silêncio.

Há quem confunda que dias vividos em plena ocupação significa, necessariamente, viver o propósito ou o sentido que espera. Ter diversos compromissos como rotina ou uma "agenda cheia" é sinônimo de realização. Mas será? Um dos meus *ikigai* é levar ou buscar meu filho na escola de mãos dadas ou abraçados. Quantos pais não gostariam de ter esse privilégio, mas não conseguem em razão dos seus trabalhos? São questões que precisam estar presentes para que no futuro não se transformem em frustrações.

Outros preferem cantarolar "deixa a vida me levar, vida leva eu", num otimismo irrealista, que depende do que o destino lhes reserva. Questionar-se é uma benção que nos difere dos animais ou a **"metacognição"**, como capacidade que temos de monitorar nossos pensamentos. A autoavaliação é importante e precisa ser constante para estarmos em conexão com o propósito ou o sentido que damos à vida. É por isso que as pessoas buscam a mudança, ao decidir que precisam tomar atitudes que levem a outros destinos ou jornadas. Como disse o próprio Frankl: **"O ser humano é capaz de mudar para melhor, se possível, e de mudar a si mesmo para melhor, se necessário"**.

5 Viktor E. Frankl, **Em busca de sentido**. Petrópolis: Editora Vozes, 2018.

"Papai, falta muito para chegarmos na praia?" "Filho, curta a viagem, olhe pela janela e veja quantas coisas interessantes passam pela estrada." Antes de ele perceber o que é cansaço e descobrir o tédio, resultando na impaciência de chegar logo ao destino, bastava o carro se movimentar e já cair no sono. Acordava só quando estacionávamos. Era como num piscar dos olhos percorresse cerca de 460 km, distância entre Porto Alegre e Florianópolis.

Para quem tem crianças, sabe o quanto pode se tornar estressante uma viagem se não estiverem mexendo em telas ou se distraindo com outras atividades. Nós adultos, diante de uma viagem mais longa de avião, se não tiver entretenimento a bordo, mais cansativa ela será. Durante seis semestres, fui passageiro do ônibus da instituição a qual fui professor na graduação em dois ou três dias por semana. O trajeto durava cerca de uma hora e vinte minutos, ida e volta. Muitos colegas descansavam durante esse período. Outros, distraiam-se com seus notes e smartphones. Sem julgar o que faziam, eu curtia a viagem, pois era o momento da minha leitura e, quando chegava a determinada localidade, no final da tarde, parava tudo para admirar o pôr do sol numa lagoa. Já li por aí que "a oportunidade oferece a mente bem preparada".

Pense em quem decide largar tudo e sair para dar a volta ao mundo. Destino? Paris? Nova Iorque? Sidney? Duvido! O destino não precisa ser um lugar em específico ou uma atividade ou uma coisa. Ele pode ser, simplesmente, o autoconhecimento. Quem busca alcançar os 8.848 mil metros do pico do Everest tem outras coisas em mente. Pode ser uma forma de "se encontrar" na vida, de quebrar limites pessoais, de estar mais próximo de Deus ou mesmo a simples adrenalina. O destino por si só é irrelevante quando esses objetivos são cumpridos.

Quando entrei na faculdade de Direito e depois na de Psicologia, eu vivi momentos diferentes e claro que a idade colabora com isso. No primeiro curso, preocupava-me muito com notas e chamada, o que é comum acontecer. Eu ingressei com 19 anos em Direito e corria para conquistar o meu canudo, porque já me sentia atrasado pelo tempo que estava envolvido fazendo vestibular para medicina. Só aos 41 anos fui admitido no mestrado, pois ainda não encontrava um sentido para ele, além da falta de tempo para me dedicar. Eu amava estar na faculdade pesquisando e estudando. Uma experiência única. Já com 45 anos, matriculei-me na graduação em Psicologia para o espanto de muitos, mesmo que tivesse concluído antes uma pós-graduação em Psicologia Positiva e Coaching.

Como você pode perceber, decidi por vários caminhos e destinos, porém, não me lembro da mesma maneira como foram todas as viagens. Um conselho, se você ainda me permite, as melhores experiências estavam envolvidas com muitas emoções positivas e sentimentos de bem-estar, como gratidão, alegria, inspiração, entusiasmo, dedicação, orgulho e diversão. Não que elas tenham sido fáceis, tranquilas ou pouco desafiadoras, ao contrário, investi muito tempo e recursos para que as trajetórias fossem concluídas com sucesso.

Mas nem sempre é alegria ou satisfação. Há dias que tinha (e tenho) vontade de desistir e ir vender miçangas na beira da praia, sob o som do reggae e a brisa do mar. Já tinha desistido da metade do curso de Ciências Contábeis na universidade federal, quando fiz simultaneamente com o Direito, então mais outro não seria problema. Admiro quem acorde todo dia com um sorriso no rosto, ao menos essa é a foto que está lá no Instagram, e um belo café na mesa. Também não há viagens perfeitas, pode ser o destino Maldivas ou Bahamas, não importa, sempre há imprevistos, desgastes físicos e emocionais, pois nem tudo sai como sonhamos.

A única certeza que temos é da finitude da vida terrestre. Deixar sempre "para depois" alguma realização ou mudança desejada pode ser tarde demais. A pandemia do Covid-19 é um lembrete de que a vida é aqui e agora. Quantas promessas, sonhos, expectativas e vidas foram abreviadas? Um dos livros mais difíceis de ler para quem está emocionalmente frágil é da **Bronnie Ware**, uma enfermeira que trabalhou com cuidados paliativos, ou seja, com aqueles que estão no final da vida. Ela resumiu os cinco principais arrependimentos que as pessoas têm antes de morrer:[6]

- ✓ "Desejaria ter tido a coragem de viver uma vida verdadeira para mim mesma, não a vida que os outros esperavam de mim"

6 WARE, Bonnie. **Antes de partir: os cinco principais arrependimentos que as pessoas têm antes de morrer**. São Paulo: Geração Editorial, 2012.

- ✓ “Desejaria não ter trabalhado tanto”
- ✓ “Desejaria ter tido a coragem de expressar os meus sentimentos”
- ✓ “Desejaria ter ficado em contato com meus amigos”
- ✓ “Desejaria ter-me permitido ser mais feliz”

Todos são desejos que representam reclamações para a maioria das pessoas, enquanto vivas e com um longo caminho pela frente, sejam ricas, pobres, de qualquer cultura ou religião. A banda brasileira Titãs tem uma canção cujo título é “Epitáfio”. São aquelas frases que se colocam na lápide de um túmulo. Sintetiza muito bem quando afirma que: “Devia ter arriscado mais; e até errado mais; ter feito o que eu queria fazer”. E quando finaliza: “Devia ter complicado menos; trabalhado menos; ter visto o sol se pôr”.

Para finalizar, o último parágrafo de um livro nunca é muito fácil para o escritor, que não quer deixar de estar com o seu leitor depois de hoje, é importante lembrar que somos resultados de uma evolução humana. Evoluir é adaptar-se, segundo o “pai” da teoria evolucionista, **Charles Darwin**. Ele próprio, não satisfeito com seus estudos, evoluiu de acadêmico de medicina para aprendiz de artes, passando por geologia, até se realizar como cientista natural. Dele é atribuída a frase: **“Não é o mais forte que sobrevive, nem o mais inteligente, mas o que melhor se adapta às mudanças”**. Desejo que seus estudos evoluam ao despertar para o PODER DA APROVAÇÃO. Desejo que você também evolua, adaptando-se às dificuldades e aos contextos que seu ambiente lhe impuser. Mudanças sempre são necessárias, especialmente, quando o destino traçado parecer cada vez mais distante ou quando ele não for mais tão atraente assim para você.

Gratidão por esta viagem!

Momentos da 1ª edição do Poder da Aprovação

[1ª palestra sobre o **Poder da Aprovação**, Bento Gonçalves, set./2017]

[Bento Gonçalves, set./2017]

[Maratona OAB, nos estúdios da Saraiva, mar./2018]

[Entre Felipe Lima e William Douglas, colaboradores na 1ª edição, Gramado, jun./2018]

[Realização de um sonho: ter um livro nas livrarias de aeroportos]

[Meu filho, Luigi, em uma livraria em 2018]

[Palestra e lançamento na faculdade UNICNEC, Osório/RS, 2017]

[Palestra e lançamento na faculdade UNIC, Cuiabá, set./2018]

[Palestra e lançamento na faculdade ULBRA, Torres/RS, nov./2017]

[No aeroporto, levando o **Poder da Aprovação**, 2019]